应用型本科汽车类专业系列教材

新能源汽车传感技术

主 编 程 超 王龙杰
副主编 席 林 刘 勇
参 编 王珊珊 赵陈磊 雷 歌 易小兰 金礼芬

机械工业出版社
CHINA MACHINE PRESS

随着新能源汽车的日渐普及，了解新能源汽车传感器的原理和应用成为一个迫切的需求，大部分高校也都开设了相关的专业课程。本书从各类传感器的原理入手，分别介绍了传感器的定义和特性，电阻式、电容式、电感式、磁电式、压电式、光电式、热电式等传感器的机理以及其在新能源汽车上的典型应用情况，内容涵盖了新能源汽车上常用的电池温度传感器、电流传感器、电压传感器、电机温度传感器、电机转速传感器、氢气流量传感器、氢气浓度传感器以及车身高度、转向盘转矩、车辆加减速度、横摆角等多类传感器的基本原理和应用，深入浅出地剖析了各类新能源汽车传感器的机理、特点以及应用情况。

本书可作为各大院校新能源汽车相关专业师生的授课教材和参考书，也适用于从事新能源汽车维修等行业的相关人员学习参考。

图书在版编目（CIP）数据

新能源汽车传感技术/程超，王龙杰主编. -- 北京：机械工业出版社，2025. 7. --（应用型本科汽车类专业系列教材）. -- ISBN 978-7-111-78606-1

Ⅰ. U463.6

中国国家版本馆 CIP 数据核字第 2025VY9777 号

机械工业出版社（北京市百万庄大街 22 号　邮政编码 100037）
策划编辑：王　婕　　　　　　　责任编辑：王　婕
责任校对：颜梦璐　王小童　景　飞　封面设计：陈　沛
责任印制：李　昂
涿州市般润文化传播有限公司印刷
2025 年 8 月第 1 版第 1 次印刷
184mm×260mm · 12 印张 · 277 千字
标准书号：ISBN 978-7-111-78606-1
定价：65.00 元

电话服务　　　　　　　　　　网络服务
客服电话：010-88361066　　　机　工　官　网：www.cmpbook.com
　　　　　010-88379833　　　机　工　官　博：weibo.com/cmp1952
　　　　　010-68326294　　　金　　书　　网：www.golden-book.com
封底无防伪标均为盗版　　　机工教育服务网：www.cmpedu.com

前　言

随着新能源汽车在国民生活中的日渐普及以及电子技术的快速发展，各类电控系统在汽车上得到了广泛的应用，旨在提高汽车的安全性、动力性、经济性。新能源汽车传感器作为汽车的"电五官"，是诸多电子控制系统信息的源头，担负着信息采集和传输的功能。传感器的作用是识别和采集车辆实时运行的各类信息，并将这些信息以电信号的形式传输到电控单元或者仪表，一方面作为控制信息的输入参数，另一方面使驾乘人员可以获得车辆运行中的重要信息。传感器性能的好坏，直接关系着新能源汽车控制系统的运行情况，甚至影响整车性能，是确保车辆安全稳定运行的关键。

新能源汽车传感器按照检测参数不同，主要有电池温度传感器、电流传感器、电压传感器、转速传感器、位置和角度传感器、压力传感器、流量传感器、车速传感器、温度传感器、爆燃和碰撞传感器、加速度传感器以及其他类型传感器等多种类型。每种类型的检测机理也各不相同，应用场合也存在区别。因此，对各个传感器基本原理的学习是理解各个传感器机理及特性的关键。

本书以新能源汽车传感器为研究对象，从检测原理的角度出发，系统讲述了电阻式、电容式、电感式、磁电式、压电式、光电式、热电式等不同类型传感器的检测原理、特性以及在新能源汽车上的典型应用。本书最大的特点是从原理入手，以提高学生的理解和分析传感器原理和特性的能力。

本书结构清晰，具有很强的系统性及实用性，可作为新能源汽车行业传感器相关从业人员的参考资料，也可作为各大院校新能源汽车相关专业师生的授课教材和参考书。

本书由吉利学院智能网联与新能源汽车学院的程超、王龙杰、席林、刘勇、王珊珊、赵陈磊、雷歌、易小兰、金礼芬等专任教师共同编写。在本书编写过程中，感谢南充吉利远程、成都领克等企业工程师在项目合作过程中给予的大力技术支持。

吉利学院智能网联与新能源汽车学院的程超老师，负责编写第 4～9 章内容（共计约17.5 万字）；吉利学院智能网联与新能源汽车学院的席林、刘勇、王珊珊、赵陈磊、雷歌、易小兰、金礼芬老师，负责编写第 1 章内容（共计约 2.7 万字）；吉利学院智能网联与新能源汽车学院的王龙杰老师，负责编写第 2 章、第 3 章内容（共计约 6.8 万字）。

由于编者水平有限，书中存在的错误及不当之处在所难免，恳请读者提出宝贵建议，以便修订时予以纠正。

编　者

目 录

前言

第1章 概述 ·········· 001
1.1 新能源汽车的定义和分类 ·········· 001
1.2 传感器的定义和组成 ·········· 003
1.2.1 定义 ·········· 003
1.2.2 组成 ·········· 004
1.3 传感器的分类和特性 ·········· 005
1.3.1 分类 ·········· 005
1.3.2 特性 ·········· 008
1.4 新能源汽车传感器的应用和特点 ·········· 012
1.4.1 新能源汽车传感器的应用 ·········· 012
1.4.2 新能源汽车传感器的特点 ·········· 017

第2章 新能源汽车上的电阻式传感器 ·········· 019
2.1 分流电阻式传感器 ·········· 020
2.2 电位器式传感器 ·········· 021
2.2.1 工作原理及特性 ·········· 021
2.2.2 新能源汽车上的电位器式传感器 ·········· 025
2.3 应变式传感器 ·········· 033
2.3.1 工作原理及特性 ·········· 034
2.3.2 新能源汽车上的应变式传感器 ·········· 041

第3章 新能源汽车上的电容式传感器 ·········· 052
3.1 平板电容式传感器 ·········· 053
3.1.1 工作原理及特性 ·········· 053
3.1.2 新能源汽车上的平板电容式传感器 ·········· 056
3.2 圆筒电容式传感器 ·········· 061
3.2.1 工作原理及特性 ·········· 061
3.2.2 新能源汽车上的圆筒电容式传感器 ·········· 063

第 4 章　新能源汽车上的电感式传感器 ·········· 065

4.1　变磁阻式传感器 ·········· 066
4.1.1　工作原理及特性 ·········· 066
4.1.2　新能源汽车上的变磁阻式传感器 ·········· 071

4.2　差动变压器式传感器 ·········· 072
4.2.1　工作原理及特性 ·········· 072
4.2.2　新能源汽车上的差动变压器式传感器 ·········· 074

4.3　电涡流式传感器 ·········· 076
4.3.1　工作原理及特性 ·········· 076
4.3.2　新能源汽车上的电涡流式传感器 ·········· 078

第 5 章　新能源汽车上的磁电式传感器 ·········· 081

5.1　磁电感应式传感器 ·········· 081
5.1.1　工作原理及特性 ·········· 082
5.1.2　新能源汽车上的磁电感应式传感器 ·········· 085

5.2　霍尔式传感器 ·········· 091
5.2.1　工作原理及特性 ·········· 092
5.2.2　新能源汽车上的霍尔式传感器 ·········· 093

5.3　磁敏式传感器 ·········· 106
5.3.1　工作原理及特性 ·········· 106
5.3.2　新能源汽车上的磁敏式传感器 ·········· 108

第 6 章　新能源汽车上的压电式传感器 ·········· 112

6.1　压电式传感器 ·········· 113
6.1.1　压电效应及压电材料 ·········· 113
6.1.2　压电元件等效电路及连接方式 ·········· 116
6.1.3　新能源汽车上的压电式传感器 ·········· 117

6.2　超声波传感器 ·········· 122
6.2.1　工作原理及特性 ·········· 122
6.2.2　新能源汽车上的超声波传感器 ·········· 123

第 7 章　新能源汽车上的光电式传感器 ·········· 126

7.1　概述及基本形式 ·········· 127
7.1.1　概述 ·········· 127
7.1.2　基本形式 ·········· 127

7.2 光电效应及光电器件 ·· 128
　7.2.1 光电效应 ·· 128
　7.2.2 光电器件 ·· 129
7.3 新能源汽车上的光电式传感器 ·· 133

第8章　新能源汽车上的热电式传感器 ·· 145
8.1 热敏电阻及热电阻 ·· 146
　8.1.1 热敏电阻 ·· 146
　8.1.2 热电阻 ·· 147
　8.1.3 新能源汽车上的热敏电阻及热电阻传感器 ·· 149
8.2 热电偶传感器 ·· 163
　8.2.1 热电偶 ·· 163
　8.2.2 新能源汽车上的热电偶传感器 ·· 169
8.3 热电开关 ·· 172
8.4 红外辐射传感器 ·· 174

第9章　其他类型传感器 ·· 177
9.1 雷达传感器 ·· 177
　9.1.1 雷达测距传感器 ·· 177
　9.1.2 雷达测速传感器 ·· 178
9.2 音叉式横摆角速度传感器 ·· 180
9.3 氢气浓度传感器 ·· 181

参考文献 ·· 183

第1章 概 述

👉 本章导学

新能源汽车传感器是汽车的"电五官",起着车辆信息实时采集及传输的作用。汽车上的各个控制系统以及人机接口,都要以传感器为信息采集的源头。例如,电动助力转向系统(EPS),电控单元需要采集转向盘转矩信息以及车速信息,进行处理后输出控制命令,驱动转向助力电机工作,协助驾驶员转向。因此,传感器性能的好坏直接影响控制系统的工作,其作用至关重要。

👉 学习目标

1. 了解本门课程的地位、作用、内容体系结构。
2. 掌握传感器的定义及组成。
3. 掌握传感器的分类方法。
4. 掌握传感器的静态特性参数。
5. 了解传感器的动态特性参数。
6. 能够说出新能源汽车常用的传感器类型。

👉 课前小讨论

新能源汽车传感器是汽车的"电五官",起着车辆信息实时采集及传输的作用。那么什么是传感器?我们通常说的电池温度传感器、车速传感器是按照什么分类方法阐述的?我们主要用什么参数来衡量传感器性能的好坏?

随着新能源汽车在国民生活中的日渐普及以及电子技术的快速发展,各类电控系统在汽车上得到了广泛的使用,以提高汽车的安全性、动力性和经济性。新能源汽车传感器作为汽车的"电五官",是各个电子控制系统信息的源头,担负着信息的采集和传输作用。传感器的作用是识别和采集车辆实时运行的各类信息,并将这些信息以电信号的形式传输到电控单元或者人机交互界面,一方面作为控制信息的输入参数,另一方面使驾乘人员可以获得车辆的直观信息。传感器工作性能的好坏,直接关系着新能源汽车控制系统的运行情况,甚至影响整车性能,是确保车辆安全稳定运行的关键。

本章从传感器的概念出发,详细介绍了新能源汽车的定义和分类,传感器的定义和组成、传感器的分类和特性,新能源汽车传感器的应用和特点,是新能源汽车传感技术学习的基础章节。

1.1 新能源汽车的定义和分类

工业和信息化部于2016年10月20日发布了《新能源汽车生产企业及产品准入管理规定》(以下简称《规定》),自2017年7月1日起施行。该《规定》对新能源汽车的定义如下：新能源汽车是指采用新型动力系统，完全或者主要依靠新型能源驱动的汽车，包括插电式混合动力（含增程式）汽车、纯电动汽车和燃料电池汽车等。

按照《规定》中的划分方法，新能源汽车主要分为插电式混合动力汽车、增程式电动汽车、纯电动汽车和燃料电池汽车以及氢发动机汽车、天然气汽车和其他新能源（如甲醇）汽车等不同类别产品。

插电式混合动力汽车（Plug-in Hybrid Electric Vehicle，PHEV）是一种结合了传统内燃机和电机的混合动力汽车，与普通混合动力汽车（HEV）不同，PHEV 可以通过外部电源对车载电池进行充电，在电池电量充足时，优先使用电力驱动，以实现零排放或低排放行驶，当电池电量不足时，内燃机会介入工作，提供额外的动力或为电池充电，确保车辆可以继续行驶。在制动或减速时，PHEV 可以通过再生制动系统回收动能，将能量转换成电能存储在电池中。

增程式电动汽车（Range Extended Electric Vehicle，REEV）是一种在纯电动模式下可以达到其所有动力性能，而当车载可充电储能系统无法满足续驶里程要求时，打开车载辅助供电装置（增程器）为动力系统提供电能，以延长续驶里程的电动汽车，且该车载辅助供电装置与驱动系统没有传动轴（带）等传动连接。增程器在功能上相当于一个车载充电系统，它是增程式电动汽车驱动系统的关键组件。目前，常用的增程器主要由发动机、发电机和发电机驱动控制装置组成，如图 1-1 所示。

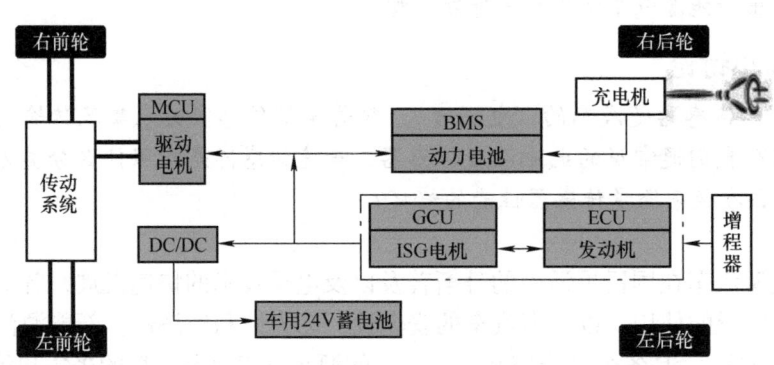

图 1-1　增程式电动汽车结构图

纯电动汽车（Battery Electric Vehicle，BEV）是指以车载电源为动力，用电机驱动车轮行驶，符合道路交通安全法规各项要求的车辆。纯电动汽车完全采用可充电式电池驱动，驱动电机、车载电池、电控系统是核心部件，被称为"三大电"。奥迪 e-tron 纯电动 SUV 原理如图 1-2 所示。

燃料电池汽车（Fuel Cell Electric Vehicle，FCEV）利用氢气等燃料和空气中的氧在催化剂的作用下在燃料电池中经电化学反应产生电能，然后用电能通过电机驱动车辆。燃料电池汽车动力系统结构如图 1-3 所示。

天然气汽车是以天然气作为燃料的汽车，又称为"蓝色动力"汽车。按照天然气的化学成分和形态，分为压缩天然气（CNG）汽车、液化天然气（LNG）汽车和液化石油气（LPG）汽车三种。

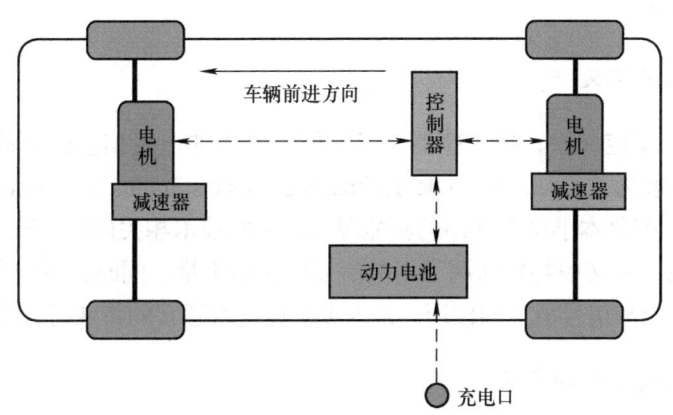

图 1-2 奥迪 e-tron 纯电动 SUV 原理示意图

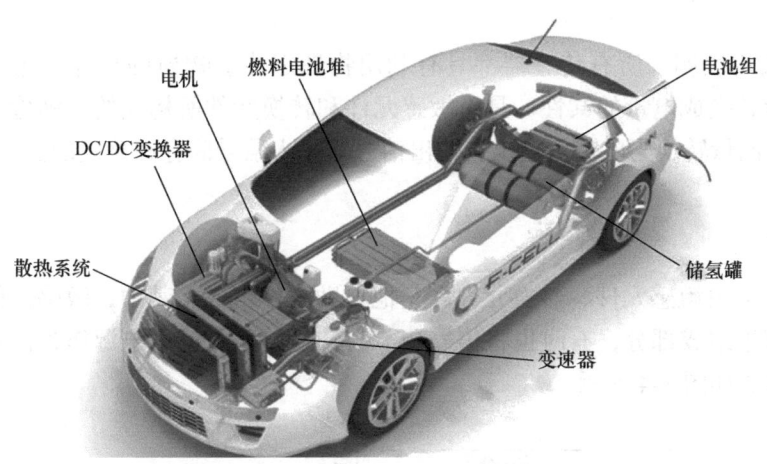

图 1-3 燃料电池汽车动力系统结构图

1.2 传感器的定义和组成

新能源汽车传感器相当于汽车的感觉器官,能正确检测出各种车载设备参数信息,并把它们转变成电量,向汽车控制器及显示终端提供汽车运行的各种物理量。在新能源汽车上,传感器在动力电池系统、驱动电机系统、增程器、汽车底盘、车身和灯光、电气等各个系统都有大量的应用。

1.2.1 定义

1. 传感器的广义定义

在传感器的广义定义中,把传感器定义为一种能把特定的(物理、化学、生物)信息按一定的规律转换成某种可用信号输出的器件和装置。根据这个定义，我们常用的体温计、腕表等都属于传感器。

2. 传感器的狭义定义

在传感器的狭义定义中，把传感器定义为能把外界非电量信息转换成电信号输出的器件。其英语表述一般为"A sensor is a device that receives a stimulus and responds with an electrical signal"。这其实就是本书中所介绍的新能源汽车传感技术相关内容。该定义中没有对输入量的大小进行说明。定义中特别强调了用电信号作为输出量。同时，该定义还阐述了传感器具有信息敏感的功能和信号放大的作用，是人类延伸自身感官的特殊而有效的手段。

3. 我国标准对传感器的定义

我国国家标准 GB/T 7665—2005《传感器通用术语》中对传感器是这样定义的：能感受被测量并按照一定的规律转换成可用输出信号的器件或装置，通常由敏感元件和转换元件组成。

以上定义均表明，所有传感器都具有利用物理定律或物质的物理、化学、生物等特性，将非电量转换成电量的共性，是由敏感元件和转换元件所构成的一种检测装置，能按一定规律将被测量转换为电信号输出，输出信号与输入信号间存在确定的关系。

1.2.2 组成

传感器一般由敏感元件、转换元件和其他辅助元件组成。其中，敏感元件、转换元件是传感器的基本组成部分，有时也将信号调节与转换电路及辅助电源作为传感器的组成部分。传感器组成如图1-4所示。

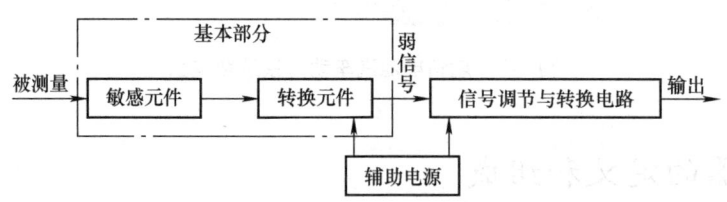

图1-4 传感器的组成框图

1. 敏感元件

敏感元件是传感器中能直接感受（或响应）被测信息（非电量）的元件，起感受被测量的作用，例如我们用热敏电阻进行动力电池温度检测时，热敏电阻的电阻值可以根据电池温度的不同而改变，因此，热敏电阻就是敏感元件。

2. 转换元件

转换元件则是指传感器中能将敏感元件的感受（或响应）信息转换为电信号（可以用

以传输的电压或者电流）的部分。上述动力电池温度传感器所采用的热敏电阻，其电阻值发生变化后，需要通过外加电源的方式，转换为可以输出的电压或者电流信号，所采取的一系列器件，就是传感器的转换部分。

3. 信号调节与转换电路

由敏感元件和转换元件组成的传感器通常输出信号较弱，还需要信号调节与转换电路对输出信号处理。信号调节与转换电路一般是指能把传感元件输出的电信号转换为便于显示、记录、处理和控制的有用电信号的电路。信号调节与转换电路的选择要视传感元件的类型而定，常用电路有信号放大器电桥、振荡器、阻抗变换器等。信号调节与转换电路的作用有两个方面：

1）转移和放大信号，使其更适合于做进一步传输和处理，多数情况下是将各种电信号转换为电压、电流、频率等少数几种便于测量的电信号。

2）信号处理，即对经过转换的信号，进行滤波、调制或解调、衰减、运算、数字化处理等。

4. 辅助电源

传感器的基本部分和信号调节与转换电路还需要辅助电源提供工作能量。

1.3 传感器的分类和特性

1.3.1 分类

传感器可按输入量、输出量、工作原理、基本效应、能量变换关系、所蕴含的技术特征、尺寸大小以及存在形式分类，其中按输入量和工作原理的分类方式较为普遍。新能源汽车上传感器的分类如图 1-5 所示。

1. 按输入量进行分类

新能源汽车传感器按照输入量分类一般是以被测物理量命名，如驱动电机转速传感器、动力电池温度传感器、车身高度位置传感器、加速度传感器、节气门位置传感器、空气湿度传感器、发动机进气压力传感器、氢气压力/浓度传感器等。这种分类方法通常在讨论传感器的用途时使用。

2. 按工作原理进行分类

新能源汽车传感器按照工作原理，可以分为电阻式传感器、电感式传感器、电容式传感器、压电式传感器、热电式传感器、光电式传感器、磁敏式传感器、化学式传感器、辐射式传感器等。这种分类方法通常在讨论传感器的工作原理时使用。

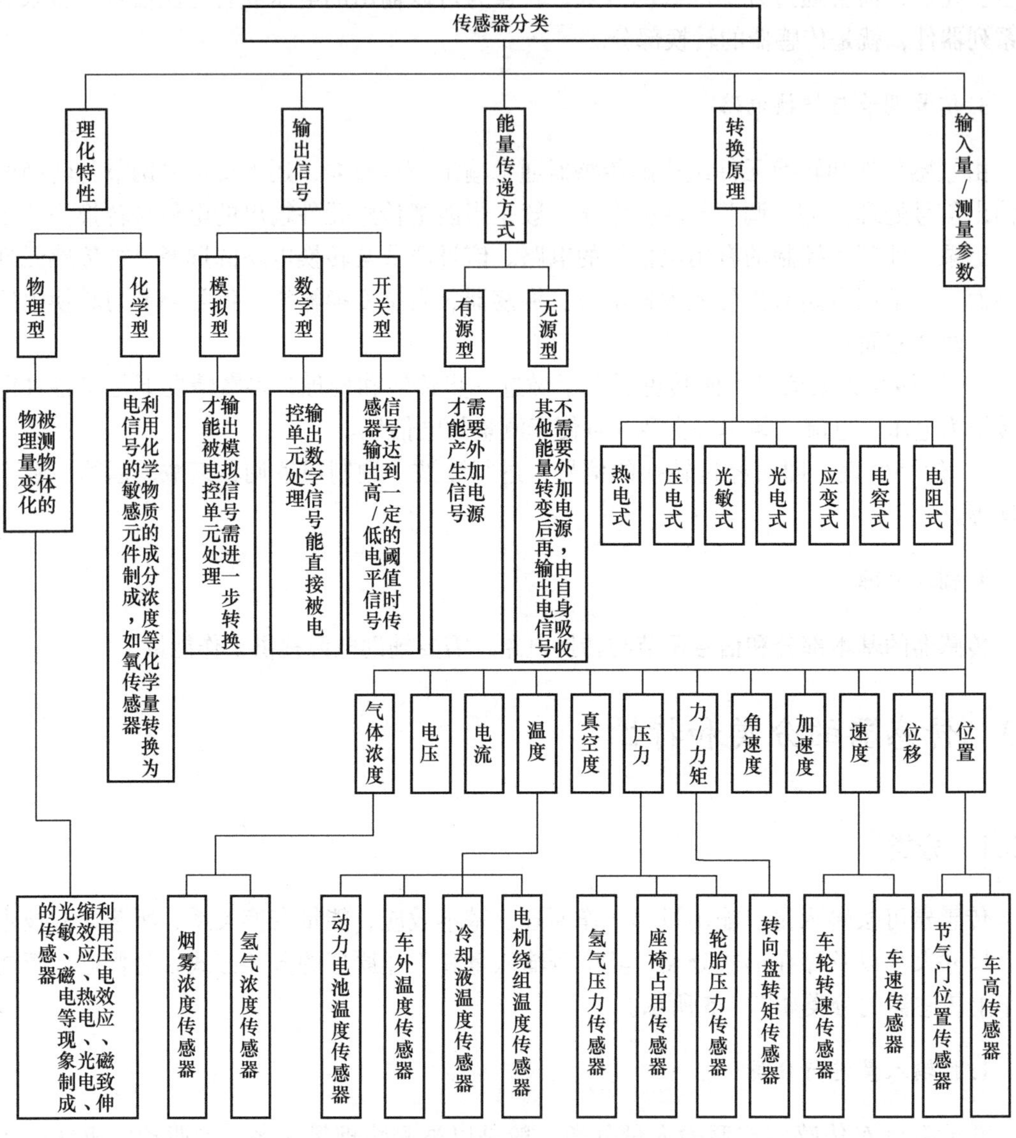

图1-5 新能源汽车上传感器的分类

3. 按输出量进行分类

新能源汽车传感器的输出量，可以分为直流、交流、频率调制、脉宽调制和串行数据信号。输出信号是控制系统中各个传感器、控制器和其他设备之间相互通信的基本语言，电子信号各有不同的特点，用于不同的通信目的。

（1）直流信号

直流（Direct Current，DC）信号是在任何周期里，方向不随时间变化的电压、电流信号。直流信号可以分为恒压直流信号和非恒压直流信号两种。在汽车中产生恒压直流信号的电源装置有蓄电池电压和控制器输出的传感器参考电压。

图 1-6 所示为非恒压直流信号波形。

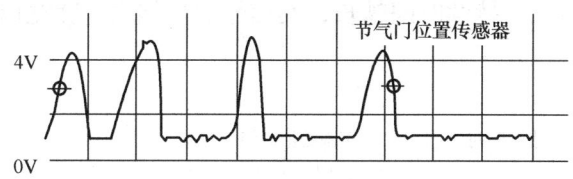

图 1-6　非恒压直流信号波形

（2）交流信号

交流（Alternating Current，AC）信号是大小和方向随时间变化的信号。在汽车中产生交流信号的传感器主要是磁电式传感器和爆燃传感器等。图 1-7 所示为磁电式传感器产生的交流信号波形。

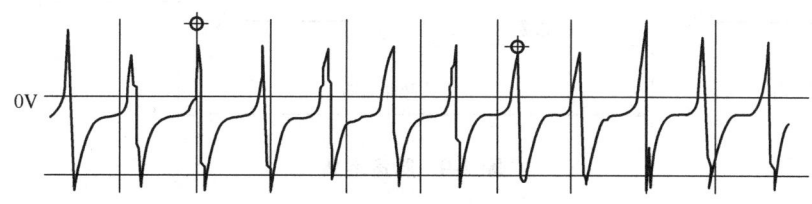

图 1-7　磁电式传感器产生的交流信号波形

磁电式转速传感器就是利用上述交流信号的频率与转速成正比的原理，进行驱动电机输出转速检测的。

（3）频率调制信号

保持输出电信号波的幅度恒定而改变频率称为频率调制。在汽车中产生可变频率信号的传感器主要是光电式传感器和霍尔式传感器，主要用于位置、转速和加速度的检测。

（4）串行数据信号

串行数据信号是按时序将组成数据和字符的码元逐位予以传输的信号。与并行数据相比，串行数据传输所需通信线少，传输的距离长，适用于长距离而速度要求不高的场合。在汽车电子智能设备中用来通信的串行数字信号是最复杂的信号，要用专门的解码器读取。例如，发动机冷却液温度传感器故障时，发动机控制模块（Powertrain Control Module，PCM）输出的串行数据（多路）信号波形如图 1-8 所示。

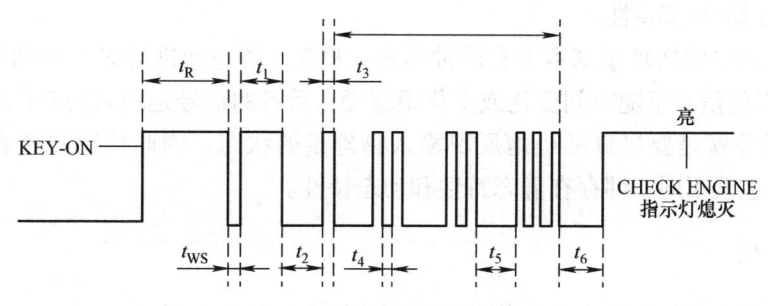

图 1-8　串行数据信号波形

（5）脉宽调制信号

脉冲宽度调制（Pulse width modulation，PWM）简称脉宽调制，就是在一个周期内高电平持续的时间（图 1-9），持续时间越长，其信号能量越大。脉宽调制信号就是经过脉冲宽度调制的信号。

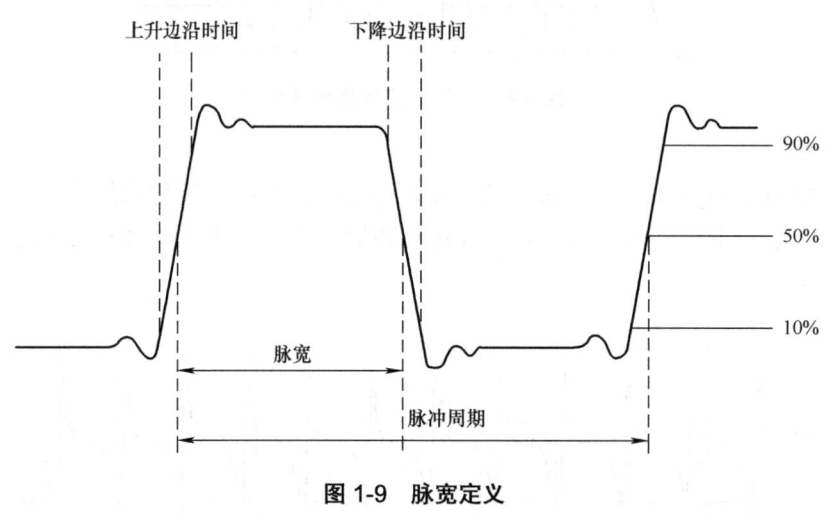

图 1-9　脉宽定义

4. 按基本效应进行分类

根据传感器敏感元件所蕴含的基本效应，可以将传感器分为物理传感器、化学传感器和生物传感器。

另外，按传感器的能量传递方式可以将传感器分为无源（能量控制型或参量型）传感器和有源（能量变换型或发电型）传感器。按传感器所蕴含的技术特征可以将传感器分为普通传感器与新型传感器。按传感器的存在形式进行分类可以将传感器分为硬传感器和软传感器等。

1.3.2　特性

传感器的基本特性是指传感器的输入－输出关系特性，是传感器内部结构参数作用关系的外部特性表现。不同的传感器有不同的内部结构参数，决定了它们在不同输入信号激励下表现出不同的外部特性。

传感器所测量的物理量基本上有两种形式：稳态（静态或准静态）和动态（周期变化或瞬态）。前者的信号不随时间变化或变化很缓慢，后者的信号是随时间变化而变化的。传感器的基本任务就是要尽量准确地反映输入物理量的状态，因此传感器所表现出来的输入－输出特性也就不同，即存在静态特性和动态特性。

1. 静态特性

传感器的静态特性是它在稳态信号作用下的输入－输出关系。

衡量传感器静态特性的主要指标是测量范围和量程、线性度、灵敏度、分辨力、迟滞、重复性和稳定性等。

（1）测量范围和量程

传感器的测量范围是指传感器所能测得的最小被测量与最大被测量之间的范围；测量范围的上限值与下限值之差称为量程。要注意测量范围与量程在概念上的区别。

（2）线性度

线性度（Linearity）是指传感器的输出与输入间呈线性关系的程度。传感器的理想输入－输出特性应是线性的，因为这有助于简化传感器的理论分析、数据处理、制作标定和测试，但传感器的实际输入－输出特性大都具有一定程度的非线性，如果传感器的非线性项的方次不高，在输入量变化范围（Range）不大的条件下，可以近似地代表实际曲线的一段。

（3）灵敏度

灵敏度（Sensitivity）是传感器在稳态下输出量变化对输入量变化的比值，通常用S_n或K来表示。即：

$$S_n = \frac{dy}{dx} \text{ 或 } S_n = \frac{\Delta y}{\Delta x} \tag{1-1}$$

对于线性传感器，它的灵敏度就是它的静态特性曲线的斜率，非线性传感器的灵敏度为一变量。曲线越陡峭，灵敏度越高；越平坦，则灵敏度越低，如图1-10所示。

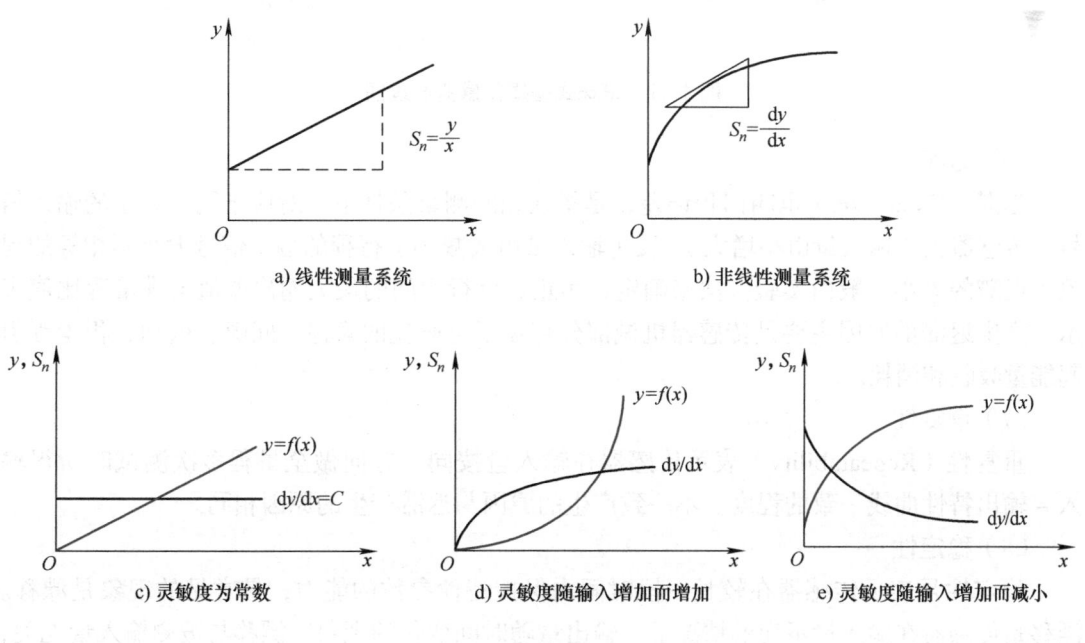

图1-10 灵敏度

如果输入量和输出量有不同的量纲，则灵敏度也有量纲，例如输入量为温度（℃），输出量为电压（V），则灵敏度的单位为"V/℃"。如果输入量和输出量是同类量，则灵敏度是一个放大倍数，它体现了传感器对被测量的微小变化放大为显著变化的输出信号的能力，即传感器对输入变量微小变化的敏感程度。

（4）分辨力

传感器能够感知或检测到的最小输入信号增量就是传感器的分辨力，反映传感器能够分辨被测量微小变化的能力。分辨力可以用能够分辨最小增量的绝对值或能够分辨最小增量与满量程的百分比来表示（此时称为分辨率），通常将模拟式传感器的分辨率规定为最小刻度分格值的一半。灵敏度越高，分辨力越强，反之亦然。

（5）阈值

阈值是指能使传感器输出端产生可测变化量的最小被测输入量值，即零位附近的分辨力。大多数情况下，阈值主要取决于传感器的噪声大小。图1-11所示为滚珠式碰撞传感器，其触发阈值和滚珠的质量、滚珠与壳体的摩擦力等参数相关。

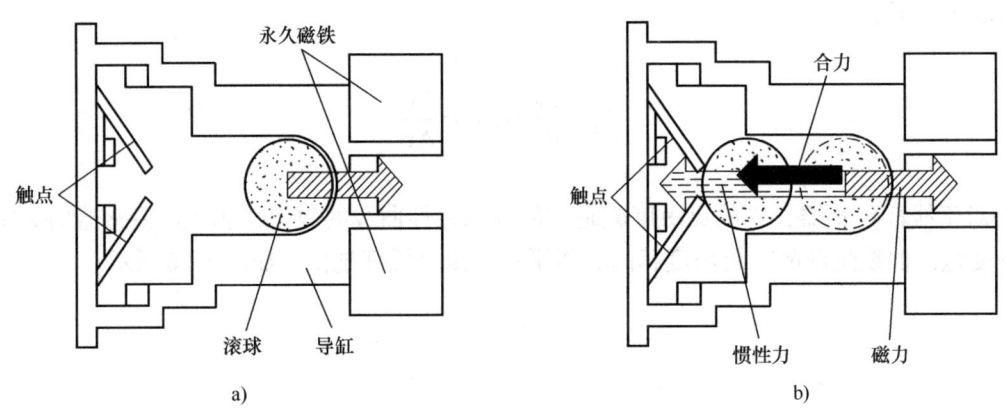

图1-11　滚珠式碰撞传感器原理图

（6）迟滞

迟滞（Hysteresis）也叫回程误差，是指在相同测量条件下，对应于同一大小的输入信号，传感器正（输入量由小增大）、反（输入量由大减小）行程的输出信号大小不相等的现象。迟滞的大小一般由实验方法来确定，用正、反行程间的最大输出差值与满量程比值表示。产生迟滞的原因主要是传感器机械部分存在不可避免的摩擦、间隙、松动、积尘等引起能量吸收和消耗。

（7）重复性

重复性（Repeatability）表示传感器在输入量按同一方向做全量程多次测试时所得输入-输出特性曲线一致的程度。不一致产生的原因与迟滞产生的原因相同。

（8）稳定性

稳定性是表示传感器在较长一段时间内保持特性参数的能力，最常见的现象是漂移。漂移是传感器在输入量不变的情况下，输出量随时间变化的现象。漂移与被测输入量无关，影响传感器的稳定性或可靠性。

衡量传感器静态特性的主要指标是测量范围和量程、线性度、灵敏度、分辨力、迟滞、重复性和稳定性等。

（1）测量范围和量程

传感器的测量范围是指传感器所能测得的最小被测量与最大被测量之间的范围；测量范围的上限值与下限值之差称为量程。要注意测量范围与量程在概念上的区别。

（2）线性度

线性度（Linearity）是指传感器的输出与输入间呈线性关系的程度。传感器的理想输入–输出特性应是线性的，因为这有助于简化传感器的理论分析、数据处理、制作标定和测试，但传感器的实际输入–输出特性大都具有一定程度的非线性，如果传感器的非线性项的方次不高，在输入量变化范围（Range）不大的条件下，可以近似地代表实际曲线的一段。

（3）灵敏度

灵敏度（Sensitivity）是传感器在稳态下输出量变化对输入量变化的比值，通常用 S_n 或 K 来表示。即：

$$S_n = \frac{dy}{dx} \text{ 或 } S_n = \frac{\Delta y}{\Delta x} \tag{1-1}$$

对于线性传感器，它的灵敏度就是它的静态特性曲线的斜率，非线性传感器的灵敏度为一变量。曲线越陡峭，灵敏度越高；越平坦，则灵敏度越低，如图1-10所示。

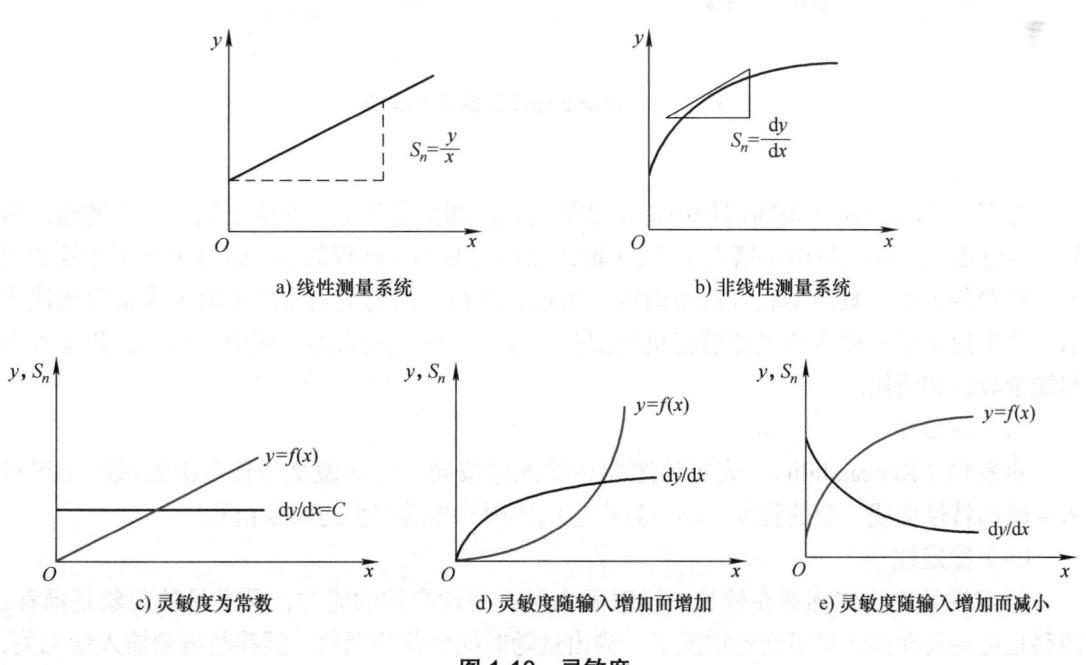

a) 线性测量系统　　b) 非线性测量系统

c) 灵敏度为常数　　d) 灵敏度随输入增加而增加　　e) 灵敏度随输入增加而减小

图1-10　灵敏度

如果输入量和输出量有不同的量纲，则灵敏度也有量纲，例如输入量为温度（℃），输出量为电压（V），则灵敏度的单位为"V/℃"。如果输入量和输出量是同类量，则灵敏度是一个放大倍数，它体现了传感器对被测量的微小变化放大为显著变化的输出信号的能力，即传感器对输入变量微小变化的敏感程度。

（4）分辨力

传感器能够感知或检测到的最小输入信号增量就是传感器的分辨力，反映传感器能够分辨被测量微小变化的能力。分辨力可以用能够分辨最小增量的绝对值或能够分辨最小增量与满量程的百分比来表示（此时称为分辨率），通常将模拟式传感器的分辨率规定为最小刻度分格值的一半。灵敏度越高，分辨力越强，反之亦然。

（5）阈值

阈值是指能使传感器输出端产生可测变化量的最小被测输入量值，即零位附近的分辨力。大多数情况下，阈值主要取决于传感器的噪声大小。图1-11所示为滚珠式碰撞传感器，其触发阈值和滚珠的质量、滚珠与壳体的摩擦力等参数相关。

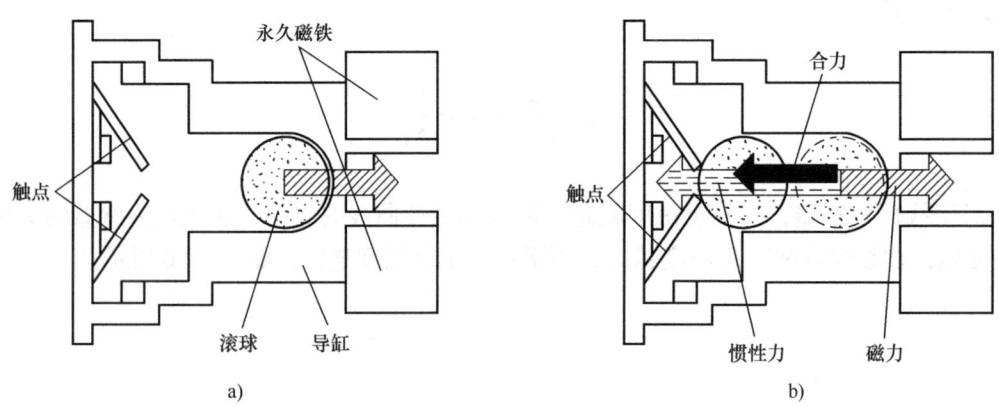

图1-11 滚珠式碰撞传感器原理图

（6）迟滞

迟滞（Hysteresis）也叫回程误差，是指在相同测量条件下，对应于同一大小的输入信号，传感器正（输入量由小增大）、反（输入量由大减小）行程的输出信号大小不相等的现象。迟滞的大小一般由实验方法来确定，用正、反行程间的最大输出差值与满量程比值表示。产生迟滞的原因主要是传感器机械部分存在不可避免的摩擦、间隙、松动、积尘等引起能量吸收和消耗。

（7）重复性

重复性（Repeatability）表示传感器在输入量按同一方向做全量程多次测试时所得输入-输出特性曲线一致的程度。不一致产生的原因与迟滞产生的原因相同。

（8）稳定性

稳定性是表示传感器在较长一段时间内保持特性参数的能力，最常见的现象是漂移。漂移是传感器在输入量不变的情况下，输出量随时间变化的现象。漂移与被测输入量无关，影响传感器的稳定性或可靠性。

漂移产生原因主要有两个：

1）传感器自身敏感材料特性和结构参数老化（一般是时间漂移，分为零点漂移和灵敏度漂移）。

2）测试过程中环境（如温度、湿度、压力等）发生变化（常见温度漂移）。

温度漂移通常用传感器工作环境温度偏离标准环境温度（一般为20℃）时的输出值的变化量与温度变化量之比来表示。

（9）准确度

准确度是指测量结果与被测量理论值（真值）的一致程度，一般用精度来衡量。精度等级是衡量仪表质量优劣的重要指标之一。仪表精度等级有0.005、0.02、0.05、0.1、0.2、0.35、0.4、0.5、1.0、1.5、2.5、4.0等。数字越小，精度等级越高。

2. 动态特性

传感器的动态特性是指传感器对动态激励（输入）的响应（输出）特性，即其输出对随时间变化的输入量的响应特性。由于在实际测试工作中，大量的被测信号是随时间变化的，对动态信号的测量不仅需要精确地测量信号幅值的大小，而且需要测量和记录反映动态信号变化过程的波形，这就要求传感器能迅速准确地测出信号幅值的大小和无失真地再现被测信号随时间变化的波形。

一个动态特性好的传感器，其输出随时间变化的规律（输出变化曲线），将能再现输入随时间变化的规律（输入变化曲线），即输出输入具有相同的时间函数。但实际上由于制作传感器的敏感材料对不同的变化会表现出一定程度的惯性（如温度测量中的热惯性），因此输出信号与输入信号并不具有完全相同的时间函数，这种输入与输出间的差异称为动态误差，动态误差反映的是惯性延迟所引起的附加误差。

传感器的动态特性可以从时域和频域两个方面分别采用瞬态响应和频率响应来分析。由于输入信号的时间函数形式是多种多样的，在时域内研究传感器的响应特性时，只研究几种特定的输入时间函数，如阶跃函数、脉冲函数和斜坡函数等。在频域内研究动态特性一般是采用正弦函数。对应的传感器动态特性指标分为两类，即与阶跃响应有关的指标和与频率响应特性有关的指标。

1）在采用阶跃输入研究传感器的时域动态特性时，常用延迟时间、上升时间、响应时间、超调量等来表征传感器的动态特性。

2）在采用正弦输入信号研究传感器的频域动态特性时，常用幅频特性和相频特性来描述传感器的动态特性。

3. 传感器的技术指标

由于传感器的应用范围很广，类型很多，使用要求差别很大，因此很难给出能够全面衡量传感器质量的统一指标。但是，列出若干基本参数和比较重要的环境参数指标作为检验、使用和评价传感器的依据，是很有必要的。表1-1给出了传感器的技术指标。当然，对于一种具体的传感器来说，并不是全部指标都是必需的，应根据实际需要，确保主要参数满足要求。

表 1-1 传感器的技术指标

基本参数指标	环境参数指标	可靠性指标	其他指标
1）量程指标：量程范围、过载能力等 2）灵敏度指标：灵敏度、分辨力、满量程输出等 3）精度有关指标：误差、线性度、迟滞、重复性、灵敏度误差、稳定性 4）动态性能指标：固有频率、阻尼比、时间常数、频率响应范围、频率特性、临界频率、临界速度、稳定时间等	1）温度指标：工作温度范围、温度误差、温度漂移、温度系数、热滞后等 2）抗冲击、振动指标：容许各向抗冲振的频率、振幅及加速度，冲振所引入的误差 3）其他环境参数：抗潮湿、抗介质腐蚀能力、抗电磁场干扰能力等	工作平均寿命、平均无故障时间、保险期、疲劳性能、绝缘电阻、耐压及抗电火花等	供电方式（直流、交流、频率及波形等）、功率、各项分布参数值、电压范围与稳定度等 外形尺寸、重量、壳体材质、结构特点等 安装方式、馈线电缆等

1.4 新能源汽车传感器的应用和特点

1.4.1 新能源汽车传感器的应用

随着新能源汽车智能化的发展，汽车电子控制系统越来越精密和完善，旨在提高整车的安全性、动力性、经济性、舒适性、操纵性以及排放性能等。汽车电子控制系统由传感器、电控单元（Electronic Control Unit，ECU）和执行器三部分组成，如图1-12所示。其中，传感器作为控制系统信息的源头，是一种能测量各种被测物体的物理量，并把它们转变成电信号的装置。它的主要作用是向新能源汽车各控制单元和显示终端提供汽车运行的各种工况信息，是新能源汽车的"电五官"。

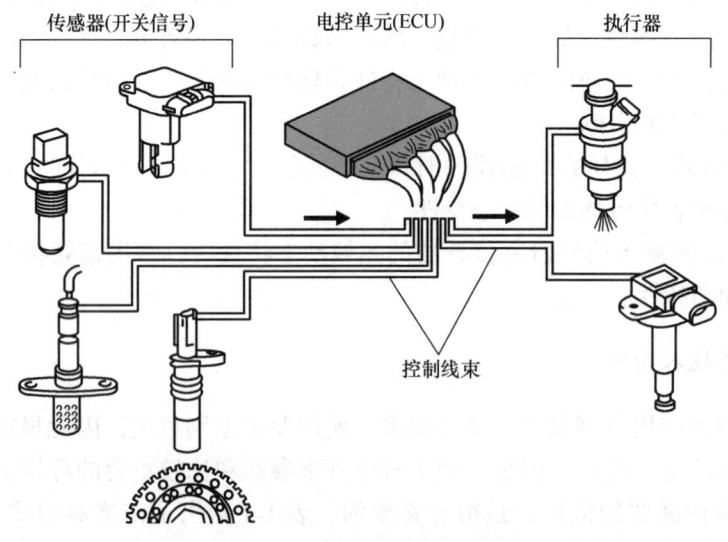

图 1-12 汽车电子控制系统的基本结构

根据新能源汽车的定义和分类可知，新能源汽车上的传感器种类多样，既包含动力电池系统、驱动电机系统上的各类传感器，又包含传统发动机上的传感器以及氢燃料电池相关的传感器等。

动力电池上的传感器主要有电流传感器、电压传感器、温湿度传感器、位置传感器以及气体传感器，如图1-13所示。其中，电流传感器用于监测电池充放电时的电流，电压传感器用于测量电池组中每个电池的电压，确保电池组中的每个电池都处于良好的工作状态。温度传感器主要用于监测电池的温度，防止电池充放电时热失控发生，湿度传感器则用于监测电池环境中的湿度，这对于电池的性能和寿命有着重要影响。位置传感器主要用于检测水冷装置中冷却液液面的位置情况，以便于BMS及时调节控制主水泵与副水泵切换运行。气体传感器用于检测当动力电池热失控时，产生的诸如一氧化碳、氢气等大量异常气体情况，并发出预警，要求整车控制器进行有效处理，从而全面监测电池的健康状况。

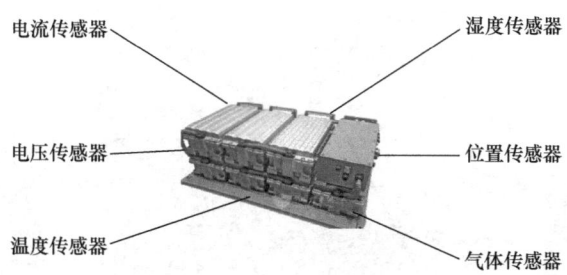

图1-13 动力电池上的传感器

驱动电机上的传感器主要有电流传感器、电压传感器、温度传感器、转速传感器、位置传感器以及磁场传感器，如图1-14所示。位置传感器用于检测电机转子的精确位置，这对于实现精确的矢量控制和磁场定向控制（FOC）至关重要。电流传感器用于监测电机的电流，这对于控制电机的转矩和转速至关重要。温度传感器用于监测电机和控制器的温度，以确保系统的安全运行并防止过热，通常采用NTC或PTC类型的热敏电阻。转速传感器用于监测电机的转速，确保电机在安全的转速范围内运行。转速传感器可以是机械式的（如齿轮传感器）或电子式的（如霍尔传感器），该传感器提供关于电机转速的反馈，以便控制器进行相应的调整。电压传感器用于监测电机的供电电压，确保电机在适当的电压下运行，这对于保护电机免受过电压或欠电压损害至关重要。另外，在某些电机设计中，可能会使用磁场传感器来监测电机的磁场强度，这对于控制电机的磁场强度和优化电机性能非常重要。

对于插电式混合动力汽车和增程式电动汽车，除了考虑动力电池和驱动电机以外，还需要考虑发动机系统上的传感器，主要包括燃烧室温度传感器、排气温度传感器、节气门位置传感器、进气压力传感器、曲轴位置和转速传感器、流量传感器、氧传感器和爆燃传感器等，如图1-15所示。这些传感器向发动机的ECU提供发动机工作状况的信息，供ECU对发动机工作状况进行精确计算控制。由于发动机在高温、振动、冲击、潮湿等恶劣环境下工作，发动机控制系统的传感器必须能耐高温并在恶劣环境下保持技术性能。

图 1-14 驱动电机上的传感器

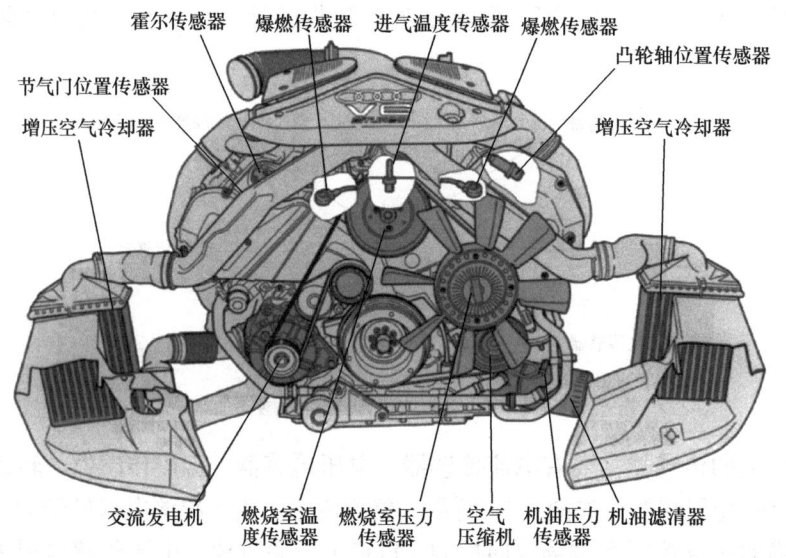

图 1-15 发动机上的传感器

燃料电池汽车是一种新型环保汽车，燃料电池是一种将氢气和氧气的化学能转化为电能的清洁能源技术。在燃料电池系统中，传感器起着至关重要的作用，帮助实现对温度、压力、流量、浓度、湿度和电流等关键参数的监测和控制。通过这些传感器的精确测量，燃料电池系统能够实现更高的效率、更长的寿命和更稳定的运行。同时，传感器的数据还可以用于故障诊断、系统优化和性能改进。燃料电池系统中主要的传感器如图 1-16 所示。

此外，汽车主要的控制系统，如防抱死制动系统（Anti-lock Braking System，ABS）、电控空气悬架（Electronically Controlled Air Suspension，ECAS）系统、助力转向（Electric Power Steering，EPS）系统等，都借助于相应的传感器作为信息输入，完成控制动作。

ABS 借助于四个车轮的轮速传感器，实时检测车辆制动时车轮抱死状态，当轮速传感器检测到某个车轮有抱死趋势时，ABS ECU 输出命令，控制相应制动轮缸的电磁阀动作，对相应车轮制动力进行调节，防止车轮抱死，影响行车安全。ABS 结构如图 1-17 所示。

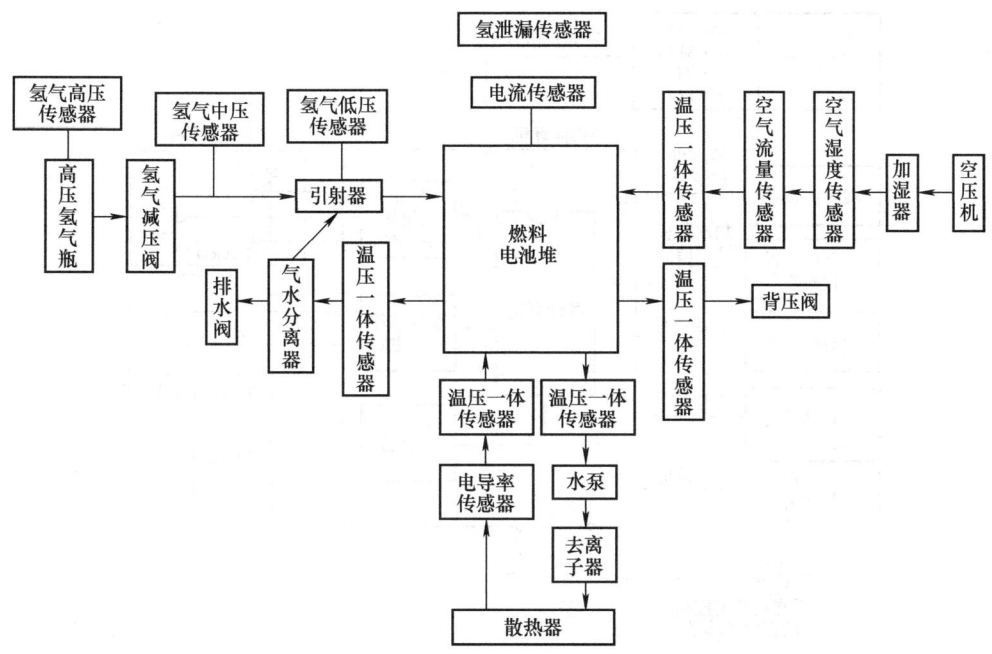

图 1-16 燃料电池上的传感器

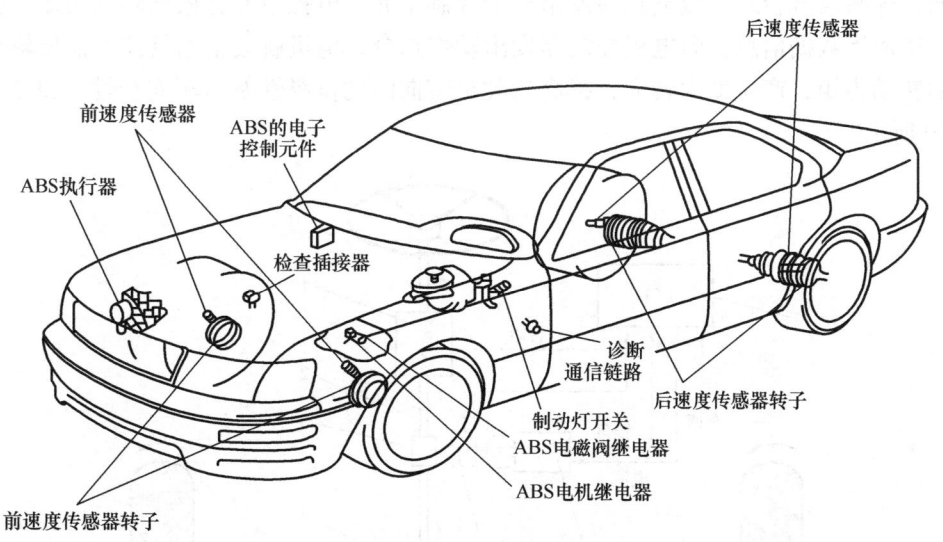

图 1-17 ABS 结构图

ECAS 系统借助于车身高度传感器、车速传感器、加速度传感器、转向盘转角传感器等,实时检测车辆运行状态,由电控单元控制悬架执行机构改变悬架弹性元件的刚度、减振器阻尼力及车身高度等参数,使车辆的操纵性和平顺性都达到最优。ECAS ECU 控制框图如图 1-18 所示。

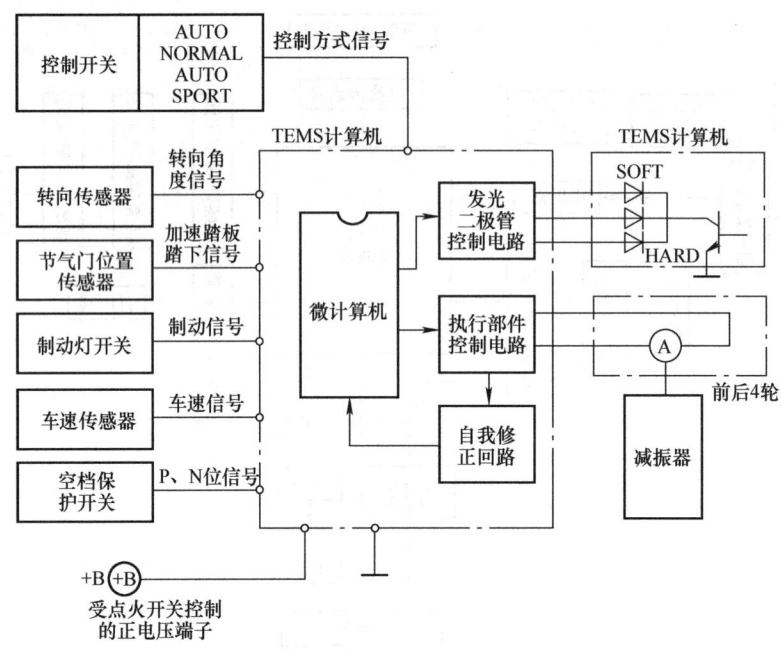

图 1-18 ECAS ECU 控制框图

汽车在转向时，EPS 系统转矩（转向）传感器会"感觉"到转向盘的力矩和拟转动的方向，这些信号会通过数据总线发给电子控制单元，电控单元会根据转动力矩、拟转动方向、车速等数据信息，向电机控制器发出动作指令，电机就会根据具体的需要输出相应大小的转动力矩，产生助力转向，提高驾驶员转向时的操纵性及行车安全性。EPS 组成如图 1-19 所示。

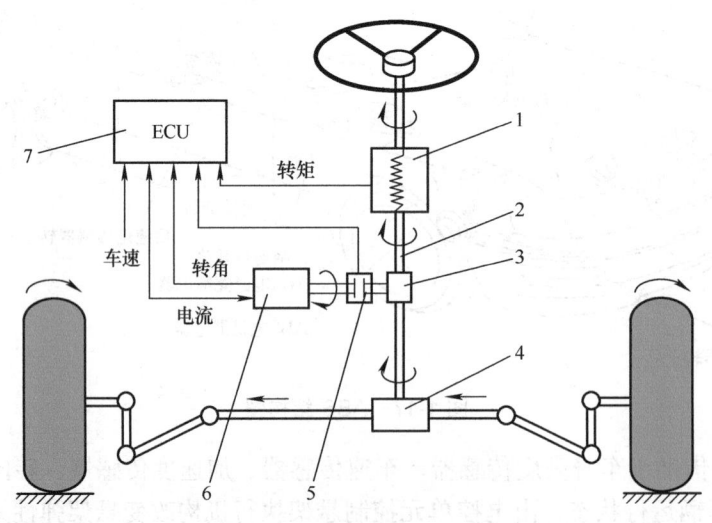

图 1-19 EPS 组成示意图

1—转矩传感器 2—转向轴 3—减速机构 4—齿轮齿条式转向器 5—离合器 6—电机 7—ECU

除此之外，新能源汽车上还搭载了诸如座椅占用传感器、雨量传感器、车内外温度传感器、超声波测距传感器、制动压力传感器等诸多传感器，这些传感器在各自的控制系统中发挥着巨大的作用。

1.4.2 新能源汽车传感器的特点

新能源汽车传感器的特点主要有：

1）高精度与可靠性：新能源汽车传感器需要具备高精度和可靠性，以确保对车辆状态的准确监测和及时预警。高精度传感器能够提供更准确的数据，有助于优化电池管理系统、电机控制系统，提高车辆的安全性。

2）智能化与网络化：随着物联网技术的发展，新能源汽车传感器正朝着智能化和网络化的方向发展。传感器能够通过网络与车载系统进行实时通信，实现数据的远程监控和分析，提高系统的智能化水平。

3）低功耗与长寿命：新能源汽车传感器需要在保证性能的同时，降低功耗，延长使用寿命。低功耗传感器能够减少电池系统的能耗，提高整车的能效。

4）集成化与多功能化：新能源汽车传感器将朝着集成化和多功能化的方向发展。通过在同一衬底上集成多种敏感元件，实现多种物理量的同时监测，提高传感器的集成度和可靠性。

5）智能化算法与数据分析：新能源汽车传感器将结合智能化算法和数据分析技术，实现对行车状态的更精确监测和预测。通过算法优化和数据分析，提高汽车智能化水平。

6）新材料与新工艺的应用：新能源汽车传感器将采用新材料和新工艺，提高传感器的性能和可靠性。例如，采用纳米材料、石墨烯等新型材料，提高传感器的灵敏度和稳定性；采用先进的制造工艺，提高传感器的精度和一致性。

7）环境适应性：新能源汽车工作的环境温度变化范围较宽、道路表面优劣程度相差很大，因此要求传感器耐振、耐温、耐水性良好。

8）批量生产性：由于新能源汽车是批量生产的，甚至同一种传感器在一辆汽车上要用到十至上百个，所以要求传感器要适合大批量生产的要求。

9）体积小：尽可能做到体积小、质量轻，便于安装、调试，降低整车重量。

这些特点共同确保了新能源汽车传感器在性能、安全和效率方面的高标准，同时也指出了未来传感器技术发展的方向。

课后习题

1. 简述新能源汽车的定义和分类。
2. 传感器主要由哪几部分组成？
3. 新能源汽车传感器的分类方法有哪些？
4. 传感器的静态特性参数包括哪些？
5. 传感器的动态特性参数有哪些？

6. 简述电动汽车动力电池上常用的传感器类型。
7. 简述电动汽车驱动电机上常用的传感器类型。
8. 简述防抱死制动系统（ABS）中传感器的类型和作用。
9. 简述电动助力转向（EPS）系统中传感器的类型和作用。
10. 简述电控空气悬架（ECAS）系统中传感器的类型和作用。
11. 简述新能源汽车传感器的特点。

第 2 章　新能源汽车上的电阻式传感器

📖 本章导学

电阻是导体本身的一种特性，用以表示导体对电流的阻碍作用的大小。导体的电阻越大，表示导体对电流的阻碍作用越大。不同的导体，电阻一般不同，电阻的大小由公式 $R=\rho l/S$ 确定。受被测量的影响，改变电阻率 ρ、长度 l 以及横截面积 S 时，相应的电阻值就会发生变化，当外加电源时，即可通过输出电压或者电流反映出被测参数的大小。

📖 学习目标

1. 掌握分流电阻式、电位器式、应变式、压阻式传感器的基本原理。
2. 了解电位器式传感器、应变式传感器、压阻式传感器的基本特性。
3. 熟悉分流电阻式传感器、电位器式传感器、应变式传感器、压阻式传感器在新能源汽车传感检测中的典型应用。
4. 能够利用电阻式传感器的理论知识对新能源汽车传感检测中的压力、加速度、位置等传感器的原理及特点进行分析。

📖 课前小讨论

根据电阻的计算公式 $R=\rho l/S$，电阻值的大小与电阻率 ρ，长度 l 以及横截面积 S 存在相关性，当被测物理量作用在电阻上时，通过改变电阻的上述三个参数中的一个或几个，就能改变电阻值，那么被测物理量如何引起被测参数的变化，电阻式传感器在新能源汽车上的应用主要有哪些？

电阻式传感器的基本工作原理是将被测量的变化转化为传感器电阻值的变化，再经一定的测量电路实现对测量结果的输出。电阻式传感器应用广泛、种类繁多，主要有分流电阻式、电位器式、应变式，压阻式、热电阻和热敏电阻等。电位器式传感器是一种把机械线位移或角位移输入量通过传感器电阻值的变化转换为电阻或电压输出的传感器；应变式及压阻式传感器是通过弹性元件的传递将被测量引起的形变转换为传感器敏感元件的电阻值变化；热电阻和热敏电阻是基于电阻率受温度影响而改变的原理工作的。本章主要介绍分流电阻式、电位器式、应变式和压阻式传感器，热电阻和热敏电阻在热电式传感器中介绍。

分流电阻式、电位器式、应变式和压阻式传感器在新能源汽车上的主要应用有分流电阻式电流传感器、加速踏板位置传感器、节气门位置传感器、转矩传感器、机油压力传感器、流量传感器、燃油液位传感器、座椅占用传感器、进气歧管压力传感器、加速度传感器、轮胎压力传感器、尾气捕集器差压传感器等。

2.1 分流电阻式传感器

电动汽车中,传统的燃油动力系统被动力电池及电机系统所取代,用于电压及电流检测的传感器件便被广泛地应用在电动汽车的汽车电子、大电流电路、变频器、DC/AC、AC/DC 以及空调等模块上。

特别是对于电动汽车所用的动力电池系统,由于要实时获取电池余量及是否工作正常等状态信息,所以实时检测动力电池的电压及电流就尤为重要。目前,常用的电压及电流传感器主要有霍尔元件式和分流电阻式两种,图 2-1 所示为用于测量高压母线电流的分流电阻式传感器的应用举例。

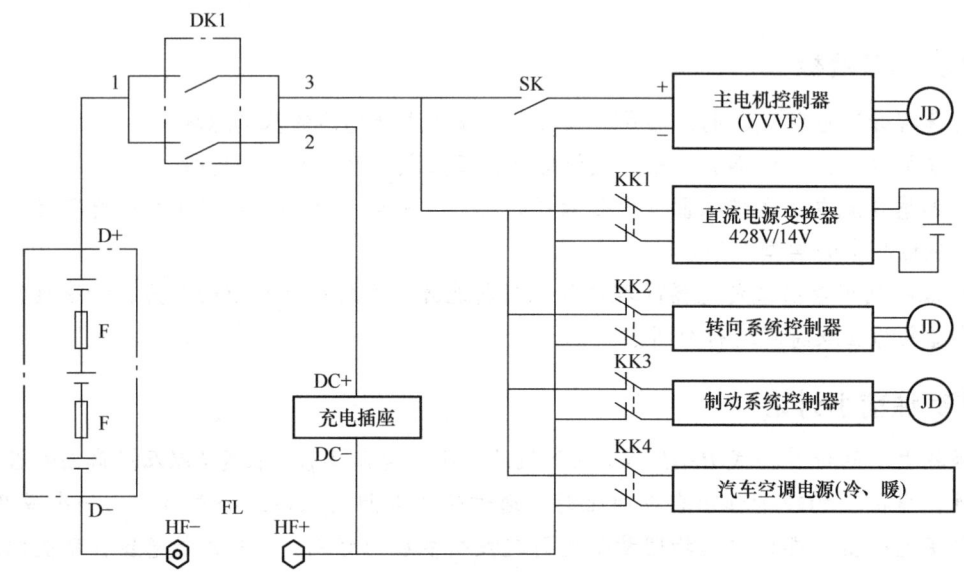

图 2-1 分流电阻式传感器的应用举例

F—熔断器 FL—分流电阻式电流传感器 DK—高压开关 KK—多路开关 JD—三相电机

电动汽车驱动系统的工作电流大多在 1~100A 之间,在特殊情况下,会有短时间 200~300A 的电流,车辆的起动电流甚至高达 1500A。在电池和电源管理系统中,还有更极端的电流情况。对于这些大电流值的精确检测,就要用到电流传感器。

分流电阻式电流传感器的核心是分流器。分流器实际上就是一个可以通过大电流的阻值很小的精密电阻,当有直流电流通过时,就会在电阻两端产生一个小的电压降,一般为毫伏级别。用毫伏级电压表测量这个电压后,再依据欧姆定律换算为电流,就可以完成大电流的测量并显示出来,所以电流表实际上是一块电压表。

德国 Isabellenhutte(伊萨)公司生产的分流电阻式电流传感器外观如图 2-2 所示。

图 2-2 Isabellenhutte 分流电阻式电流传感器

该传感器具有以下特点：
1）寄生电感小于 0.1nH。
2）持续的负载功率为 500W。
3）针对微小阻值的电阻，低温度系数最小可达 10 PPM/K，远远优于目前的同类产品。
4）四引线技术保障信号的精确度及电阻本身的损耗。
5）保证了性能稳定的 5000h 的持续测试。
6）电阻阻值很小，最小为 4μΩ。

2.2 电位器式传感器

电位器式传感器是一种把机械线位移或角位移输入量通过传感器电阻值的变化转换为电阻或电压输出的传感器，由电阻元件和滑臂等部件组成。作为传感元件，它能将机械位移转换成与之成一定函数关系的电阻或电压输出。电位器式传感器结构简单、体积小、重量轻、价格低廉、性能稳定、对环境条件要求不高、输出信号较强，一般不需要放大，并易实现函数关系的转换。但电阻元件与滑臂间由于存在磨损，寿命较短，且阻值范围窄，分辨率有限，故其精度一般不高，动态响应较差，主要适合于变化缓慢的物理量的测量。

电位器式传感器种类较多，根据输入 – 输出特性的不同，可分为线性电位器和非线性电位器两种；根据结构形式的不同，又可分为线绕式、薄膜式和光电式等。目前常用的以单圈线绕式电位器居多。

在新能源汽车上，电位器式传感器主要有加速踏板位置传感器、制动踏板位置传感器、节气门位置传感器、燃油液位传感器、机油压力传感器、空气流量传感器、转矩传感器等。

2.2.1 工作原理及特性

1. 工作原理

电位器式传感器一般由电阻元件、骨架及滑臂（滑动触点）等组成，滑臂相对于电阻元件的运动可以是直线运动、转动或螺旋运动。当被测量发生变化时，滑臂触点在电阻元件上产生移动，该触点与电阻元件间的电阻值就会发生变化，从而实现位移（被测量）与电阻之间的转换，这就是电位器式传感器的工作原理。

（1）线性直线位移式电位器

常用的线性直线位移式电位器原理如图 2-3 所示。其电阻元件由金属电阻丝绕成，电阻丝截面积相等，电阻值沿长度变化均匀。电位器工作时可作为变阻器使用，也可作为分压器使用。

设该电位器全长为 x_{max}，总电阻为 R_{max}，当滑臂由 A 到 B 移动位移 x 后，A 到滑臂间的电阻值 R_x 为

$$R_x = \frac{x}{x_{max}} R_{max} \tag{2-1}$$

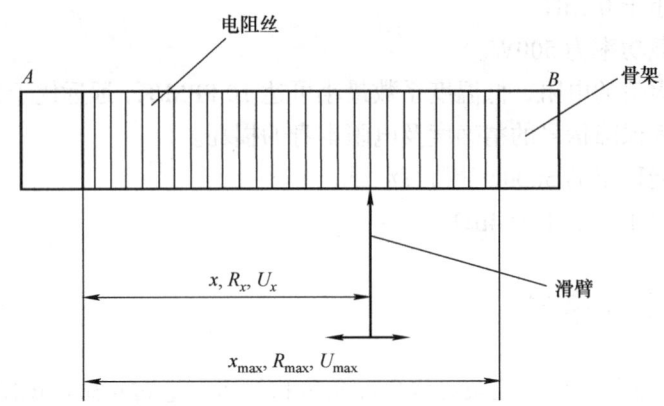

图 2-3 线性直线位移式电位器原理图

可见,电位器式传感器作为变阻器使用时,其电阻值为位移 x 的函数。

若作为分压器使用,设加在电位器 A、B 之间的电压为 U_{max},则输出电压 U_x 为

$$U_x = \frac{x}{x_{max}} U_{max} \tag{2-2}$$

(2)线性角位移式电位器

线性角位移式电位器原理如图 2-4 所示。

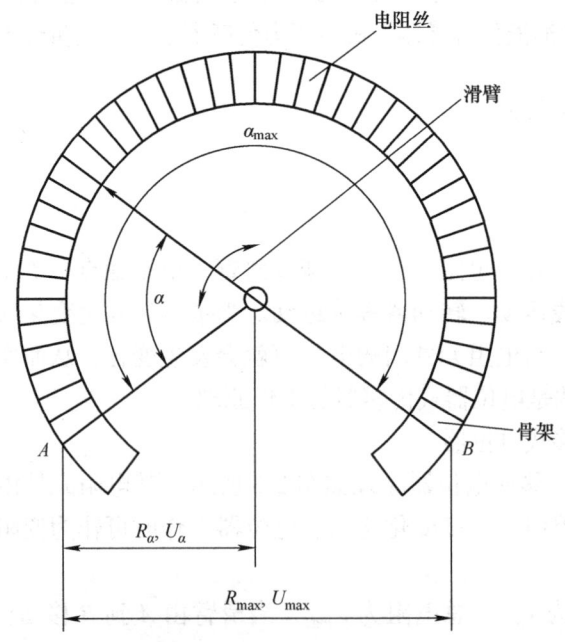

图 2-4 线性角位移式电位器原理图

作为变阻器时,电阻值 R_α 与角度 α 的关系为

$$R_\alpha = \frac{\alpha}{\alpha_{max}} R_{max} \qquad (2\text{-}3)$$

作为分压器使用时，输出电压 U_α 与角度 α 的关系为

$$U_\alpha = \frac{\alpha}{\alpha_{max}} U_{max} \qquad (2\text{-}4)$$

（3）非线性电位器

在一些传感器的应用中，需要输入量（位移）和输出电压之间呈现某种函数规律的非线性变化，此时便需要非线性电位器，它可以实现指数函数、对数函数、三角函数及其他任意函数。常用的非线性电位器有变骨架式、变节距式、分路电阻式和电位给定式四种。

与线性电位器不同，非线性电位器输出电阻（或电压）与滑动行程之间是非线性函数关系，与滑臂位置有关，故其灵敏度是变量，如图 2-5 所示。

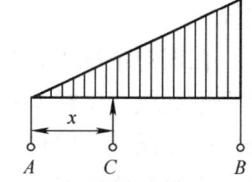

图 2-5 非线性可变电阻式传感器原理图

2. 特性

（1）阶梯特性

由线绕式电位器的结构可知，当滑臂在多匝导线上移动时，电位器的阻值和输出电压不是连续变化，而是阶跃式变化的。滑臂每移动过一匝线圈，电阻就突然增加一匝阻值，输出电压就产生一次阶跃。图 2-6 所示为绕 n 匝电阻丝的电位器式传感器的阶梯特性曲线图。

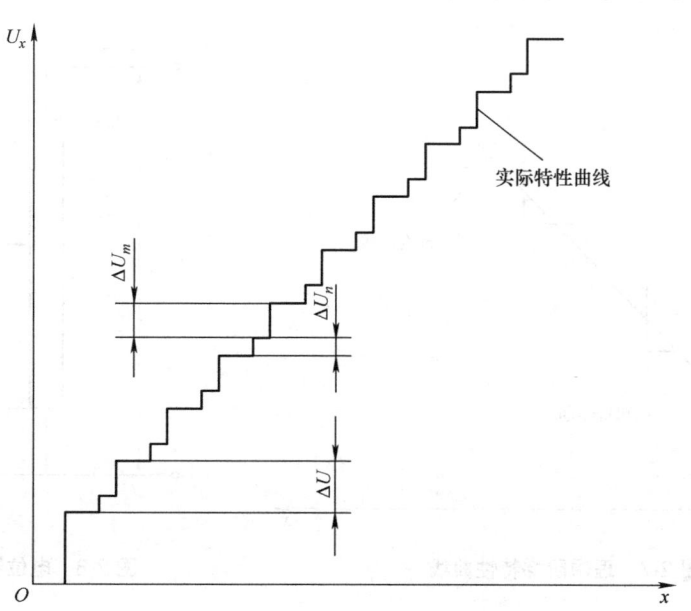

图 2-6 电位器式传感器的阶梯特性曲线

若总共移动 n 匝，则输出电压就产生 n 次阶跃，其阶跃值为

$$\Delta U = \frac{U_{\max}}{n} \tag{2-5}$$

当滑臂从 $m-1$ 匝移至 m 匝时，滑臂瞬间使相邻两匝线圈短接，总匝数从 n 减小到 $n-1$，即在每一次电压阶跃中又产生一次小阶跃，这个小阶跃的电压设为 ΔU_n，有

$$\Delta U_n = \frac{U_{\max}}{n(n-1)} \tag{2-6}$$

为了方便实际应用，工程上常将实际阶梯特性曲线简化为图 2-7 所示的理想阶梯特性曲线。

在理想情况下，特性曲线各个阶梯的大小完全相同，此时穿过每个阶梯中点的直线即是理论直线，阶梯曲线围绕理论直线上下波动，从而产生一定的偏差，这种偏差就是电位器的阶梯误差。阶梯误差通常用理想阶梯特性曲线对理论直线最大偏差值与最大输出电压值之比的百分数表示，即

$$e_i = \frac{\pm \frac{1}{2}\frac{U_{\max}}{n}}{U_{\max}} \times 100\% = \pm \frac{1}{2n} \times 100\% \tag{2-7}$$

（2）负载特性

一般情况下，电位器输出端是接有负载的。当接入负载时，由于负载电阻和电位器的比值为有限值，此时所得的特性为负载特性。负载特性偏离理想空载特性的偏差称为电位器的负载误差。电位器负载特性如图 2-8 所示。

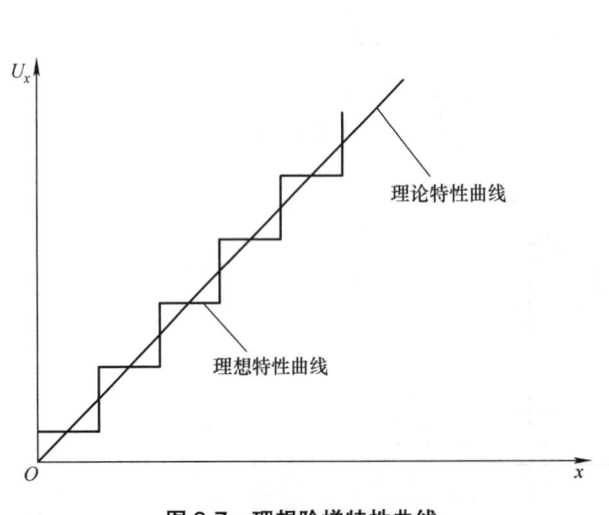

图 2-7　理想阶梯特性曲线　　　　图 2-8　电位器负载特性

电位器的负载电阻 R_L 可理解为测量仪表的内阻或放大器的输入电阻，则此电位器的输出电压为

$$U_\mathrm{L} = \frac{U_\mathrm{max}}{\dfrac{R_\mathrm{L} R_x}{R_\mathrm{L} + R_x} + (R_\mathrm{max} - R_x)} \frac{R_\mathrm{L} R_x}{R_\mathrm{L} + R_x} = \frac{U_\mathrm{max} R_x R_\mathrm{L}}{R_\mathrm{L} R_\mathrm{max} + R_x R_\mathrm{max} - R_x^2} \qquad (2\text{-}8)$$

2.2.2 新能源汽车上的电位器式传感器

1. 加速踏板位置传感器

加速踏板位置传感器安装在汽车加速踏板附近，可用于检测加速踏板的行程，向电控单元（ECU）反映驾驶员驾驶意图的信息。电控单元供给加速踏板位置传感器5V电压，传感器向电控单元发出反映加速踏板位置的电压信号。

加速踏板位置传感器有霍尔式和滑动电阻式两种，新型加速踏板位置传感器有双滑动电阻式和线性双霍尔式，纯电动汽车中常用的为滑动电阻式加速踏板位置传感器。

如图 2-9 所示，加速踏板位置传感器与加速踏板相连，当驾驶员踩下加速踏板时，传感器会检测到踏板的位移或角度变化。

滑动电阻式加速踏板位置传感器其实是一个简单的电位计，将踏板的踩下情况直接转变为电压信号输出。当驾驶员踩下加速踏板时，与加速踏板位置传感器线圈接触的小型滑臂沿圆弧转动，加速踏板位置传感器从 ECU 接收恒定的 5V 直流基准电压。当加速踏板未踩下时，滑臂转动到使基准电压通过全部线圈的位置，加速踏板位置传感器产生约为 0.5V 的输出信号，向 ECU 回馈，当加速踏板处于全开位置时，滑臂转动到基准

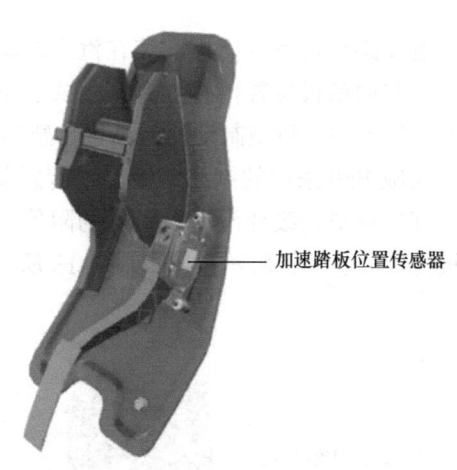

图 2-9 加速踏板位置传感器安装位置

电压只通过很少线圈的位置，向 ECU 回馈的信号电压约为 4.5V。加速踏板处于关闭和全开之间位置时，加速踏板位置传感器向 ECU 回馈的信号电压将与滑臂在电阻上的位置成正比。

可见，加速踏板位置传感器的输出信号为在 0.5 ~ 4.5V 之间变化的电压值，随着加速踏板位置的变化，输出电压信号相应变化，两者之间呈线性关系，如图 2-10 所示。

电动汽车上，随着驾驶员踩下加速踏板深度的增大，传感器的电压信号也会升高，ECU 识别该电压变化后，发送更高的驱动电压，使得车辆速度提升。

图 2-11 所示为荣威 E50 采用的加速踏板位置传感器针脚示意图，该加速踏板位置传感器采用双滑动电阻式，也是安装在加速踏板轴的一端。通过脚踩加速踏板使得传感器内部指针滑动改变滑动电阻器的阻值，从而影响加载在其上面的电压值，用于监测加速踏板的加、减速信号。

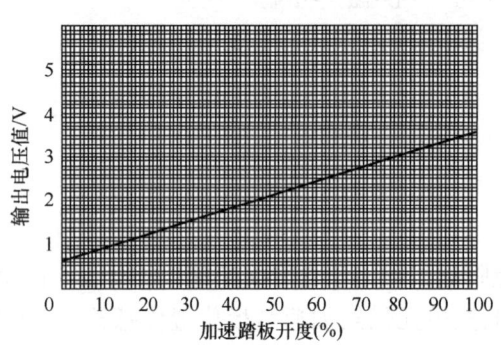

图 2-10 加速踏板位置与输出电压信号关系

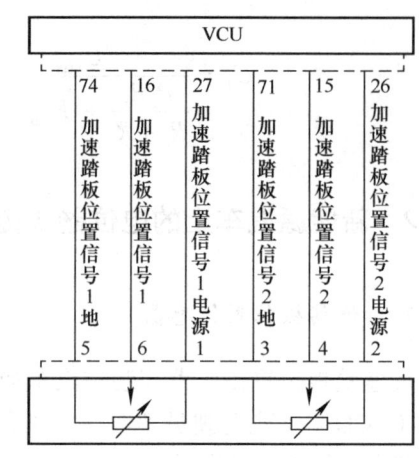

图 2-11 荣威 E50 加速踏板位置传感器针脚示意图

2. 制动踏板位置传感器

制动踏板位置传感器安装在汽车制动踏板附近，用于检测制动踏板的行程，如图 2-12 所示。制动踏板位置传感器有霍尔式、滑动电阻式和开关型三种，为了提高信息检测的精确度，现出现了新型制动踏板位置传感器，包括双滑动电阻式和线性双霍尔式两种。

荣威 E50 采用的制动踏板位置传感器属于电阻式传感器，通过脚踩制动踏板使得传感器内部指针滑动改变滑动电阻器的阻值，从而影响加载在其上面的电压值，用于监测制动踏板的信号。其针脚示意图如图 2-13 所示。

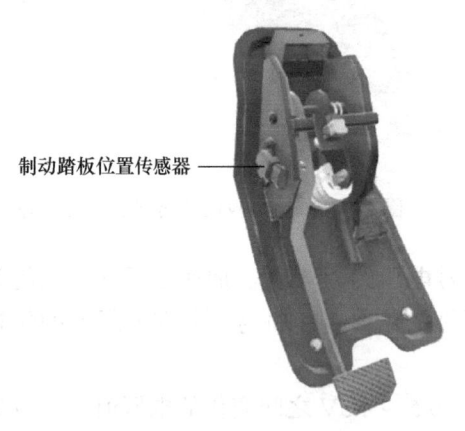

图 2-12 制动踏板位置传感器位置

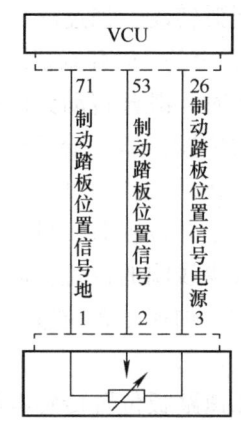

图 2-13 荣威 E50 制动踏板位置传感器针脚示意图

3. 转矩传感器

随着电动汽车技术的发展，传统汽车的液压动力转向系统逐步被电动助力转向（EPS）系统取代。电动助力转向系统由传感器（转向力矩传感器、转向角度传感器、车速传感器）、控制器（控制单元、电机驱动单元）和执行机构（减速器）等部分构成。其中，转矩传感器尤为重要，是 EPS 系统中重要的器件之一。通过转矩传感器，可以探测驾驶员在转向操作时由转向盘产生的力矩或转角的大小和方向,并将所需信息转化成数字信号输入控制单元,再由控制单元对这些信号进行处理得到一个与行驶工况相适应的力矩,最后发出指令驱动电机工作,电机的输出转矩通过传动装置的作用而得以助力。

按照检测元件是否与旋转部件接触,转矩传感器可以分为接触式和非接触式两种,按照工作原理的不同,又可以分为霍尔式、光电式、电位计式、电感式和磁阻式等类型。近年来,霍尔式和磁阻式转矩传感器越来越多地应用到电动汽车转向系统中。

电位计式转矩传感器主要由扭杆弹簧、转角-位移变换器、电位计组成。扭杆弹簧的主要作用是检测驾驶员作用在转向盘上的转矩,并将其转化成相应的转角值。转角-位移变换器将扭杆弹簧两端的相对转角转化为滑动套滑块的轴向位移。滑块相对于输入轴可以在螺旋方向上移动,同时滑块通过一个销安装到输出轴上,可以相对于输出轴在垂直方向上移动。

当转动转向盘时,转矩被传递到扭力杆,输入轴相对于输出轴方向出现偏差。该偏差使得滑块出现移动,这些轴方向的移动转化为电位计的杠杆旋转角度,滑动触点在电阻线上的移动使电位计的电阻值随之变化,电阻的变化通过电位计转化为电压。这样转矩信号就转化为电压信号。

4. 车身高度传感器

电位计式车身高度传感器,也被称为电位计式车高位置传感器,是一种利用电位计原理来测量车身高度变化的装置。其结构如图 2-14 所示,主要由传感器轴、转板、电刷和印制电路板组成,前三者组成一个整体,由导杆带动而旋转,印制电路板的电刷可在电阻器上滑动。当车身高度发生变化时,悬架系统的伸缩使得滑动触点沿着电阻条移动,触点与电阻条两端之间的电阻值发生变化,电阻值的变化与滑动触点的位置成正比。由于电阻条的电阻值是均匀分布的,电压差与滑动触点的位置呈线性关系。传感器将这个电压信号通过电路传输给车辆的电子控制单元(ECU)。ECU 接收到信号后,会根据预设的算法计算出车身的当前高度,并与设定值进行比较,以确定是否需要调整悬架系统。如果车身高度与预设值有偏差,ECU 会控制空气悬架系统中的空气压缩机或排气阀,以增加或减少气囊中的气压,从而调整车身高度,保持车辆的水平状态。

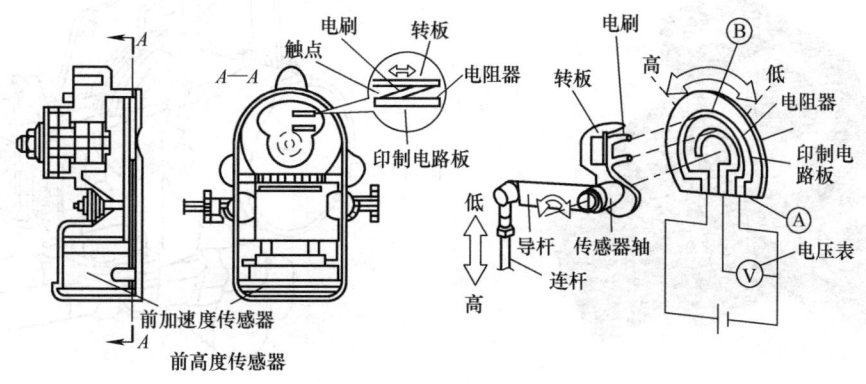

图 2-14 电位计式车身高度传感器结构图

电位计式车身高度传感器的优点包括高精度、响应快、可靠性高。它们广泛应用于高端汽车的空气悬架系统中，以提供最佳的乘坐舒适性和操控性。

5. 节气门位置传感器

发动机工况（如起动、怠速、加速、减速、小负荷和大负荷）不同，对混合气浓度的要求也不相同，节气门由驾驶员通过加速踏板来操纵，以改变发动机的进气量，从而控制发动机的运转。不同的节气门开度标志着发动机的不同运转工况。为了使喷油量满足不同工况的要求，电子控制汽油喷射系统在节气门体上装有节气门位置传感器（Throttle Position Sensor，TPS），是发动机集中控制系统中最重要的传感器之一，也是点火系统、燃油喷射系统和自动变速器系统共用的传感器。节气门位置传感器用以检测节气门的开度和关闭状况，并将检测信号发送至发动机 ECU，用以控制喷油量、点火时刻（点火提前角）和自动变速器换档。

1）在发动机电控燃油喷射系统中，节气门位置传感器的作用主要是将节气门开度以及节气门开度变化的快慢，转变为电信号输入发动机 ECU，用于判别发动机的各种工况，从而控制不同的喷油量和点火正时。

2）在安装电控自动变速器的汽车上，节气门位置传感器信号是变速器换档和变矩器锁止的主要信号。

3）在新型智能电子节气门控制系统中，节气门开启角度不再由加速踏板拉索直接进行控制，而是由节气门伺服电机根据 ECU 信号进行驱动。电子节气门轴上的节气门位置传感器用来检测节气门的实际开度，ECU 以此作为反馈信号，实时控制节气门伺服电机，对节气门开度做出适当的调整。

采用电位器的汽车节气门位置传感器称为线性可变电阻式节气门位置传感器。线性可变电阻式节气门位置传感器的设计避免了开关式节气门位置传感器只能检测发动机怠速工况和全负荷工况的弊端，因此可以获得节气门从全闭到全开连续变化的信号，从而更精确地判断发动机的运行工况，其外观和安装位置分别如图 2-15、图 2-16 所示。

图 2-15 节气门位置传感器外观图

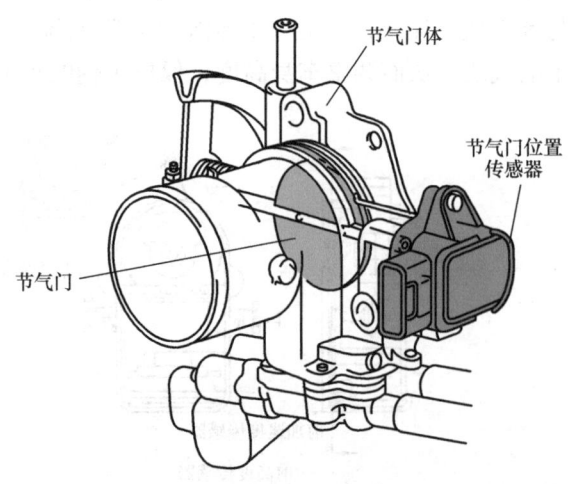

图 2-16 节气门位置传感器安装位置

线性可变电阻式节气门位置传感器的内部是一个旋转式可变电阻电位器,其滑动触点与节气门轴连接,由节气门轴带动电位计的滑动触点动作。电位器有3个接线端子,分别与电位器电阻的两个固定端和滑动触点连接。如果在两个固定端之间外加一个恒定的电压,电位器的3个接线端子之间就形成了一个分压电路,当滑动触点在节气门的带动下转动时,触点在电阻体上的位置发生变化,改变了触点与电位器任一固定端之间的电阻,该端子上的电压便随之发生变化,如图2-17所示。

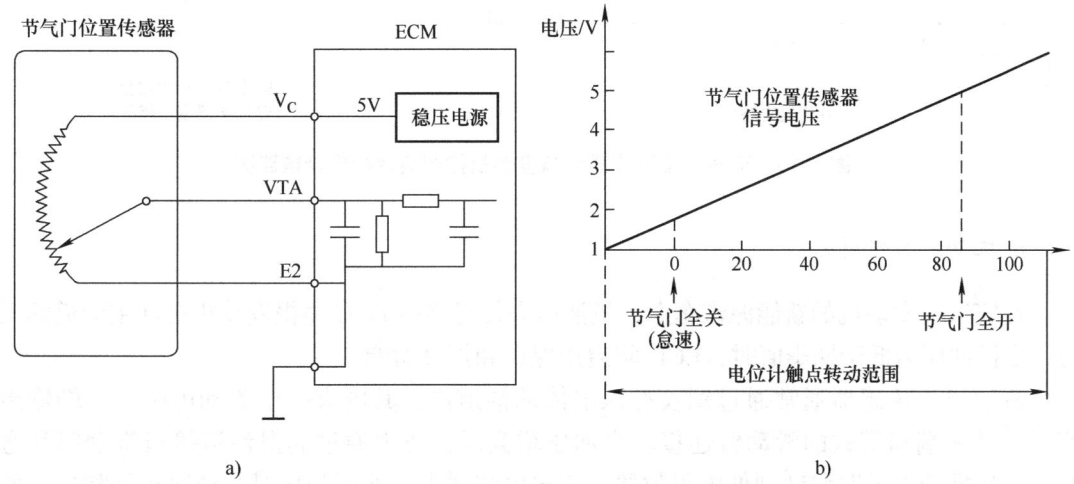

图2-17 节气门位置传感器工作原理及控制电路

在图2-17a所示的控制电路中,电位器电阻的两个固定端分别为电源和搭铁端子,来自ECU的5V基准电压施加在这两个端子上,电位器的滑动触点则作为传感器的信号端子,ECU根据该端子上信号的电压值确定节气门的开度,同时通过电压信号的变化速率获得节气门开度的变化速率。

为保证信号电压和节气门开度之间的线性关系,通常采用可靠性高、工作寿命长、线性度好的线绕电位器,同时使电位器触点的转动范围大于节气门的转动范围,让电位器的实际工作范围处于其线性度最好的中间70%左右范围内,ECU以该工作范围内的最小信号电压值作为判定节气门全关的信号(即怠速信号),将其最大信号电压值作为判定节气门处于全开的信号(即满负荷信号),如图2-17b所示。

不同型号的节气门位置传感器,其电阻值及输出电压信号值也不相同。下面以2008款别克凯越发动机节气门位置传感器为例,说明其检测方法。图2-18所示为2008款别克凯越节气门位置传感器与发动机控制模块的连接电路图。

该类型传感器的主要特点有:
1)角度检测及处理容易。
2)由开关原点确定绝对角度,所以能获得最恰当的控制。
3)环境适应性好。
4)由于内装弹簧,容易与被测物连接。

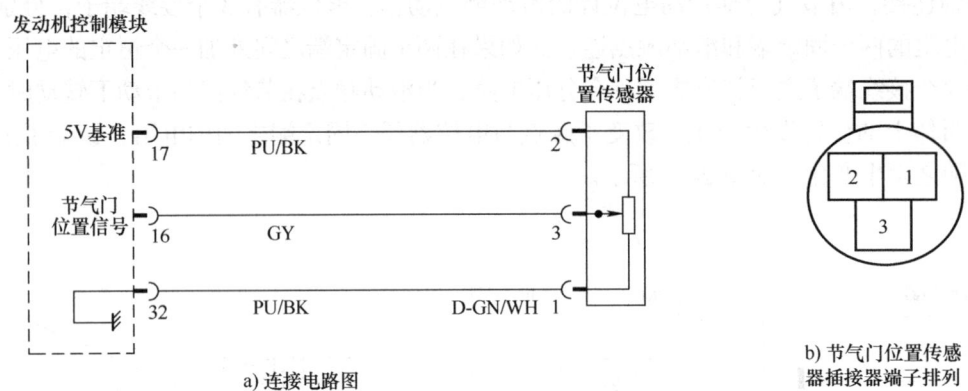

图 2-18　节气门位置传感器与发动机控制模块的连接电路图

6. 机油压力传感器

在安装有发动机的新能源汽车上，机油压力传感器向 ECU 通报发动机机油主油道的压力，当机油压力低于期望值时，ECU 将启用保护和报警功能。

机油压力传感器通常通过螺纹拧入缸体的油道内，其内有一个滑动电阻，一端输出信号，另一端和搭铁的滑动臂连接。当油压增高时，压力通过润滑油道接口推动膜片弯曲，膜片推动滑动臂移动到低电阻位置，输出电流增大，油压降低时，情况正好相反，如图 2-19 所示。

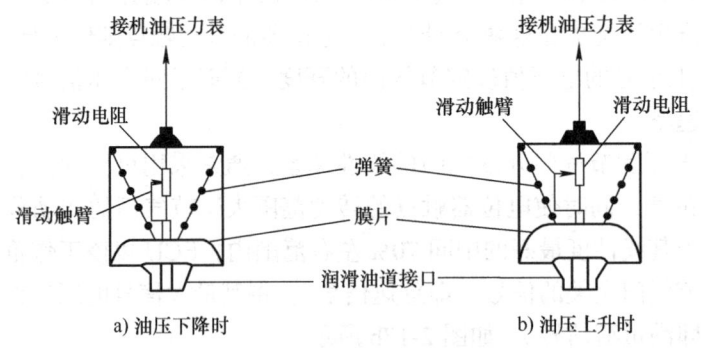

图 2-19　机油压力传感器原理图

7. 空气流量传感器

燃料电池汽车上，空气供应系统对进入燃料电池的空气进行过滤、加湿及压力调节，为燃料电池的阴极供给适宜状态的空气（氧气）。以丰田 Mirai 为例，空气供给系统主要由空气滤清器、空压机、空气流量传感器、中冷器、三通阀、背压阀以及消声器等部件组成，如图 2-20 所示。

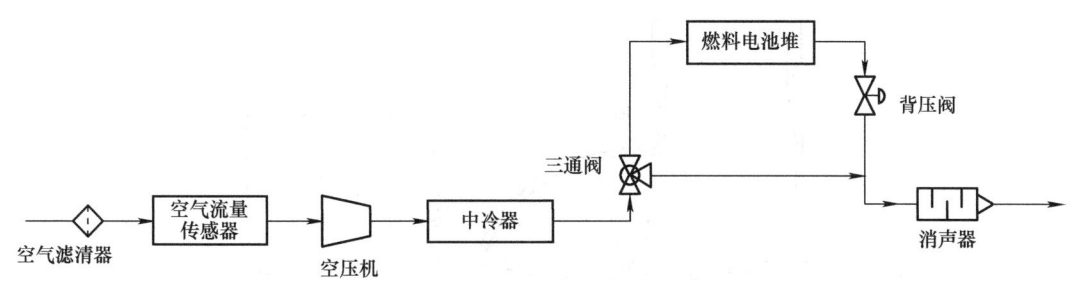

图 2-20　丰田 Mirai 燃料电池空气系统

燃料电池发动机中用到的空气流量传感器与传统发动机上用的空气流量传感器基本一致，主要功能是用来测量进入空气管道的空气流量，进而用于标定进入燃料电池阴极的氧气的过量系数，对于燃料电池堆及燃料电池系统的性能有较大影响。一般而言，对燃料电池系统中空气流量传感器的技术要求有响应时间快、测量精度高、流阻小、可靠性高。

发动机中的空气流量传感器是测定吸入发动机的空气流量大小的传感器。其功用是检测发动机进气量的大小，并将空气流量信号转换成电信号输入电控单元，以供 ECU 计算、确定喷油时间（即喷油量）和点火时间。空气流量信号是发动机 ECU 计算喷油时间和点火时间的主要依据。如果空气流量传感器或线路出现故障，ECU 得不到正确的进气量信号，就不能正常地进行喷油量的控制，将造成混合气过浓或过稀，使发动机运转不正常。

电位器式空气流量传感器又称为翼片式空气流量传感器，其结构原理如图 2-21 所示。在翼片上安装一个电位计，它与翼片同轴旋转，电位计上滑片移动导致电阻的变化，并转变成电压信号输入 ECU。

当空气流量增大时，进气气流对翼片产生的推力也增大，推力克服复位弹簧弹力使翼片旋转角度 α 增大，直到推力与弹簧力平衡为止。进气量越大，翼片偏转角度越大。因为翼片与电位计的滑片都被固定在转轴上，在翼片偏转的同时，滑片也偏转。当空气流量增大时，其端子 VC 与 VS 之间的电阻值减小，两端子间的输出电压 U_s 降低。当进气量减小时，进气气流对翼片的推力减小，弹簧克服弹簧弹力使翼片偏转的角度 α 也减小，端子 VC 与 VS 之间的电阻值增大，两端子间的输出电压升高。

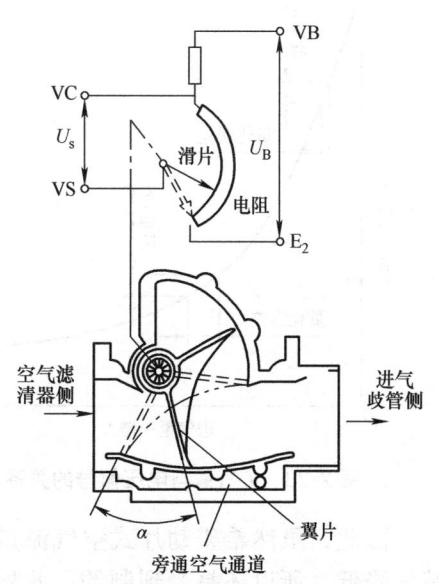

图 2-21　电位器式空气流量传感器

动片式空气流量传感器的原理图如图 2-22 所示。

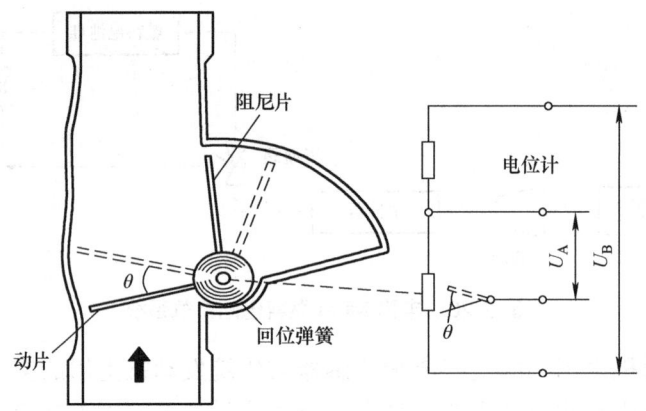

图 2-22　动片式空气流量传感器原理

空气流量传感器是根据动片的打开角度即进气量向外输出模拟电压信号的。进气量与电压信号之间的关系如图 2-23 所示。为了把信号输入到 ECU 中，还要利用 A/D 转换器把信号进行数字化处理，将此时最低位所示的空气流量称为量化误差，如图 2-23 所示，进气量越多，量化误差就越大。

由此可得出不同进气量时的测量精度，如图 2-24 所示，随着空气流量的增多，测量精度降低。

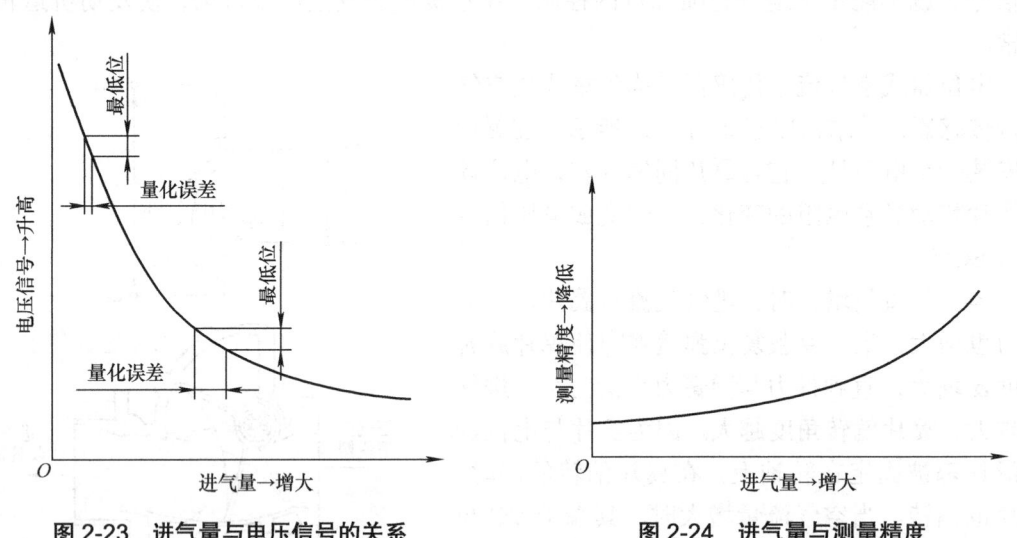

图 2-23　进气量与电压信号的关系　　　图 2-24　进气量与测量精度

因此，虽然希望动片式空气流量传感器的测量范围要扩大到大流量范围，但因测量精度降低，所以还是受到制约。此外，电位计的触点要一直在电阻器上滑动，为确保长期使用的可靠性，要从设计与制造的角度考虑触点材料的选用、接触压力的控制等。同时，为了使传感器的响应特性稳定，其上设有阻尼机构，由此造成传感器的体积增大、质量增加。

动片式空气流量传感器的最大缺陷在于增大进气管路的压降,这种传感器现在已经被压降较小的热线式空气流量传感器所取代。

8. 燃油液位传感器

浮子可变电阻型燃油液位传感器采用电位器方式来检测燃油液位的变化,如图 2-25 所示,由浮子、内装可变电阻的本体以及连接这两者的浮子臂等构成。浮子可随液位上、下移动,这时滑动臂就在电阻上滑动,从而改变搭铁与浮子之间的电阻值,利用这一阻值变化来控制回路中电流的大小,并在仪表上显示出来。

这种传感器可用于油量的测量,如图 2-26 所示,该传感器在汽油油量表中应用时,仪表部分与浮子部分串联。当油箱内装满汽油时,

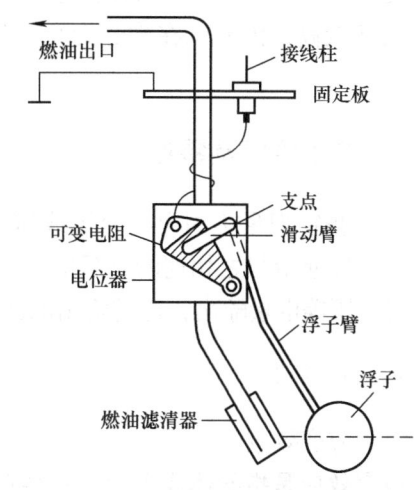

图 2-25 浮子可变电阻型燃油液位传感器结构

浮子升到最高位置,滑动臂向电阻值低的方向滑动,通过回路中的电流增大,仪表部分的双金属片弯曲得厉害,指针指示 F 侧。当油箱内的汽油量较少时,浮子降到较低位置,电阻增大,汽油表电路中的电流较小,仪表内的双金属片只是稍稍弯曲,指针指示 E 一侧。

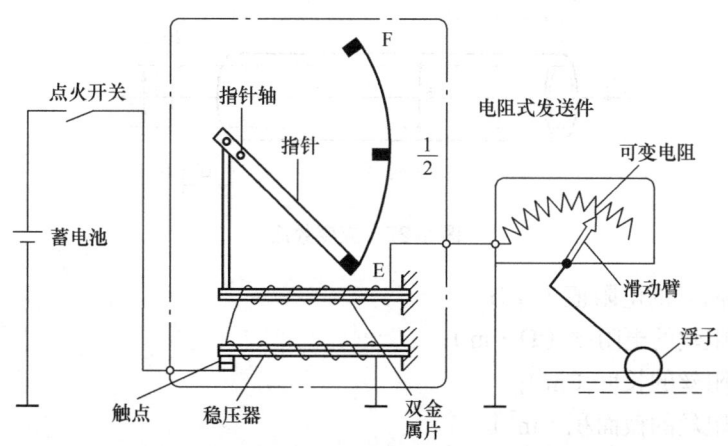

图 2-26 浮子可变电阻型燃油液位传感器在汽油油量表中的应用

2.3 应变式传感器

应变(Stress)是物体在外部压力或拉力作用下发生形变的现象。当外力去除后物体又能完全恢复其原来的尺寸和形状的应变称为弹性应变,具有弹性应变特性的物体称为弹性元件。

应变式传感器是利用电阻应变片将应变转换为电阻变化的传感器,由弹性元件(感知

与力相关的量并产生应变）及在其上粘贴的电阻应变片（作为应变敏感元件或转换元件，将应变转换为电阻变化）构成。应变电阻式传感器工作时引起的电阻值变化甚小，但其测量灵敏度较高，因此，在力、力矩、压力、加速度、重量等参数的测量中得到了广泛的应用。

2.3.1 工作原理及特性

当被测物理量（如力、力矩或压力等）作用在弹性元件上时，产生相应的应变或位移，然后传递给与之相连的电阻应变片，引起电阻应变片的电阻值发生变化，通过测量电路变成电压等电量输出，通过输出电压的大小反映被测物理量的大小。

1. 工作原理

（1）应变效应

应变效应是指导体或半导体材料在力的作用下产生机械变形，其电阻值相应地发生变化的现象。

如图 2-27 所示，一根具有应变效应的金属电阻丝，在未受力时，原始电阻值 R 为

$$R = \frac{\rho L}{A} \tag{2-9}$$

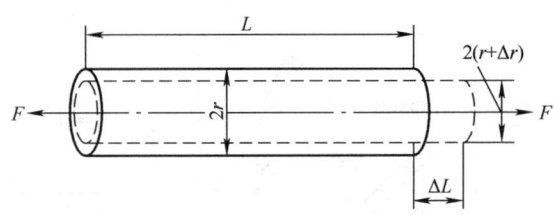

图 2-27 应变效应

式中　R——电阻丝的电阻值（Ω）；

　　　ρ——电阻丝的电阻率（$\Omega \cdot m$）；

　　　L——电阻丝的长度（m）；

　　　A——电阻丝的截面积（m^2）。

当电阻丝受到拉力 F 作用时将伸长，截面积相应减小，电阻率也将因形变而改变（增加），故引起电阻值发生相应变化，变化量为

$$dR = \frac{L}{A}d\rho + \frac{\rho}{A}dL - \frac{\rho L}{A^2}dA \tag{2-10}$$

则电阻的相对变化量为

$$\frac{dR}{R} = \frac{d\rho}{\rho} + \frac{dL}{L} - \frac{dA}{A} \tag{2-11}$$

为分析方便,假设电阻丝是圆截面,即 $A=\pi r^2$ (r 为电阻丝的半径),则圆形电阻丝的截面积相对变化量为 $dA = 2\pi r dr$。

将电阻丝轴向(长度)相对变化量定义为轴向应变,用符号 ε 表示。

同时,基于材料力学相关知识,径向应变与轴向应变的关系为

$$\frac{dr}{r} = -\mu \frac{dL}{L} = -\mu\varepsilon \tag{2-12}$$

式中 μ——电阻丝材料的泊松比(取值在 0~0.5 之间,通常为 0.3 左右)。

可以得出

$$\frac{dR}{R} = (1+2\mu)\varepsilon + \frac{d\rho}{\rho} \tag{2-13}$$

通常把单位应变引起的电阻值相对变化量称为电阻丝的灵敏度系数,表示为

$$K = \frac{\frac{dR}{R}}{\varepsilon} = 1 + 2\mu + \frac{\frac{d\rho}{\rho}}{\varepsilon} \tag{2-14}$$

由此可见,电阻丝的灵敏度系数受两个因素的影响:一个是受力后材料几何尺寸的变化,即 $(1+2\mu)$;另一个是受力后材料的电阻率的变化 $d\rho$。

对于金属材料,$1+2\mu \gg (d\rho/\rho)/\varepsilon$。对于半导体材料,$(d\rho/\rho)/\varepsilon \gg 1+2\mu$。大量实验证明,在电阻丝拉伸极限内,电阻的相对变化与应变成正比,即 K 为常数。

(2)金属电阻应变片

金属电阻应变片的灵敏度系数表达式中 $1+2\mu$ 的值要比 $(d\rho/\rho)/\varepsilon$ 大得多,后者可以忽略不计,即金属电阻应变片的工作原理是主要基于应变效应导致其材料几何尺寸的变化,因此金属电阻应变片的灵敏度系数近似为 $K \approx 1 + 2\mu$(常数)。

金属电阻应变片有丝式、箔式、薄膜式等结构形式。丝式应变片如图 2-28 所示,它用一根金属细丝按图示形状弯曲后用胶黏剂贴于衬底上,衬底用纸或有机聚合物等材料制成,电阻丝的两端焊有引出线,电阻丝直径在 0.012~0.050mm 之间。

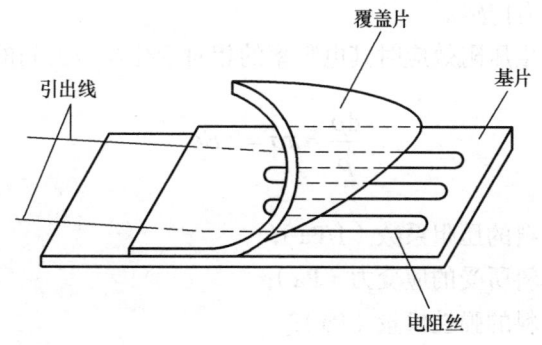

图 2-28 金属丝应变片

箔式应变片如图 2-29 所示，它是用光刻、腐蚀等工艺方法制成的一种很薄的金属箔栅，其厚度一般在 0.003～0.010mm 之间。箔式金属电阻应变片的优点有：①可做成各种形状，敏感栅尺寸准确，线条均匀；②横向效应小；③允许通过的电流大；④与被测试件接触面积大，散热性能好，寿命长；⑤耐疲劳，承受大变形能力强；⑥生产效率高。主要问题是现在还很难控制其电阻与温度和时间的变化关系。在常温条件下，箔式应变片已逐渐取代了丝式应变片。

金属薄膜式应变片采用真空蒸发法或真空沉积法在绝缘基片上得到厚度为 0.1mm 以下的薄膜敏感栅，其灵敏系数大，允许电流密度大，可在很宽的温度范围工作，但其电阻随温度与工作时间变化的控制较为困难。薄膜式应变片是应变片今后的发展趋势。

（3）半导体应变片

半导体应变片的工作原理是基于半导体材料的压阻效应，即单晶半导体材料沿某一轴向受到外力作用时，其电阻率发生变化的现象。

半导体应变片的使用方法与丝式应变片相同，即粘贴在被测物体上，随着被测物体的应变，其电阻值发生相应的变化。半导体应变片的结构如图 2-30 所示。

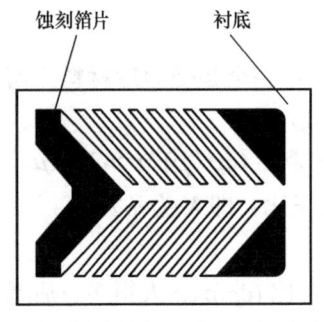

图 2-29　金属箔式应变片

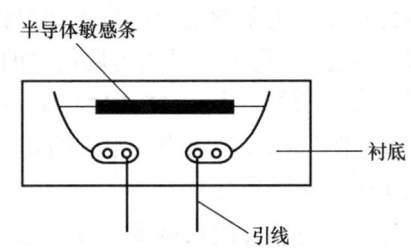

图 2-30　半导体应变片

与金属应变片情况相反，半导体应变片的灵敏度系数表达式中 $1+2\mu$ 的值要比 $(d\rho/\rho)/\varepsilon$ 小得多，即前者可以忽略不计。

不同类型的半导体，施加载荷的方向不同，其压阻效应也不相同，目前使用最多的是单晶硅半导体。压阻式压力传感器具有极低的价格、较高的精度以及良好的线性特性，是目前应用最为广泛的压力传感器。

半导体敏感元件产生压阻效应时其电阻率的相对变化与应力间的关系为

$$\frac{d\rho}{\rho} = \pi\sigma = \pi E\varepsilon \qquad (2\text{-}15)$$

式中　π——半导体材料的压阻系数（1/Pa）；
　　　σ——半导体材料所受的应变力（Pa）；
　　　E——半导体材料的弹性模量（Pa）；
　　　ε——半导体材料的应变（无量纲）。

因此，对于半导体应变片来说，其灵敏度系数 K 近似为

$$K = \frac{\frac{\Delta R}{R}}{\varepsilon} = \pi E \qquad (2\text{-}16)$$

在外力作用下，被测对象产生微小机械变形，应变片随之发生相同的变化，同时应变片电阻值也发生相应变化。当测得应变片电阻值变化量为 ΔR 时，便可得到被测对象的应变值，根据应力与应变的关系，得到应力值 σ。

2. 测量电路

应变的信号获取通常采用惠斯通电桥，它可记录桥路中电阻的微小应变。惠斯通电桥根据其供桥电源的性质，可分为直流电桥和交流电桥，即供桥电源采用直流源的为直流电桥，采用交流源的为交流电桥。直流电桥应用广泛，其所需的高精度直流电源比较容易获得，电桥平衡调节简单，传感器引线分布参数影响小，不过由于电桥输出电压很小，一般都需要加放大器。而直流放大器易产生零漂，因此在动态测量时多采用交流电桥。交流电桥采用交流供电，其平衡条件、引线分布参数影响及后续信号放大电路等许多方面与直流电桥存在明显差异。

（1）直流电桥电路

1）电桥平衡条件。直流电桥电路如图 2-31 所示。

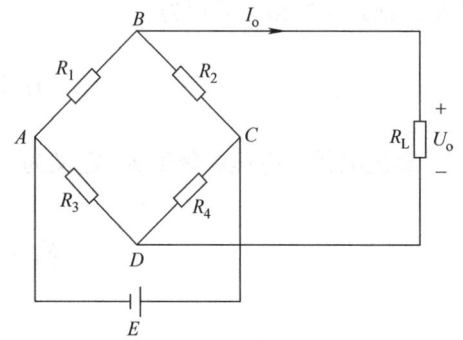

图 2-31　直流电桥电路

图 2-31 中 E 为电源电压，R_1、R_2、R_3 及 R_4 为桥臂电阻，R_L 为负载电阻。当 $R_L \to \infty$ 时，电桥输出电压 U_o 为

$$U_o = E\left(\frac{R_1}{R_1 + R_2} - \frac{R_3}{R_3 + R_4}\right) \qquad (2\text{-}17)$$

当电桥平衡时，$U_o = 0$，则有

$$R_1 R_4 = R_2 R_3 \qquad (2\text{-}18)$$

或

$$\frac{R_1}{R_2} = \frac{R_3}{R_4} \qquad (2\text{-}19)$$

式（2-19）为电桥平衡条件。这说明欲使电桥平衡，其相邻两臂电阻的比值应相等或相对两臂电阻的乘积应相等。

2）电压灵敏度。应变片工作时，其电阻值变化很小，电桥相应输出电压也很小，一

般需要加入放大器进行放大。由于放大器的输入阻抗比桥路输出阻抗高很多,所以此时仍视电桥为开路情况。当受应变时,若应变片电阻 R_1 的变化为 ΔR,其他桥臂固定不变,电桥输出电压 $U_o \neq 0$,则电桥不平衡,输出电压为

$$U_o = E\left(\frac{R_1 + \Delta R_1}{R_1 + \Delta R_1 + R_2} - \frac{R_3}{R_3 + R_4}\right)$$

$$= \frac{\Delta R_1 R_4}{(R_1 + \Delta R_1 + R_2)(R_3 + R_4)} \quad (2\text{-}20)$$

$$= E\frac{\dfrac{R_4}{R_3}\dfrac{\Delta R_1}{R_1}}{\left(1 + \dfrac{\Delta R_1}{R_1} + \dfrac{R_2}{R_1}\right)\left(1 + \dfrac{R_4}{R_3}\right)}$$

设桥臂比 $n=R_2/R_1$,由于 $\Delta R_1 \ll R_1$,分母中 $\Delta R_1/R_1$ 可忽略,并考虑到平衡条件 $R_1 R_4 = R_2 R_3$,则式(2-20)可写为

$$U_o = \frac{n}{(1+n)^2}\frac{\Delta R_1}{R_1}E \quad (2\text{-}21)$$

直流电桥的电压灵敏度 K_U 定义为

$$K_U = \frac{U_o}{\dfrac{\Delta R_1}{R_1}} = \frac{n}{(1+n)^2}E \quad (2\text{-}22)$$

由式(2-22)可以看出,电桥电压灵敏度正比于电桥供电电压,供电电压越高,电桥电压灵敏度越高,但供电电压的提高受到应变片允许功耗的限制,所以不可无限增大。同时,电桥电压灵敏度还是桥臂电阻比值 n 的函数,恰当地选择桥臂比 n 的值,可以保证电桥具有较高的电压灵敏度。

思路:求导法求得 K_U 的最大值。对式(2-22)求偏导 dK_U/dn,可得

$$\frac{dK_U}{dn} = \frac{1-n}{(1+n)^3}E = 0 \quad (2\text{-}23)$$

求得,$n=R_2/R_1=1$ 时,K_U 为最大值。即在供桥电压确定后,当 $R_1=R_2=R_3=R_4$ 时,电桥电压灵敏度最高,此时有

$$U_o = \frac{E}{4}\frac{\Delta R_1}{R_1} \quad (2\text{-}24)$$

$$K_U = \frac{E}{4} \quad (2\text{-}25)$$

(2)交流电桥电路

图 2-32 所示为交流电桥的一般形式。

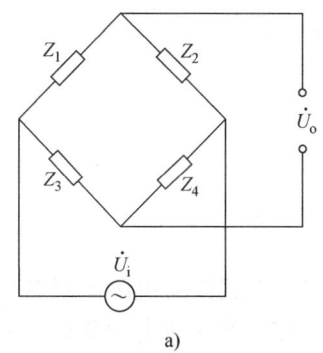
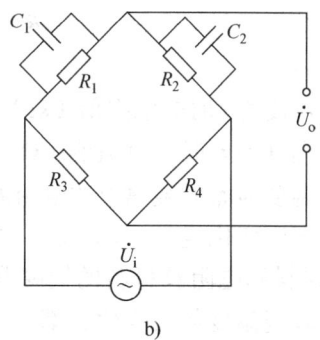

图 2-32 交流电桥电路

其中，$\dot{U}$ 为交流电压源，引线分布电容使得两桥臂应变片呈现复阻抗特性，即相当于两只应变片各并联了一个电容 C。此时，输出电压 $\dot{U}_o$ 为

$$\dot{U}_o = \dot{U} \frac{Z_1 Z_4 - Z_2 Z_3}{(Z_1 + Z_2)(Z_3 + Z_4)} \qquad (2\text{-}26)$$

电桥平衡条件 $\dot{U}_o = 0$，即

$$Z_1 Z_3 = Z_2 Z_4 \qquad (2\text{-}27)$$

整理得

$$\frac{R_1}{1 + j\omega R_1 C_1} R_4 = \frac{R_2}{1 + j\omega R_2 C_2} R_3 \qquad (2\text{-}28)$$

变形为

$$\frac{R_3}{R_1} + j\omega R_3 C_1 = \frac{R_4}{R_2} + j\omega R_4 C_2 \qquad (2\text{-}29)$$

其实部、虚部分别相等，整理后可得交流电桥的平衡条件为

$$\frac{R_2}{R_1} = \frac{R_4}{R_3} \qquad (2\text{-}30)$$

$$\frac{R_2}{R_1} = \frac{C_1}{C_2} \qquad (2\text{-}31)$$

3. 温度补偿

（1）应变片的温度误差

由于测量现场环境温度的改变而给测量带来的附加误差，称为应变片的温度误差。产生应变片温度误差的主要因素有电阻温度系数的影响、试件材料和电阻丝材料的线膨胀系数的影响两个方面。

1）电阻温度系数的影响。电阻丝阻值随温度变化的关系见式（2-32）。

$$R_t = R_0(1+\alpha_0\Delta t) \quad (2\text{-}32)$$

式中　R_t——温度为 t 时的电阻值（Ω）；
　　　R_0——温度为 t_0 时的电阻值（Ω）；
　　　α_0——温度为 t_0 时金属丝的电阻温度系数（1/℃）；
　　　Δt——温度变化值，$\Delta t = t - t_0$（℃）。

2）试件材料和电阻丝材料的线膨胀系数的影响。当试件与电阻丝材料的线膨胀系数相同时，不论环境温度如何变化，都不会产生附加形变。当试件与电阻丝材料的线膨胀系数不同时，由于环境温度的变化，电阻丝会产生附加形变，从而产生附加的电阻变化。设电阻丝和试件在温度为 t_0 时的长度都为 l_0，它们的线膨胀系数分别为 β_g 和 β_s，则当两者粘贴在一起用于力的检测时，电阻丝产生的附加变形 Δl、附加应变 ε_β 和附加电阻变化 ΔR_β 分别为

$$\Delta l = l_g - l_s = (\beta_g - \beta_s)l_0\Delta t \quad (2\text{-}33)$$

$$\varepsilon_\beta = \frac{\Delta l}{l_0} = (\beta_g - \beta_s)\Delta t \quad (2\text{-}34)$$

$$\Delta R_\beta = K_0 R_0 \varepsilon_\beta = K_0 R_0 (\beta_g - \beta_s)\Delta t \quad (2\text{-}35)$$

因此，由于温度变化而引起的应变片总电阻相对变化量为电阻温度系数的影响与试件材料和电阻丝材料的线膨胀系数的影响相加。

$$\frac{\Delta R_t}{R_0} = \frac{\Delta R_\alpha + \Delta R_\beta}{R_0} = \alpha_0\Delta t + K_0(\beta_g - \beta_s)\Delta t = [\alpha_0 + K_0(\beta_g - \beta_s)]\Delta t \quad (2\text{-}36)$$

环境温度变化而引起的附加电阻的相对变化量，除了与环境温度有关外，还与应变片自身的性能参数 K_0、金属丝的电阻温度系数 α_0、线膨胀系数 β_s 以及被测试件线膨胀系数 β_g 有关。

（2）应变片的温度补偿

电阻应变片的温度补偿方法通常有电桥补偿法和应变片自补偿法两种。其中，电桥补偿法是最常用且效果较好的补偿法，如图 2-33 所示。

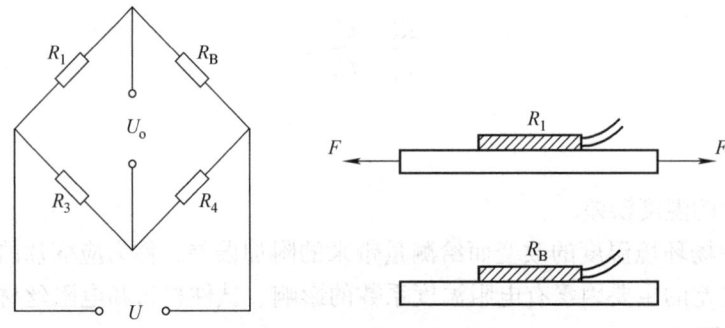

图 2-33　电桥补偿法

假设 A 为由桥臂电阻和电源电压决定的常数,测量应变时,工作应变片 R_1 粘贴在被测试件表面上,补偿应变片 R_B 粘贴在与被测试件材料完全相同的补偿块上,且仅工作应变片承受应变,如图 2-33 所示。同时,R_1 和 R_B 又处于同一环境温度为 t 的温度场中,调整电桥参数使之达到平衡,此时,电桥输出电压 U_o 与桥臂参数的关系为

$$U_o = A(R_1R_4 - R_BR_3) = 0 \quad (2\text{-}37)$$

当温度升高或降低 $\Delta t = t - t_0$ 时,两个应变片因温度而引起的电阻变化量相等,电桥仍处于平衡状态,即

$$U_o = A[(R_1 + \Delta R_{1t})R_4 - (R_B + \Delta R_{Bt})R_3] = 0 \quad (2\text{-}38)$$

若此时被测试件有应变 ε 的作用,则工作应变片电阻 R_1 又有新的增量 $\Delta R_1 = R_1K\varepsilon$,而补偿片因不承受应变,故不产生新的增量,此时电桥输出电压为

$$U_o = AR_1R_4K\varepsilon \quad (2\text{-}39)$$

由式(2-39)可知,电桥的输出电压 U_o 仅与被测试件的应变 ε 有关,而与环境温度无关。

应当指出,若要实现完全补偿,上述分析过程必须满足以下 4 个条件:

1)在应变片工作过程中,保证 $R_3 = R_4$。
2)R_1 和 R_B 两个应变片应具有相同的电阻温度系数 α、线膨胀系数 β、应变灵敏度系数 K 和初始电阻值 R_0。
3)粘贴补偿片的补偿块材料和粘贴工作片的被测试件材料必须一样,两者线膨胀系数相同。
4)两应变片应处于同一温度场。

2.3.2 新能源汽车上的应变式传感器

应变式传感器在新能源汽车上主要应用于压力、重量、加速度等的检测,如座椅占用传感器、加速度传感器、轮胎压力传感器、转矩传感器、尾气捕集器差压传感器、进气歧管压力传感器、GDI 燃油压力传感器等。

1. 前乘客座椅占用传感器

汽车座椅占用传感器是一种薄膜型触点传感器,传感器的触点均匀分布在座椅的受力表面,当座椅受来自于外部的压力时产生一个触发信号,可用于汽车座椅乘员感知系统,如安全带报警传感器、出租车自动计费等,可以根据汽车座椅的形状、硬度和蒙皮的松紧度来设计传感器的外形及触点的灵敏度。座椅占用传感器的外观如图 2-34 所示。

图 2-34 所示为座椅占用传感器 G128,可作为安全带报警器系统的组件。该传感器由一层塑料薄膜和多个独立的触点传感器组成。如图 2-35 所示,前乘客座椅占用传感器 G128 安装在前乘客座椅的座椅套和坐垫之间,座椅占用传感器的位置覆盖前乘客座椅的后部区域,选择位置时应确保能够探测到座椅面的相关区域。

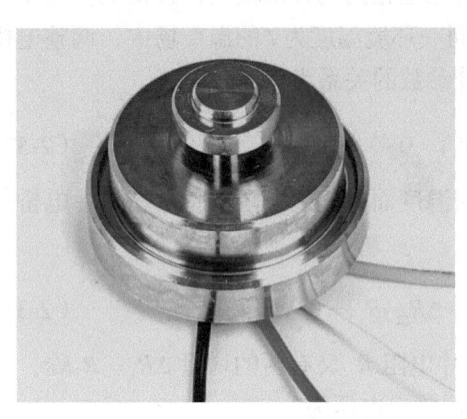
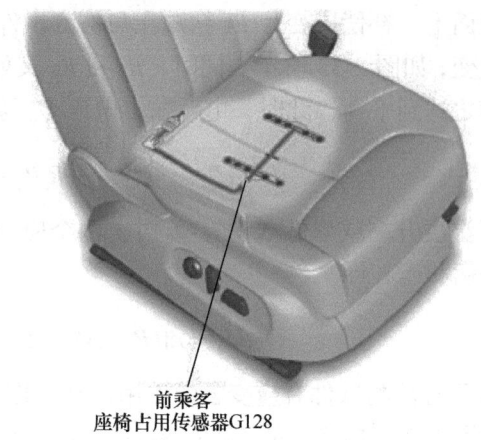

图 2-34 座椅占用传感器　　　图 2-35 前乘客座椅占用传感器 G128 安装示意图

座椅占用识别压力传感器和座椅占用识别垫是同一个部件。座椅占用识别垫充有硅凝胶，位于前乘客座椅的坐垫下。如果前乘客座椅被占用，则座椅占用识别垫中的压力发生变化。座椅占用识别压力传感器识别出该压力变化，并以电压信号形式将这一情况发送给座椅占用识别控制单元 J706。

根据负重情况，电压在 0.2（大负重）~ 4.8V（小负重）之间变化。座椅占用识别控制单元向传感器提供 5V 的供电电压。座椅占用识别控制单元 J706 用于分析座椅占用识别压力传感器 G452 和座椅占用识别安全带拉紧力传感器 G453 的信号，如图 2-36 所示。

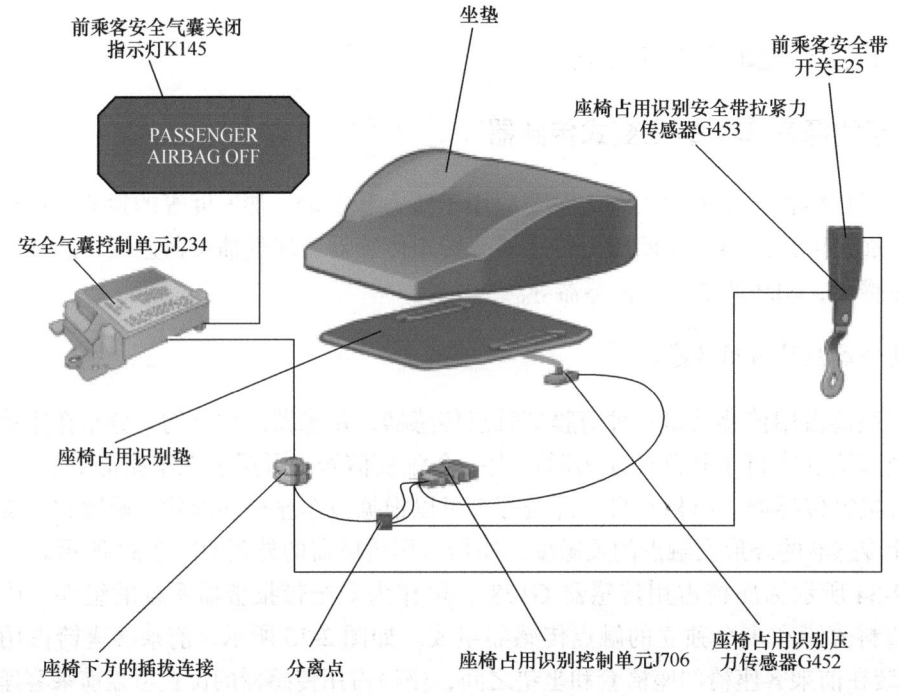

图 2-36 座椅占用传感器组网

借助座椅占用识别压力传感器的信号，座椅占用识别控制单元可识别出前乘客座椅的负重情况。如果前乘客座椅负重约小于20kg，并且识别出没有安全带拉紧力或者安全带拉紧力很小，则座椅占用识别控制单元确定为"儿童座椅"，并将这一情况发送给安全气囊控制单元。前乘客正面安全气囊即被安全气囊控制单元关闭。如果前乘客座椅负重约25kg，并且安全带拉紧力超过一个预定的值，则座椅占用识别控制单元识别到儿童座椅被具有儿童座椅固定功能的安全带额外压在坐垫上。则识别为"儿童座椅"，安全气囊控制单元将前乘客正面安全气囊关闭。从负重约大于25kg和很小的安全带拉紧力起，座椅占用识别控制单元将座椅视为被一个成人占用，前乘客正面安全气囊保持激活状态。接通起动开关后，传感器的信息将被持续分析。这样可以确保座椅占用识别控制单元识别到座椅占用的变化情况，并对此做出反应。

为了在行驶中不会因前乘客座椅上出现的负重交变而导致立即停用前乘客正面安全气囊，系统在行驶期间工作时会有一定的延迟。安装在座椅占用识别控制单元中的加速度传感器向电子装置报告汽车的运动情况。

2. 加速度传感器

应变电阻式加速度传感器用于测量物体的加速度。加速度是运动参数而不是力，因此，它首先需要经过质量惯性系统将加速度转换成力，再作用于弹性元件上来实现测量。为使加速度形成的惯性力转换成位移，将半导体硅片制成悬臂梁结构。为提高灵敏度，将硅片固定端进行等方向腐蚀，并在其自由端附加配重。

为了检测位移（应变），在已被腐蚀的薄层上面，配置了4个具有压电效应的应变电阻，为了提高传感器的检测精度，应变电阻一般都连接成桥式电路，如图2-37所示。

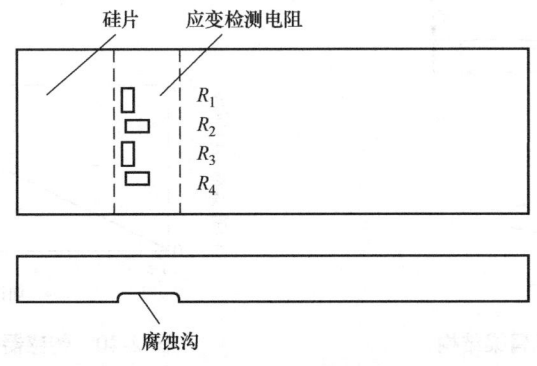

图2-37 加速度检测部分硅片结构

车辆速度发生改变时，根据惯性力形成应变，应变电阻的阻值发生变化，通过桥式电路可将这种阻值的变化以电压变化的形式检测出来。应变电阻式加速度传感器的结构如图2-38所示。

其中，等强度梁的自由端安装质量块，另一端固定在壳体上；等强度梁上粘贴4个电阻应变敏感元件，通常壳体内充满硅油以调节系统阻尼系数。

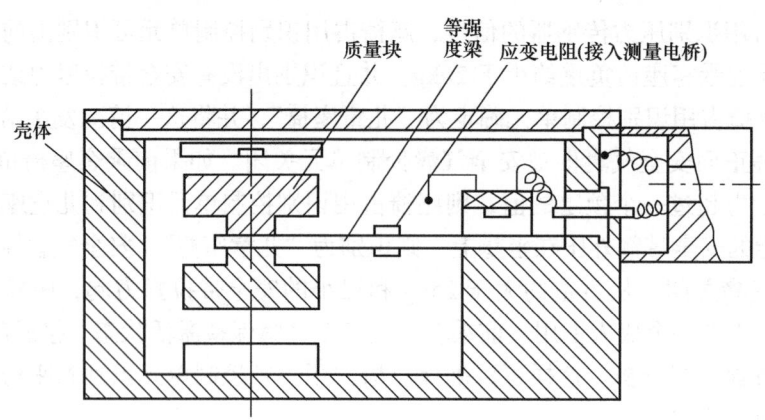

图 2-38　应变式加速度传感器结构图

该传感器利用了悬臂梁结构，悬臂梁是一端固定，另一端自由的弹性敏感元件。根据梁的截面形状不同可分为变截面梁（等强度梁）和等截面梁。由于其结构简单、加工方便、应变片容易粘贴、灵敏度高等，在较小力的测量中应用普遍。等强度悬臂梁使用时，电阻应变片 R_1 粘贴在一端固定的悬臂梁上，另一端的三角形顶点上受到载荷力 F 的作用，梁内各断面产生的应力相等，表面上的应变也相等，与水平方向的贴片位置无关，如图 2-39 所示。载荷力导致悬臂梁发生形变，传递给与之相连的电阻应变片，导致电阻应变片产生相同的形变，从而使得其电阻值发生变化。等截面矩形结构的悬臂梁在不同部位所产生的应变是不相等的，在粘贴电阻应变片时，对电阻应变片的粘贴位置要求较高。

传感器的输出特性如图 2-40 所示。

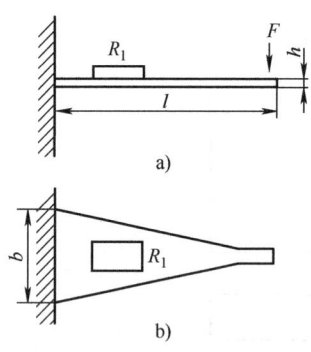

图 2-39　等强度悬臂梁结构

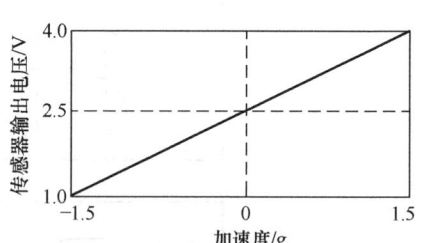

图 2-40　传感器的输出特性

3. 轮胎压力传感器

轮胎压力监控系统（Tire Pressure Monitor System，TPMS）通过采用无线射频通信的胎压传感单元和胎压监控单元，实现对轮胎压力的实时监控。TPMS 的作用是在汽车行驶过程中对轮胎气压进行实时自动监控，并对轮胎漏气和低气压进行报警，以确保行车安全。

轮胎的胎毂上安装一个内置传感器，传感器中包括感应气压的压阻电桥式电子气压感应装置，它将气压信号转换为电信号，通过无线发射装置将信号发射出来，如图 2-41 所示。

TPMS 通过在每一个轮胎上安装高灵敏度的传感器，在行车或静止的状态下，实时监视轮胎的压力、温度等数据，并通过无线方式发射到接收器，在显示器上显示各种数据变化或以蜂鸣等形式，提醒驾车者。当轮胎漏气和压力变化超过安全阈值（该阈值可通过显示器设定）时，TPMS 进行报警，以保障行车安全。

轮胎压力传感器拧在金属气门嘴上，在更换车轮或轮辋时，该传感器仍可再用，如图 2-42 所示。为了避免接收到错误信息，每个轮胎压力传感器都有一个专用的识别码（ID-Code），用于"轮胎识别"。

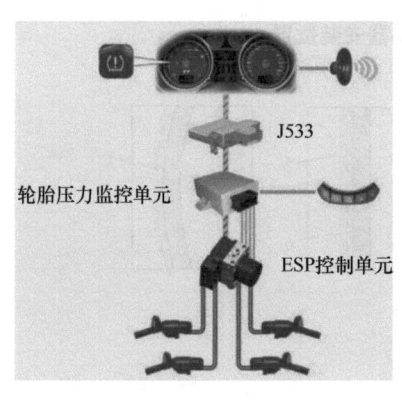

图 2-41 TPMS

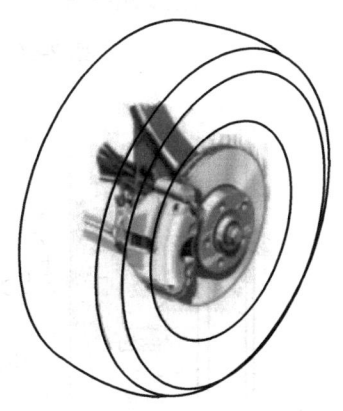

图 2-42 轮胎压力传感器安装位置

4. 转矩传感器

应变式转矩传感器如图 2-43 所示。

转矩传感器由弹性轴、测量电桥、仪器用放大器、接口电路组成。弹性轴是敏感元件，在 45°和 135°的方向上产生最大压应力和拉应力。传感器的信息转换过程是，在弹性轴上粘贴应变片组成测量电桥，当弹性轴受转矩产生微小变形后引起电桥电阻值变化，应变电桥电阻的变化转变为电信号的变化从而实现转矩测量。

图 2-43 转矩传感器

5. 制动压力传感器

如图 2-44 所示，制动压力传感器集成在 ESP 单元内，该传感器根据压阻效应原理，即利用结构变形时引起的材料电导率变化工作。

制动压力传感器结构如图 2-45 所示。传感器通过 4 个接触弹簧 4 与控制单元连接。两个触点用于供电，另外两个触点提供两个彼此独立的压力信号。四个压阻测量元件构成一个电桥 5，这些元件固定在一个隔膜 6 上。压阻测量元件是半导体材料制成的电阻。

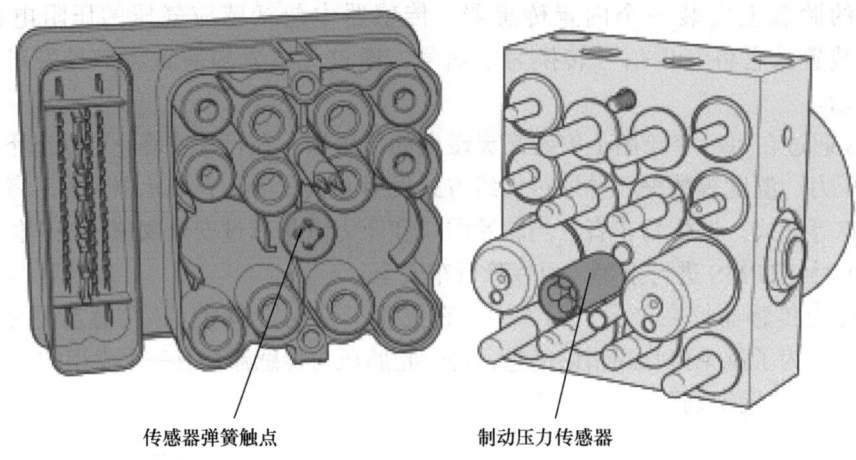

图 2-44 制动压力传感器安装位置

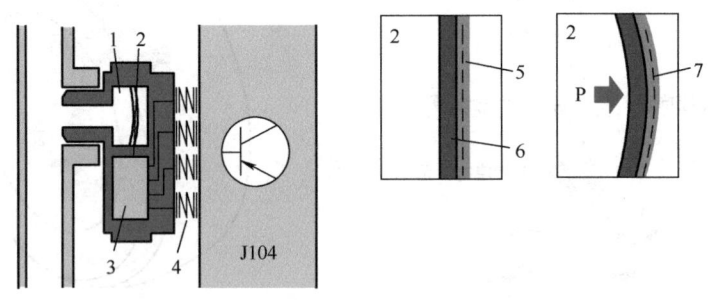

图 2-45 制动压力传感器结构图

1—测量室 2—压阻厚膜传感器元件 3—传感器电子装置和信号放大器 4—连接至控制单元 J104 的接触弹簧
5—压阻测量电桥 6—柔性厚隔膜 7—测量电桥内的压电电桥元件

当进入测量室 1 的制动压力升高时，隔膜 6 和与其连接的压阻测量电桥 5 的长度发生变化。分布在压阻电桥中的电阻值发生变化，测量电桥内的压电电桥元件 7 将该变化反馈到输出电路上，以信号形式输送给电子控制单元。

ESP 制动压力传感器通过三根电线与电子控制单元相连，分别是 5V 电源线、信号线和搭铁线。

6. 氢气压力传感器

在燃料电池汽车中，氢气压力传感器扮演着至关重要的作用。其作用是检测氢气在不同环境下的压力，以确保稳定的供氢压力，满足燃料电池系统的需求，防止进气压力过高/过低对燃料电池系统造成损坏。

氢气压力传感器主要包括高压氢气瓶瓶阀上的高压传感器和经过减压阀后的氢气中压传感器，以及最后进入电堆时的氢气低压传感器。

氢气压力传感器通常由压力敏感元件和信号处理单元组成，按工作原理主要有应变式、压电式、压阻式、磁电式等。图 2-46 所示为森萨塔（SENSATA）氢气高压传感器

310PP11-06。310PP11-06 高压传感器为压阻式传感器，它采用四个压敏电阻通过玻璃微熔密封的金属基板背面，组成惠斯通电桥。当受压时，压敏电阻因阻值变化导致电压变化，通过芯片放大处理后传输出随压力变化的电压信号（或数字信号）。

7. 差压传感器

在装有发动机的新能源汽车上，要考虑燃烧气体的排放情况。为了达到排放标准的要求，通常的方法是在汽车尾气排放部分放置捕集器，捕集尾气中的微小颗粒。然而，废气排放通道会随着捕集到颗粒的积聚而被渐渐堵塞。积聚颗粒的处理是在通道的某个位置或直接在尾气中注入额外的燃油来提高废气的温度，在捕集器中存在催化剂时，废气的高温足以使积聚的颗粒燃烧并汽化。这个清洁过程被称为"再生"过程。这个过程中有一个

图 2-46　森萨塔（SENSATA）氢气高压传感器 310PP11-06

问题，"再生"过程太频繁，会增加耗油量；间隔太长，则会降低发动机性能。因而，选择合理的"再生"触发时刻显得非常重要。

差压传感器将压力差信号送至 ECU，ECU 根据该压力差判断捕集器中颗粒的积聚程度，决定"再生"触发时刻及额外燃料注入量。同时，ECU 还可以通过控制 EGR 阀调节尾气的温度。

电阻式差压传感器工作原理如图 2-47 所示。

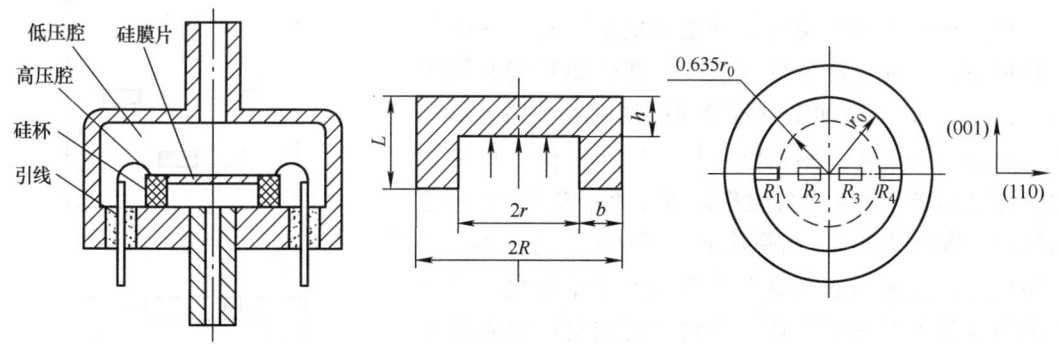

图 2-47　电阻式差压传感器

其核心是一块圆形硅膜片（弹性元件），通过扩散工艺在硅基底上扩散出 4 个电阻，构成惠斯通电桥的 4 个桥臂接入平衡电桥。膜片两边有两个压力腔，一个是与被测系统相连接的高压腔；另一个是低压腔。当膜片两边存在压力差时，膜片上各点产生应力，膜片产生变形，4 个电阻的阻值发生变化，电桥失去平衡，输出电压。该电压与膜片两边压力差成正比。

8. 进气歧管压力传感器

进气歧管压力传感器测量发动机进气管中气体的绝对压力，典型的进气绝对压力值为

250kPa。该绝对压力是相对于基准真空压力而不是相对于环境的大气压力。由测量得到的进气歧管气体的绝对压力就可以算出空气的质量流量，并根据发动机的需要调节增压压力。

进气歧管压力传感器广泛采用半导体应变片原理。进气歧管压力传感器如图2-48所示，主要包括硅片、底座、硅杯和盖子等。硅片上有膜片，膜片上埋入了检测压力的测量电阻，底座上设置了导压管和作为输入/输出的引线端子。

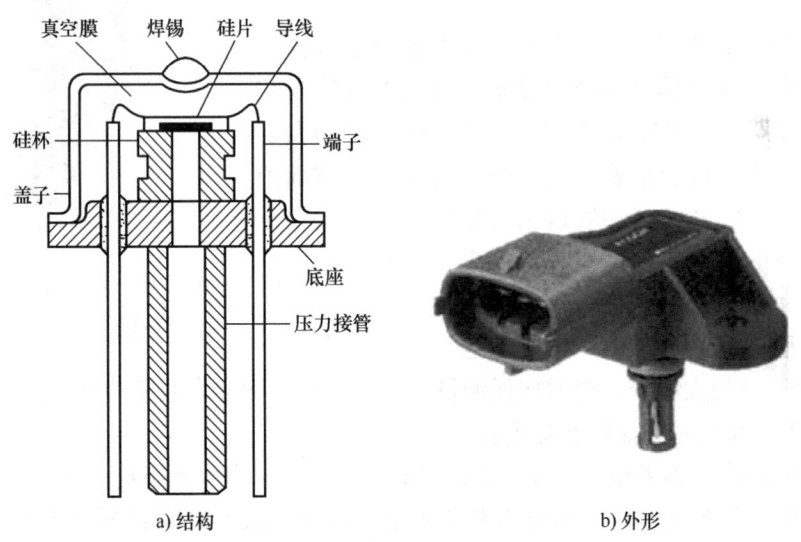

图2-48 进气歧管压力传感器

硅片的应变电阻如图2-49所示。

硅片的中央部分为用腐蚀法形成的膜片，在压力的作用下，膜片会产生机械应变。在硅膜片表面的四周上，采用IC与微加工技术等使膜片的外圆周上形成应变电阻，并将4个测量电阻按惠斯通电桥法在硅片内部连接起来。将4个应变电阻R_1、R_2、R_3和R_4的电阻值设计成同样值R。当膜片上作用有压力时，膜片会产生应力，同时引起测量电阻的阻值发生变化，导致惠斯通电桥的平衡被破坏。当将一定的电压输入到惠斯通电桥的输入端时，就可以在电桥的输出端得到电压的变化值。

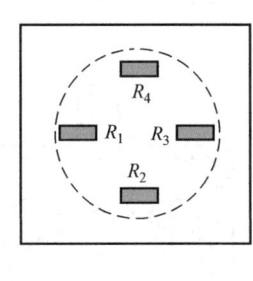

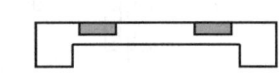

图2-49 硅片上的应变电阻示意图

硅片的外圆周边粘接固定到底座上，并用外壳盖住后，内部便处于真空状态。压力接管接入所测量的压力后，薄膜在该压力的作用下产生应力，电桥回路就输出与测量压力成比例的电压，进气歧管压力传感器输出特性如图2-50所示。因为将真空压力作为基准压力，所以就能测量绝对压力。为了补偿应变电阻值和薄膜厚度的不均以及应变电阻的温度系数等影响，需要进行电压和温度等补偿，补偿电路与传感器制成一体。

当进气歧管上的压力作用到硅片上时，此压力与真空室压力之差使硅片的电阻发生变化，再经真空室内的混合集成电路转换为电压信号，并加以放大以作为吸气管的压力信号输入到发动机电子控制单元中，如图 2-51 所示。

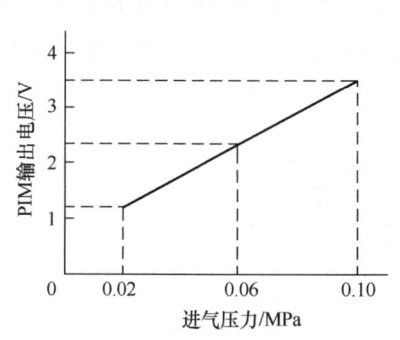

图 2-50　进气歧管压力传感器输出特性

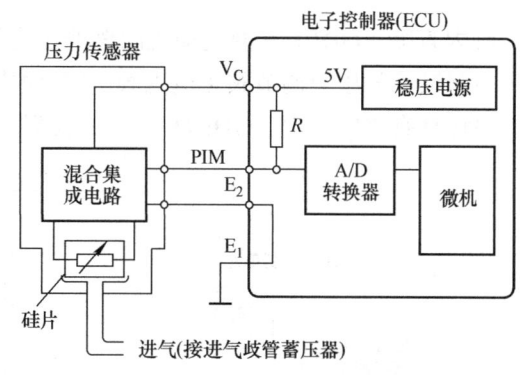

图 2-51　电阻式差压传感器原理

9. 大气压力传感器

大气压力传感器用以检测瞬时环境空气压力信号，此值取决于海拔，主要安装在前保险杠附近或 ECU 内部，如图 2-52 所示。

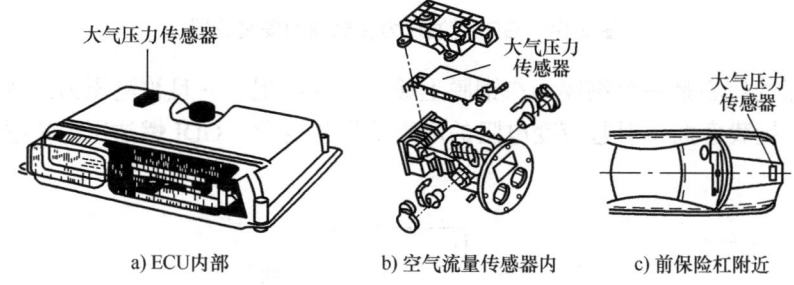

a) ECU 内部　　b) 空气流量传感器内　　c) 前保险杠附近

图 2-52　大气压力传感器安装位置

大气压力传感器采用集成电路（IC）技术与微加工技术，在一块半导体基片上形成压力传感器、温度补偿电路和放大电路。

在硅片的中间，从反面经异向腐蚀形成了正方形的膜片，利用膜片将压力转换成应力。在膜片的表面，通过扩散工艺形成了 4 个测量电阻，它们按桥式电路连接。利用压阻效应将加在膜片上的应力转换成电阻的变化，此电阻的变化通过桥式电路之后在桥式电路的两个输出端子之间以电位差的形式对外输出。膜片的里面与硅片之间设计成真空腔，用以缓和外部的应力。以此时真空腔的压力为基准检测大气压力。

常温时大气压力传感器的输出特性如图 2-53 所示。

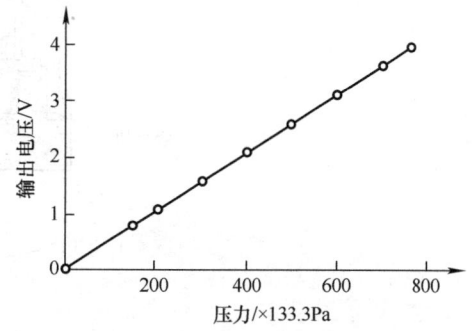

图 2-53　大气压力传感器输出特性

10. GDI 燃油压力传感器

缸内直喷（GDI）汽油发动机的燃油压力传感器也采用电阻应变效应来检测油轨油压，用于控制燃油的压力调节阀（电磁阀）。油轨内油压保持恒定，对减少排放、降低噪声和提高功率均具有重要作用。GDI 燃油压力传感器的安装位置如图 2-54 所示。

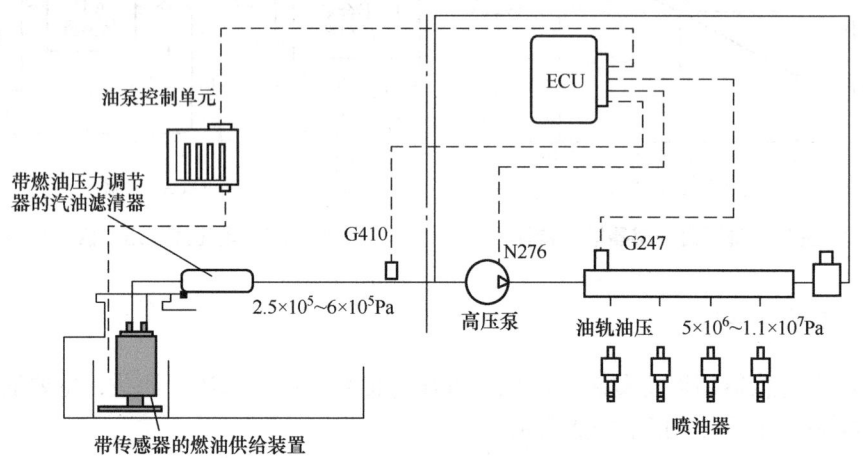

图 2-54 GDI 燃油压力传感器的安装位置

该传感器的核心是一个钢膜，在钢膜上镀有应变电阻。一旦被测压力经压力接口到钢膜的一侧时，钢膜弯曲，引起应变电阻的电阻值发生变化。GDI 燃油压力传感器的结构如图 2-55 所示。

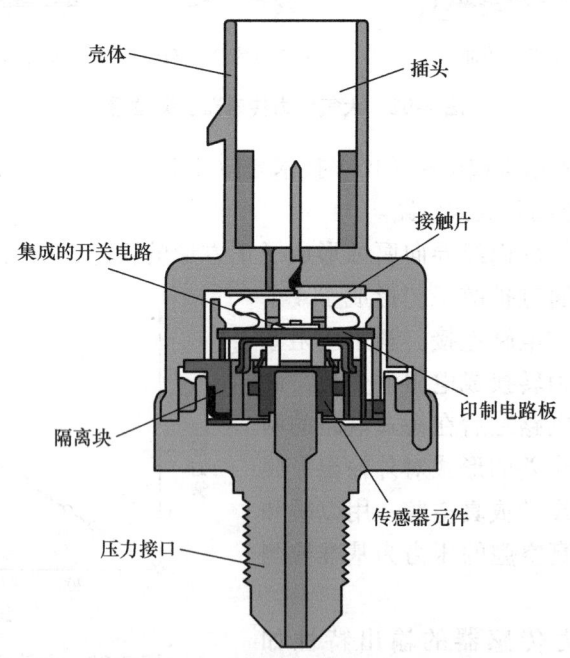

图 2-55 GDI 燃油压力传感器的结构

GDI 燃油压力传感器的输出特性曲线如图 2-56 所示。

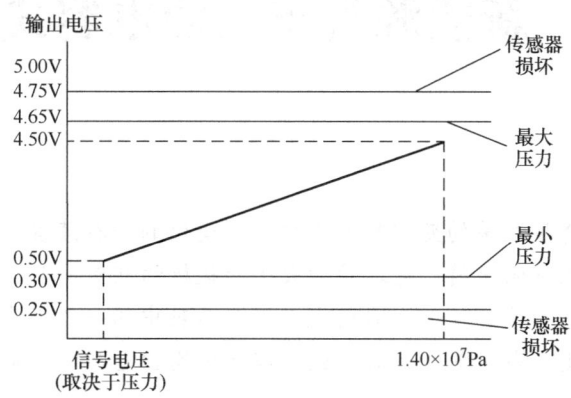

图 2-56　GDI 燃油压力传感器的输出特性曲线

课后习题

1. 电阻式传感器主要包含哪些类型？
2. 电动汽车上的电流检测主要有哪些类型，分流电阻式电流传感器的检测原理是什么？
3. 什么是电位器式传感器，电位器式传感器主要有哪些分类？
4. 结合图 2-4 分析线性角位移式电位器的工作原理。
5. 新能源汽车上主要有哪些电位器式传感器？
6. 根据图 2-9 分析电位器式加速踏板位置传感器的工作原理。
7. 根据图 2-14 分析电位计式车身高度传感器的工作原理。
8. 什么是应变效应？
9. 应变式传感器的基本工作原理是什么？
10. 什么是电阻丝的灵敏度系数，对于金属材料和半导体材料，其灵敏度系数影响因素有何不同？
11. 根据图 2-31 分析应变式传感器直流电桥平衡条件。
12. 应变式传感器温度误差的影响因素有哪些，如何补偿？
13. 新能源汽车上的应变式传感器有哪些应用？
14. 根据图 2-38 分析应变式加速度传感器的工作原理。
15. 简述 TPMS 中胎压传感器的安装位置和作用。
16. 简述燃料电池系统中的氢气压力传感器的分类和作用。
17. 根据图 2-48 分析电阻式差压传感器的工作原理。

第 3 章　新能源汽车上的电容式传感器

🔖 本章导学

电容式传感器是将被测量的变化转换成电容量变化的一种装置。电容实际上就是两块相对的极板，中间填充有电介质。电容量的大小和极板的相对面积、极板间的距离以及电介质的介电常数有关，当被测物理量引起上面三个参数中的一个或者几个变化时，电容器的电容值就会发生改变，当外加电源时，就可以通过输出电压或者电流反映出被测参数的大小。

🔖 学习目标

1. 掌握电容式传感器的分类方法。
2. 掌握变介质型、变极距型、变面积型平板电容式传感器工作原理。
3. 掌握变介质型、变面积型圆筒电容式传感器的工作原理。
4. 熟悉平板电容式传感器在新能源汽车传感检测中的典型应用。
5. 能够利用平板电容式传感器的理论知识对新能源汽车传感检测中的压力、位置、振动等检测原理及特点进行分析。
6. 熟悉圆筒电容式传感器在新能源汽车传感检测中的典型应用。
7. 能够利用圆筒电容式传感器的理论知识对新能源汽车传感检测中的液位检测的原理及特点进行分析。

🔖 课前小讨论

电容器的电容量大小和极板的相对面积 S、极板间的距离 d 以及电介质的介电常数 ε 有关，当被测量引起上述参数变化时，电容值即会发生改变，用这种原理可以实现新能源汽车上诸多参数的测量，那么它们的变化规律是什么样的，主要可以实现哪些参数的测量？

电容器是一种能够存储电荷的电子元件，它由两个导体（称为极板）和它们之间的绝缘材料（称为介质）组成。当电容器连接到电压源时，电荷会在极板上积累，正电荷在一块极板上，负电荷在另一块极板上。电容（Capacitance）是描述电容器存储电荷能力的物理量，记为 C，国际单位是法拉（F），常用的电容单位有毫法（mF）、微法（μF）、纳法（nF）和皮法（pF）。

电容式传感器的基本原理是通过改变电容器极板间极距、极板间相对面积以及电介质的介电常数引起电容量的改变，将被测量转变为电信号，实现被测量的检测。从结构上来说，电容式传感器可以分为平板电容式和圆筒电容式。平板电容式传感器主要应用有横向加速度传感器、加速度传感器、空气湿度传感器、差压传感器。圆筒电容式传感器主要应用是燃油液位传感器。

3.1 平板电容式传感器

平板电容式传感器由绝缘介质分开的两个平行金属板组成，按照被测量改变的参数不同可以分为变极距型、变面积型和变介电常数型，主要用于新能源汽车上的横向加速度、加速度、空气湿度、差压的测量。

3.1.1 工作原理及特性

1. 工作原理

平板电容式传感器的结构如图 3-1 所示，由绝缘介质分开的两个平行金属板组成。

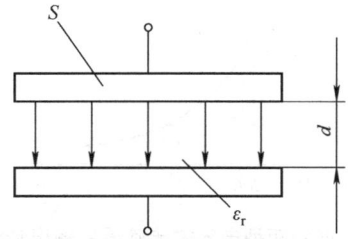

图 3-1 平板电容式传感器

在不考虑边缘效应的情况下，其电容量 C 的计算公式为

$$C = \frac{\varepsilon S}{d} = \frac{\varepsilon_0 \varepsilon_r S}{d} \qquad (3\text{-}1)$$

式中 C——平板电容器的电容量（F）；

S——两平行板所覆盖的面积（m^2）；

d——两平行板之间的距离（m）；

ε——电容极板间介质介电常数（F/m）；

ε_r——电容极板间介质相对介电常数，对于空气 $\varepsilon_r = 1$；

ε_0——自由空间（真空）介电常数，约为 8.85×10^{-12} F/m。

在传感器的实际使用中，通常保持上述两个参数不变，而只改变其中一个参数，把该参数的变化转换成电容量的变化，通过测量电路转换为电量输出。因此，平板电容式传感器可分为三种类型：变极板间距离的变极距型、变极板间覆盖面积的变面积型和变介质介电常数的变介质型。

2. 变极距型

变极距型平板电容式传感器结构如图 3-2 所示。

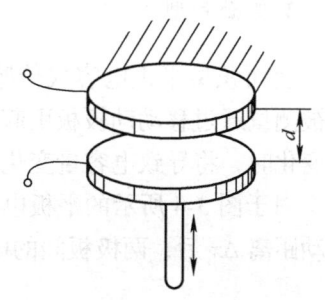

图 3-2 变极距型平板电容式传感器

对于变极距型电容式传感器来说，极板间的相对面积 S、电介质的介电常数 ε 不变，只有极距 d 是变化的。假设电容极板间的距离由初始值 d 减小了 Δd，那么电容量是增加的。假设增加的电容量大小为 ΔC，则有

$$\Delta C = C - C_0 = \frac{\varepsilon S}{d_0 - \Delta d} - \frac{\varepsilon S}{d_0} = C_0 \frac{\Delta d}{d_0 - \Delta d} = C_0 \frac{\Delta d}{d_0} \frac{1}{1 - \frac{\Delta d}{d_0}} \qquad (3\text{-}2)$$

由式（3-2）可知，电容的变化量与极距是非线性关系，传感器的输出特性曲线如图 3-3 所示。

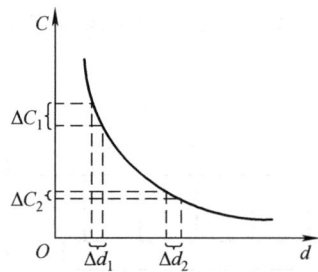

图 3-3 变极距型电容式传感器的输出特性曲线

当 $\Delta d / d \ll 1$ 时，式（3-2）可简化为

$$\Delta C = C_0 \frac{\Delta d}{d_0} \qquad (3\text{-}3)$$

此时，由于初始电容 C_0 和初始极距 d_0 为常数，因此，ΔC 与 Δd 近似呈线性关系，所以变极距型电容式传感器只有在 $\Delta d/d$ 很小时才有近似的线性关系。另外，从式（3-3）可以看出，为了增加系统的灵敏度，可以通过减小极板间极距 d 的方法，但极距 d 过小，容易引起电容器击穿或短路。为此，极板间可采用高介电常数的材料（云母、塑料膜等）做介质。

3. 变面积型

变面积型平板电容式传感器的结构如图 3-4 所示。当被测量通过移动动极板引起两极板有效覆盖面积 S 发生变化时，将导致电容量变化。

对于图 3-4 所示的平板电容式传感器，当可动极板移动距离 Δx 后，两极板间的电容量的改变量为

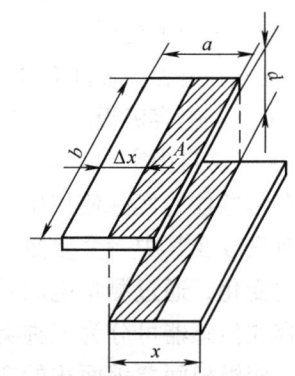

图 3-4 变面积型平板电容式传感器

$$\Delta C = C - C_0 = \frac{\varepsilon b(a - \Delta x)}{d} - \frac{\varepsilon b a}{d} = -\frac{\varepsilon b \Delta x}{d} \qquad (3\text{-}4)$$

式中　ε——介质介电常数（F/m）；

　　　a——电容极板的宽度（m）；

　　　b——电容极板的长度（m）；

　　　Δx——电容可动极板长度的变化量（m）。

可以看出，平板电容式传感器的输出特性是线性的，适合测量较大的位移，其灵敏度为常数。增大极板长度 b 或减小间距 d，均可使灵敏度提高。极板宽度 a 的大小不影响灵敏度但也不能太小，否则边缘效应的影响增大，非线性将增大。

4. 变介电常数型电容式传感器

变介电常数型平板电容式传感器结构形式如图 3-5 所示。根据在两极板间所加介质（其介电常数为 ε_1）的分布位置不同，可分为串联型和并联型两种类型，如图 3-5 所示。

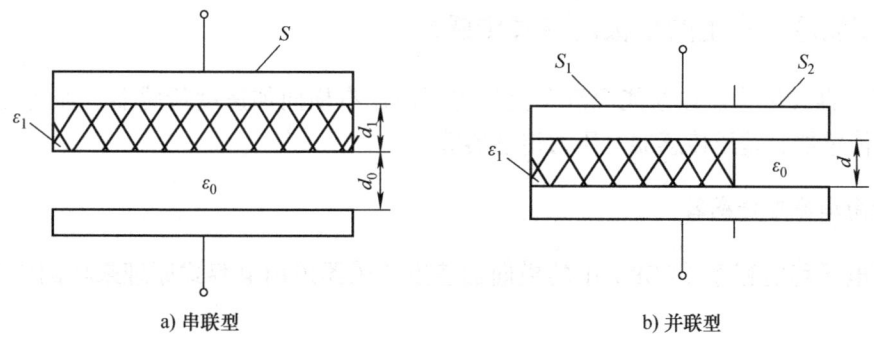

a) 串联型　　　　　　　　　　b) 并联型

图 3-5　变介电常数型平板电容式传感器

串联型结构如图 3-5a 所示，可以认为是上下两个不同介质（ε_0、ε_1）电容式传感器的串联，其电容值为

$$C = \frac{C_1 C_2}{C_1 + C_2} = \frac{\varepsilon_0 \varepsilon_1 S}{\varepsilon_1 d_0 + d_1} \tag{3-5}$$

未加入介质时初始电容为

$$C_0 = \frac{\varepsilon_0 S}{d_0 + d_1} \tag{3-6}$$

此时，电容值的改变量为

$$\Delta C = C - C_0 = C_0 \frac{\varepsilon_1 - 1}{\varepsilon_1 \dfrac{d_0}{d_1} + 1} \tag{3-7}$$

因此，介质改变后的电容改变量与所加介电常数 ε_1 呈非线性关系。

并联型结构如图 3-5b 所示，可认为是左右两个不同介质（ε_0、ε_1）电容式传感器的并联，其电容值为

$$C = C_1 + C_2 = \frac{\varepsilon_0 \varepsilon_1 S_1 + \varepsilon_0 S_2}{d} \tag{3-8}$$

未加入介质时初始电容为

$$C_0 = \frac{\varepsilon_0(S_1 + S_2)}{d} \tag{3-9}$$

此时，电容值的改变量为

$$\Delta C = C - C_0 = \frac{\varepsilon_0 S_1(\varepsilon_1 - 1)}{d} \tag{3-10}$$

因此，介质改变后的电容改变量与所加介电常数 ε_1 及 S_1（或长度）呈线性关系。

3.1.2 新能源汽车上的平板电容式传感器

平板电容式传感器在新能源汽车上的主要应用有横向加速度传感器、加速度传感器、空气湿度传感器、差压传感器、压力传感器等。

1. 横向加速度传感器

汽车电子稳定程序（ESP）中的横向加速度传感器采用电容式原理来检测汽车横向加速度。

横向加速度传感器是组合传感器印制电路板上的一个极小的部件，其结构如图3-6所示。一个带活动板的电容器板被悬挂起来，可以来回摆动，借助两个固定安装的电容器片围住可动的电容器片，这样就形成了两个串联电容器 K_1 和 K_2。借助电极就可以测量出这两个电容器的电容量大小。

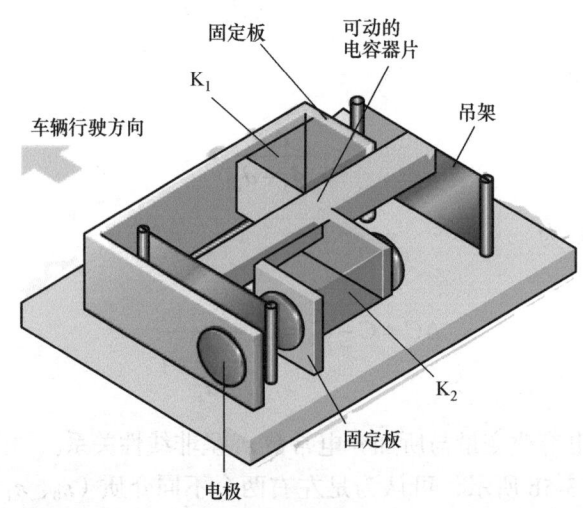

图3-6 横向加速度传感器的结构

当没有加速度作用于这个系统时,两个电容器测得的电容量 C_1 和 C_2 相等,如图 3-7a 所示。当在汽车行驶方向上出现了横向加速度的影响,活动板的惯性会使固定板对面的部分以与加速度方向相反的方向移动。因此两块极板之间的间距改变,使某一电容器的电容值发生变化,如图 3-7b 所示。

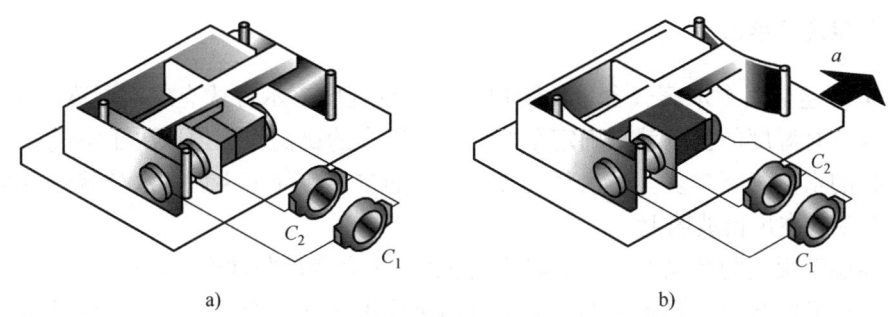

图 3-7 横向加速度传感器的工作原理

对于电容器 K_1,若其两极板间距离变大,那么其电容 C_1 就变小。对于电容器 K_2,若其两板间距离变小,那么其电容 C_2 就变大。

2. 加速度传感器

电容式加速度传感器是一种利用振子作为电容的一个电极制成的传感器,其基本结构如图 3-8 所示。

电容式加速度传感器由壳体、弹簧、惯性质量块以及电容器组成。其中,惯性质量块一端通过弹簧与壳体相连,一端作为电容器的动极板。电容器的静极板固定在壳体上,随壳体以相同速度运动,构成变极距式平板电容器。

当车辆产生加速度时,因电容的极板间距是随惯性质量的相对运动而变化的,因此传感器中的电容也将随之变化。这种传感器具有体积小、质量轻的特点,可以测量从静态加速度到几百赫兹的动态加速度。

另外,还有一种差动电容式加速度传感器,其结构如图 3-9 所示。

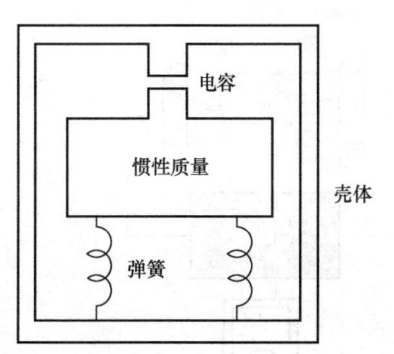

图 3-8 电容式加速度传感器的工作原理

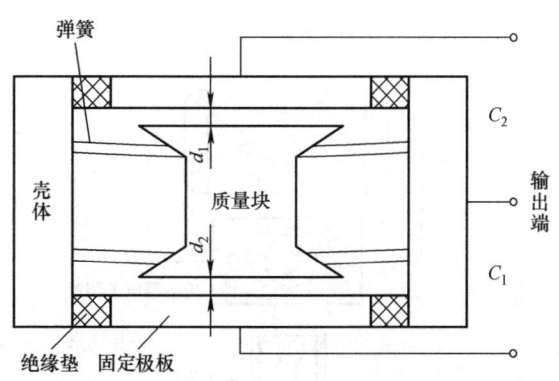

图 3-9 差动电容式加速度传感器的工作原理

差动电容式加速度传感器的工作原理与电容式加速度传感器类似，也是采用变极距型电容式传感器的结构。但是它有两个电容，即有两个固定极板，中间质量块的两个端面作为两个动极板。当传感器壳体随被测对象在垂直方向做直线加速度运动时，则改变两个电容量的大小，一个增加一个减小。该变量的大小和加速度大小相关。

3. 空气湿度传感器

湿度是描述空气中水蒸气含量的物理量，常见湿度表示方式有绝对湿度、相对湿度、露点温度等。对湿度的检测就是确定车内水蒸气所占的比例，该值取决于空气温度。空气越热，吸收的水蒸气就越多。当水蒸气含量较多的空气冷却下来后，水分就会冷凝，形成细小水滴并附着在风窗玻璃上。

在外界温度很低的情况下，风窗玻璃上部的 1/3 会变得非常冷，在车内出现起雾现象。目前，许多车辆的智能空调系统都增加了自动化除霜除雾功能，通过湿度传感器实时检测车内空气，在温差变化大的秋冬季节上路行驶，能自动实现车窗除雾，保持前方视角干净，实现更安全的用车环境。

为了满足自动除霜除雾功能的自适应控制的需要，在后视镜的根部安装空气湿度传感器，对车内空气湿度、传感器处的温度以及风窗玻璃温度进行采集。

由于除霜器通风口的气流流动，因此风窗玻璃上所测位置的空气湿度接近于风窗玻璃的其他位置，被测空气通过传感器壳体到达传感器表面，因此需要确保传感器表面的空气缝隙中的清洁。

法国 Humirel HS1101LF 型号的电容式湿度传感器外观如图 3-10 所示。

该湿度传感器是通过薄层的平板电容式传感器实现测量的，当该电容器吸收水蒸气后，其电介质的介电常数发生改变，从而改变了电容器的电容量。其工作原理如图 3-11 所示。

图 3-10　HS1101LF 电容式湿度传感器

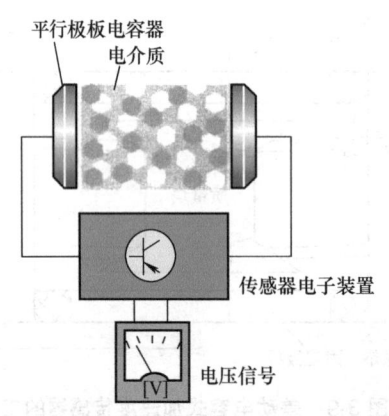
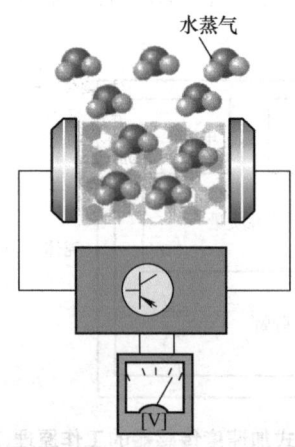

图 3-11　电容式湿度传感器工作原理

第 3 章
新能源汽车上的电容式传感器

通过外加电路，将电容值的改变量以电信号形式输出，其值和空气湿度呈现一定的对应关系。电容值和空气湿度的关系如图 3-12 所示。

测量空气湿度的同时，还需要检测湿度位置附近的温度，通常采用红外辐射的原理实现风窗玻璃温度的测量。其检测原理如图 3-13 所示，因为所有物体都会根据其温度发射红外辐射，辐射能量的大小与自身温度有关，物体的温度越高，其发射的红外辐射越强，特别是在波长较长的红外区域。因此，利用红外接收设备对风窗玻璃发射的红外辐射进行检测，即可得到风窗玻璃的实时温度值。

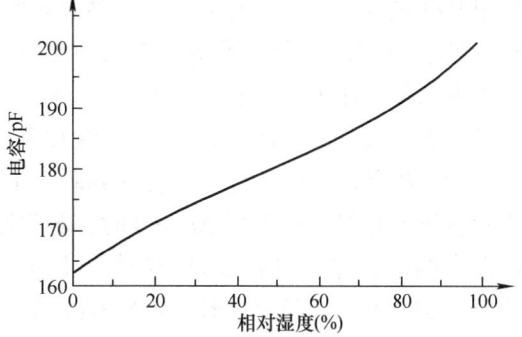

图 3-12　电容值与相对湿度值的关系

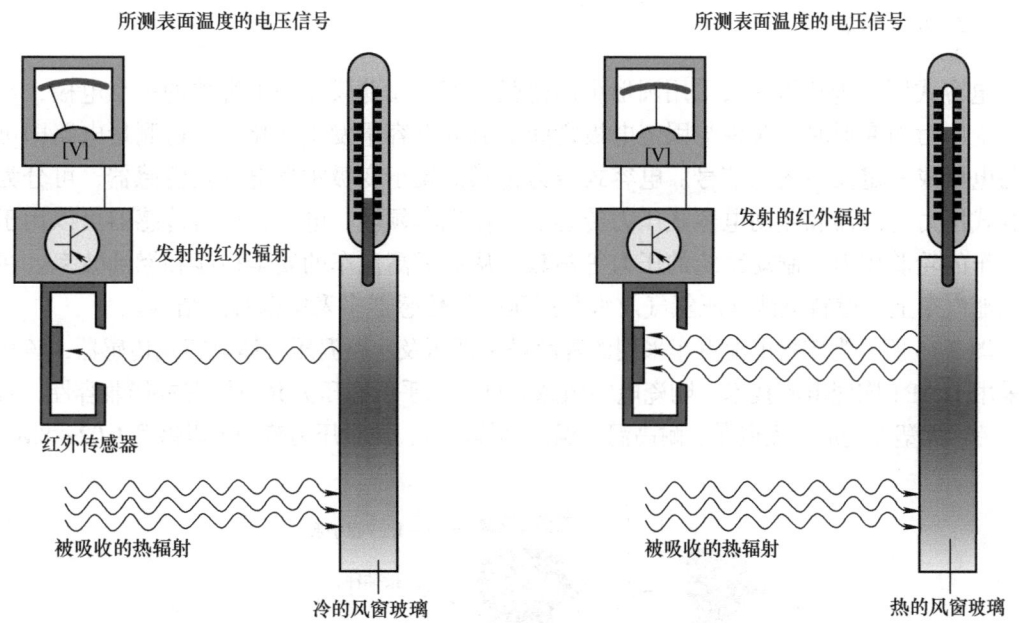

图 3-13　红外辐射风窗玻璃温度检测原理

4. 差压传感器

差压传感器用于检测尾气捕集器前后差压信号，并送至 ECU，ECU 根据该压力差判断捕集器中颗粒的积聚程度，决定"再生"触发时刻及额外燃料注入量。

电容式差压传感器由一个膜片动电极和两个在凹形玻璃上电镀形成的固定电极组成差动电容器，如图 3-14 所示。

差动结构的好处在于灵敏度更高、非线性得到改善。当被测压力作用于膜片并使之产生位移时，两个电容器的电容量一个增加，一个减小。该电容值的变化经测量电路转换成电压或电流输出，进而反映了压力的大小。在膜片左右两室中通常充满硅油（化学名叫聚二甲基硅氧烷，是一种石油制品，凝固点低，化学性能稳定，对金属无腐蚀作用，常用于仪表内部传递压力）。当左右两室分别承受压力 P_H、P_L 时，由于硅油的不可压缩性和流动性，就能将差压 $\Delta P = P_H - P_L$ 传递到膜片上。当左右压力相等，即差压 $\Delta P = 0$ 时，测量膜片左右两电容器的电容量完全相等，即 $C_L = C_H$；在 $\Delta P > 0$ 时，膜片变形，如图 3-14 所示，动极板由初始位置向左偏移，即动极板向低压侧靠近，其结果是使 C_L 增加、C_H 减小。该电容值的变化经测量电路转换成电压或电流输出，电信号大小反映了压力的大小。

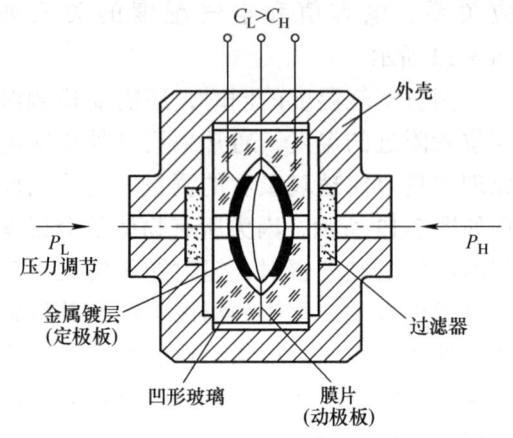

图 3-14　电容式差压传感器的工作原理

5. 压力传感器

电容式压力传感器一般采用圆形金属薄膜或镀金属薄膜作为电容器的一个电极，当薄膜感受压力而变形时，薄膜与固定电极之间形成的电容量发生变化，通过测量电路即可输出与电压成一定关系的电信号。电容式压力传感器属于变极距型电容式传感器，可分为单电容式压力传感器和差动电容式压力传感器。在汽车领域，电容式压力传感器可以用于测量汽车的轮胎压力、制动系统的压力等参数，从而提高汽车的安全性能和燃油效率。在燃料电池汽车上，燃料电池低压氢气及水路温压一体传感器多采用电容式结构。

图 3-15 所示为燃料电池汽车采用的森萨塔中低压及水路温压一体电容式传感器，该传感器采用了 APT 陶瓷电容技术，陶瓷电容敏感元件对几乎所有压力介质均有极佳兼容性，具有无疲劳、无塑性变形、无迟滞、耐高温、温漂小等优点，测量压力范围可以做到 0.02~8MPa。

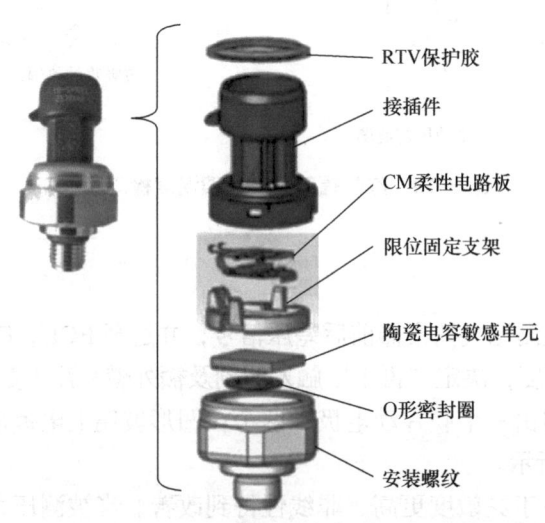

图 3-15　燃料电池汽车低压及水路温压一体传感器

3.2 圆筒电容式传感器

圆筒电容式传感器由绝缘介质分开的两个同心的圆筒形金属板组成，按照被测量改变的参数不同可以分为变面积型和变介电常数型两种，主要应用于混动汽车燃油液位检测。

3.2.1 工作原理及特性

1. 工作原理

圆筒电容式传感器的结构如图3-16所示，由绝缘介质分开的两个同心的圆筒形金属板组成。

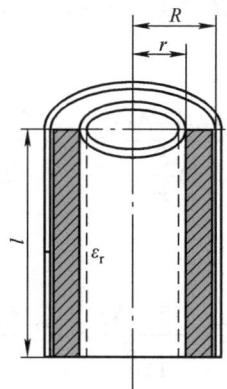

图3-16 圆筒电容式传感器

圆筒电容式传感器的电容量的计算公式为

$$C = \frac{2\pi\varepsilon_0\varepsilon_r l}{\ln\dfrac{R}{r}} \quad (3\text{-}11)$$

式中 C——圆筒电容器的电容量（F）；

l——内外圆筒所覆盖的高度（m）；

R，r——外极板和内极板的半径（m）；

ε_r——电容极板间介质相对介电常数，对于空气$\varepsilon_r = 1$；

ε_0——自由空间（真空）介电常数，约为8.85×10^{-12}F/m。

在实际使用中，圆筒电容式传感器可分为两种类型：变内外圆筒所覆盖的高度的变面积型和变介质介电常数的变介电常数型。

2. 变面积型

变面积型圆筒电容式传感器的结构如图3-17所示。当被测量通过移动内极板圆筒引起两极板内外圆筒所覆盖的高度l发生变化（相当于内外圆筒间相对面积发生改变）时，导致电容器的电容量发生变化。

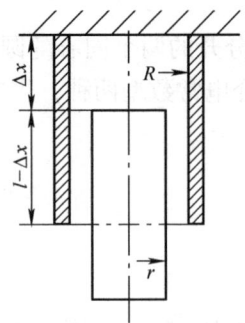

图 3-17　变面积型圆筒电容式传感器

对于图 3-17 所示的圆筒电容式传感器，当内圆筒极板向下移动距离 Δx 后，此时的电容量为

$$C = \frac{2\pi\varepsilon(l-\Delta x)}{\ln\frac{R}{r}} = C_0 - \frac{2\pi\varepsilon\Delta x}{\ln\frac{R}{r}} \qquad (3-12)$$

即，电容量的增量为

$$\Delta C = \frac{-2\pi\varepsilon\Delta x}{\ln\frac{R}{r}} = -C_0\frac{\Delta x}{l} \qquad (3-13)$$

式中　Δx——内圆筒极板向下移动的距离（m）。

可以看出，变面积型圆筒电容式传感器的输出特性是线性的，其灵敏度为常数，且取决于 R/r，R 与 r 越接近，灵敏度越高。另外，虽然内、外圆筒原始覆盖长度 l 与灵敏度无关，但是因为边缘效应将影响到传感器的特性，因此不能太小。

3. 变介电常数型

变介电常数型圆筒电容式传感器结构形式如图 3-18 所示。可以看出，由于在两极板间所加介质（其介电常数为 ε_1）的分布位置，此形式相当于一种并联型电容结构。

因此，可认为是上下两个不同介质（ε_0、ε_1）电容式传感器的并联，其电容值为

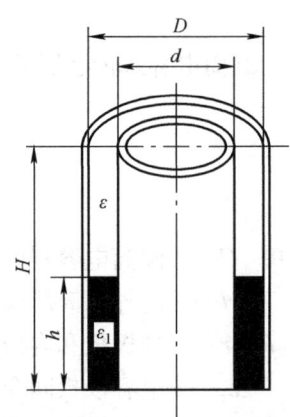

图 3-18　变介电常数型圆筒电容式传感器

$$C = C_1 + C_2 = \frac{2\pi\varepsilon_0(H-h)}{\ln\frac{D}{d}} + \frac{2\pi\varepsilon_0\varepsilon_1 h}{\ln\frac{D}{d}} = \frac{2\pi\varepsilon_0 H}{\ln\frac{D}{d}} + \frac{2\pi\varepsilon_0 h(\varepsilon_1-1)}{\ln\frac{D}{d}} = C_0 + \frac{2\pi h\varepsilon_0(\varepsilon_1-1)}{\ln\frac{D}{d}} \qquad (3-14)$$

未加入介质时初始电容为

$$C_0 = \frac{2\pi\varepsilon_0 H}{\ln\frac{D}{d}} \quad (3\text{-}15)$$

此时，电容值的改变量为

$$\Delta C = C - C_0 = \frac{2\pi h \varepsilon_0 (\varepsilon_1 - 1)}{\ln\frac{D}{d}} \quad (3\text{-}16)$$

由式（3-16）可见，电容改变量 C 与被测液位的高度 h 或介质的相对介电常数呈线性关系。即，变介电常数型平板结构和圆筒结构（相当于并联型）的电容改变量与介质的相对介电常数呈线性关系，串联型平板结构的电容改变量与介质的介电常数呈非线性关系。

3.2.2　新能源汽车上的圆筒电容式传感器

圆筒电容式传感器在新能源汽车上的主要应用是燃油液位检测。这种传感器设置在燃油箱内，外观如图 3-19 所示。它由杆体外壳、进油孔、信号线束、法兰等组成。可以用裸电极作为内电极，外套以开有液体流通孔的金属作为外电极，通过绝缘环装配成电容传感器。按内部结构不同，其可以分为同轴内外金属管式及金属管外套聚四氟乙烯套管式等类型。

其杆体外壳内部是一个变介电常数的圆筒电容器，输出电容值通过 RC 振荡电路进行滤波后输出，如图 3-20 所示。

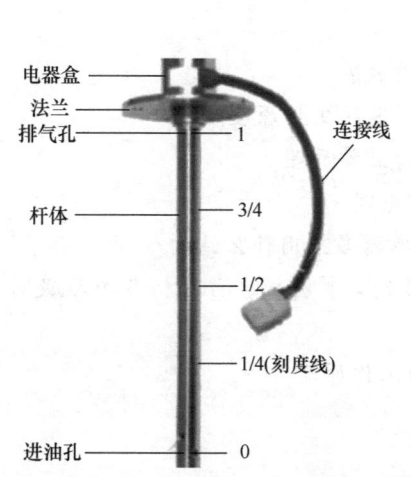

图 3-19　圆筒电容式燃油液位传感器外观示意图

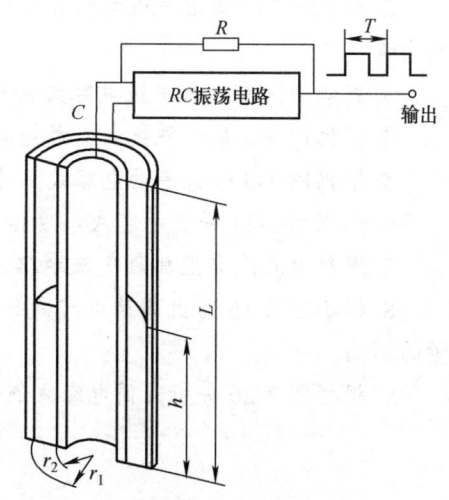

图 3-20　圆筒电容式燃油液位传感器原理图

根据变介电常数型圆筒电容器的计算公式，图 3-20 所示的输出电容量为

$$C = C_1 + C_2 = \frac{2\pi\varepsilon_0(L-h)}{\ln\frac{r_2}{r_1}} + \frac{2\pi\varepsilon_0\varepsilon_F h}{\ln\frac{r_2}{r_1}} = \frac{2\pi\varepsilon_0 L}{\ln\frac{r_2}{r_1}} + \frac{2\pi\varepsilon_0 h(\varepsilon_F-1)}{\ln\frac{r_2}{r_1}} = C_0 + \frac{2\pi h\varepsilon_0(\varepsilon_F-1)}{\ln\frac{r_2}{r_1}} \quad (3\text{-}17)$$

式中　C_1、C_2——空气中和燃油中的电容量（F）；

　　　ε_0、ε_F——空气和燃油的介电常数（F/m）；

　　　r_1、r_2——外圆筒和内圆筒的半径（m）；

　　　L——电容器的总高度（m）；

　　　h——油箱中燃油液位的高度（m）。

从公式可以看出，燃油液位 h 增加时，电容量 C 随着液位 h 线性增加。

将圆筒作为电容器连接到 RC 振荡电路中，则振荡电路的振荡周期 T 可用式（3-18）表示，即

$$T = k[L + (\varepsilon_F - 1)h] \quad （3\text{-}18）$$

式中　k——常数。

因此，通过计算振动周期，就能获知液面状态。

静电容式液位传感器，在检测部分没有可活动部位，也没有机械滞后现象，结构简单、工作可靠。可以通过在燃油箱内的任意部位设置多个传感器，修正车辆倾斜或振动引起的液面横摆的影响，这在燃油液位检测中，应用十分广泛。

课后习题

1. 电容式传感器按照其工作原理有哪些分类方法？
2. 根据图 3-1 写出平板电容式传感器电容量的计算公式，并分析各个参数对电容量的影响。
3. 新能源汽车上的平板电容式传感器有哪些应用？
4. 根据图 3-6 分析平板电容式横向加速度传感器的工作原理。
5. 根据图 3-9 分析差动电容式加速度传感器的工作原理。
6. 根据图 3-11 分析电容式湿度传感器的工作原理。
7. 燃料电池汽车低压氢气及水路温压一体传感器多采用什么结构？
8. 根据图 3-16 写出圆筒电容式传感器电容量的计算公式，并分析各个参数对电容量的影响。
9. 根据图 3-20 分析圆筒电容式液位传感器的工作原理。

第4章　新能源汽车上的电感式传感器

🕮 本章导学

电感式传感器是将被测量的变化转换成电感量变化的一种装置。电感是一种采用绝缘导线（例如漆包线、纱包线等）绕制而成的电磁感应元件。电感式传感器建立在电磁感应基础上，一般要利用磁场作为媒介或利用铁磁体的某些现象，把被测量变化转换成电感线圈自感系数或互感系数的变化。从原理上可以将电感式传感器分为变磁阻式传感器、差动变压器式传感器、电涡流式传感器三种类型。其原理分别是改变电感的自感系数、互感系数以及电涡流效应。

🕮 学习目标

1. 掌握自感式、互感式、电涡流式传感器的工作原理。
2. 能够比较单线圈变磁阻电感式传感器和差动变磁阻电感式传感器的特性。
3. 熟悉电感式传感器在新能源汽车传感检测中的典型应用。
4. 能够利用电感式传感器的理论知识对新能源汽车上压力、位置、振动等传感器的原理及特点进行分析。
5. 通过了解变磁阻电感式传感器从单线圈式改进至差动形式后，灵敏度、线性度都相应提高，培养学生勇于探索、解决问题的拼搏精神。

🕮 课前小讨论

电感式传感器是一种利用电磁感应，通过改变电感量、互感量或者电涡流效用实现各种物理量测量的装置，可以用来检测新能源汽车上的加速度、加速踏板位置等物理量。从原理上可以将电感式传感器分为变磁阻式传感器、差动变压器式传感器、电涡流式传感器三种类型，变磁阻电感式传感器又可以分为单线圈式和差动形式，差动形式相比于单线圈式其灵敏度、线性度显著改善。这些类型传感器的工作原理是如何实现的，又是如何实现各类汽车参数的检测？

电感式传感器是建立在电磁感应基础上的一类传感器，该类型传感器可以把输入的物理量（如位移、振动、压力、加速度等）转换为电感线圈的自感系数 L 或互感系数 M 的变化，并通过测量电路将 L 或 M 的变化转换为电压或电流的变化输出，实现非电量到电信号的转化，进而实现对新能源汽车上物理量的测量。

根据工作原理的不同，电感式传感器可分为变磁阻式（自感式）、差动变压器式（互感式）和电涡流式（互感式）等种类。

电感式传感器具有工作可靠、寿命长、灵敏度高、分辨力高、精度高、线性好、性能稳定、重复性好等优点，在新能源汽车的主要应用有加速度传感器、大气压力传感器、微压传感器、差压传感器、加速踏板位置传感器、振动传感器等。

4.1 变磁阻式传感器

变磁阻式传感器是把被测的非电量变化转换为磁路中磁阻的变化,进而导致自感系数变化的一种传感器,有变气隙厚度式、变面积式和螺线管式等结构类型。实际应用最多的是变气隙厚度式,为了提高灵敏度,改善线性度,多采用差动变气隙厚度形式,在新能源汽车上,主要用于大气压力及微压检测等。

4.1.1 工作原理及特性

1. 工作原理

变磁阻式传感器的结构如图4-1所示。它由铁心、衔铁以及绕在铁心上的线圈三部分组成,在铁心和衔铁间有气隙,衔铁可以运动。气隙厚度为δ,当衔铁移动时气隙厚度δ发生变化,导致磁路中总磁阻变化,从而引起线圈的电感值变化。利用外加电路测量电感量的变化就能确定衔铁位移量的大小和方向。当衔铁的移动和被测参数相关时,即可以间接反馈被测参数的变化情况。

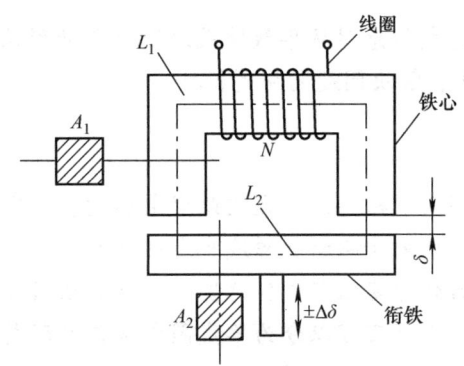

图4-1 变磁阻式传感器的结构

如图4-1所示,线圈中的电感为

$$L = \frac{\Psi}{I} = \frac{W\phi}{I} \tag{4-1}$$

式中 L——线圈的电感值(H);

Ψ——线圈总磁通链(Wb);

I——通过线圈的电流(A);

W——线圈的匝数(无量纲);

ϕ——穿过线圈的磁通(Wb)。

由磁路欧姆定律

$$\varphi = \frac{IW}{R_m} \quad (4\text{-}2)$$

式中　R_m——磁路总磁阻（A/Wb）。

可以看出，磁阻的改变会引起自感 L 的改变。所以自感式传感器也称为变磁阻式传感器。

因为气隙较小，可以认为气隙磁场是均匀的，在忽略磁路铁损且气隙较小的情况下，磁路的总磁阻 R_m 可以用式（4-3）近似得到。

$$R_m = \frac{L_1}{\mu_1 A_1} + \frac{L_2}{\mu_2 A_2} + \frac{2\delta}{\mu_0 A_0} \quad (4\text{-}3)$$

式中　μ_0、μ_1、μ_2——空气、铁心、衔铁的磁导率，$\mu_0 = 4\pi \times 10^{-7}$ H/m；
　　　L_1、L_2——磁通通过铁心和衔铁中心线的长度（m）；
　　　A_0、A_1、A_2——气隙、铁心、衔铁的截面积（m²），$A_0 = A_1$；
　　　δ——单个气隙的厚度（m）。

通常气隙磁阻远大于铁心和衔铁的磁阻，即

$$\left. \begin{array}{c} \dfrac{2\delta}{\mu_0 A_0} \gg \dfrac{L_1}{\mu_1 A_1} \\[2mm] \dfrac{2\delta}{\mu_0 A_0} \gg \dfrac{L_2}{\mu_2 A_2} \end{array} \right\} \quad (4\text{-}4)$$

因此，磁路中的总磁阻可以近似为

$$R_m = \frac{2\delta}{\mu_0 A_0} \quad (4\text{-}5)$$

此时，线圈中的电感量为

$$L = \frac{W^2}{R_m} = \frac{W^2 \mu_0 A_0}{2\delta} \quad (4\text{-}6)$$

可见，当线圈匝数 W 为常数时，电感 L 只是磁阻 R_m 的函数。只要改变气隙厚度 δ 或面积 A_0，均可改变磁阻并最终导致电感变化。因此，变磁阻式传感器又可分为变气隙厚度式、变面积式和螺线管式传感器，如图 4-2 所示。

若保持 δ 不变，A_0 变化，则可构成变面积式传感器，如图 4-2b 所示。若线圈中放入圆柱形衔铁，则是一个可变自感，当衔铁上、下移动时，自感量将相应发生变化，这就构成了螺线管式传感器，如图 4-2c 所示。

目前使用最广泛的是变气隙厚度式电感传感器。

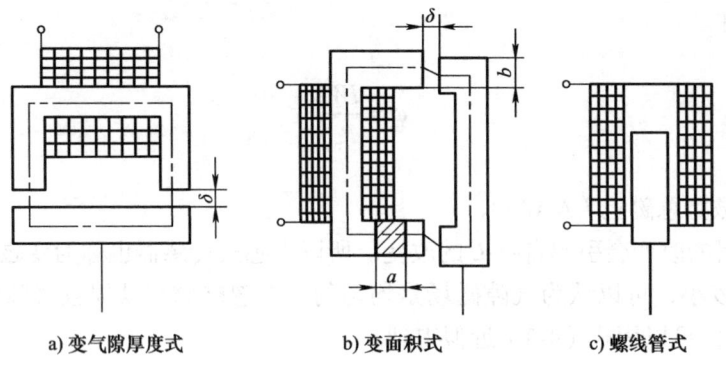

a) 变气隙厚度式 b) 变面积式 c) 螺线管式

图 4-2 变磁阻式传感器的结构类型

2. 输出特性

由式（4-6）可知，电感 L 与气隙厚度 δ 间是非线性关系，其特性曲线如图 4-3 所示。

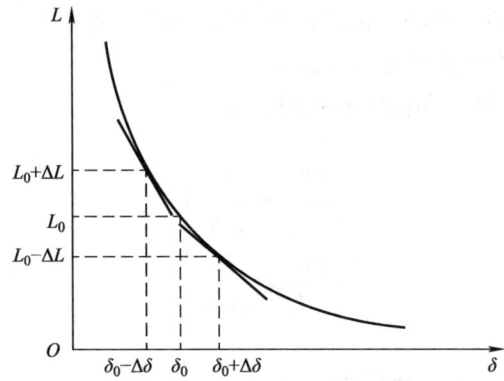

图 4-3 变磁阻电感式传感器的 L-δ 特性曲线

设变磁阻式传感器的初始气隙厚度为 δ_0，初始电感为 L_0，则有

$$L_0 = \frac{\mu_0 A_0 W^2}{2\delta_0} \tag{4-7}$$

当衔铁上移 $\Delta\delta$ 时，传感器气隙减小 $\Delta\delta$，即 $\delta = \delta_0 - \Delta\delta$，则此时输出电感为

$$L = L_0 + \Delta L = \frac{W^2 \mu_0 A_0}{2(\delta_0 - \Delta\delta)} = \frac{L_0}{1 - \dfrac{\Delta\delta}{\delta_0}} \tag{4-8}$$

当 $\Delta\delta/\delta_0 \ll 1$ 时，式（4-8）可以按照泰勒级数展开为

$$L = L_0 + \Delta L = L_0 \left[1 + \frac{\Delta\delta}{\delta_0} + \left(\frac{\Delta\delta}{\delta_0}\right)^2 + \left(\frac{\Delta\delta}{\delta_0}\right)^3 + \cdots \right] \tag{4-9}$$

可求得电感增量 ΔL 和相对增量 $\Delta L/L_0$ 的表达式为

$$\Delta L = L_0 \frac{\Delta \delta}{\delta_0} \left[1 + \frac{\Delta \delta}{\delta_0} + \left(\frac{\Delta \delta}{\delta_0}\right)^2 + \cdots \right] \tag{4-10}$$

$$\frac{\Delta L}{L_0} = \frac{\Delta \delta}{\delta_0} \left[1 + \frac{\Delta \delta}{\delta_0} + \left(\frac{\Delta \delta}{\delta_0}\right)^2 + \cdots \right] \tag{4-11}$$

同理,当衔铁随被测体的初始位置向下移动 $\Delta \delta$ 时,有

$$\Delta L = L_0 \frac{\Delta \delta}{\delta_0} \left[1 - \frac{\Delta \delta}{\delta_0} + \left(\frac{\Delta \delta}{\delta_0}\right)^2 - \left(\frac{\Delta \delta}{\delta_0}\right)^3 + \cdots \right] \tag{4-12}$$

$$\frac{\Delta L}{L_0} = \frac{\Delta \delta}{\delta_0} \left[1 - \frac{\Delta \delta}{\delta_0} + \left(\frac{\Delta \delta}{\delta_0}\right)^2 - \left(\frac{\Delta \delta}{\delta_0}\right)^3 + \cdots \right] \tag{4-13}$$

作线性处理,即忽略高次项后,可得

$$\frac{\Delta L}{L_0} = \frac{\Delta \delta}{\delta_0} \tag{4-14}$$

变磁阻式传感器灵敏度定义为单位气隙厚度变化引起的电感量相对变化,即

$$K_0 = \frac{\frac{\Delta L}{L_0}}{\Delta \delta} = \frac{1}{\delta_0} \tag{4-15}$$

此时的灵敏度是线性化处理的近似结果,事实上,灵敏度的大小取决于气隙的当前厚度。同时可以看出,变气隙厚度电感式传感器的测量范围与灵敏度及线性度相矛盾,因此变气隙厚度电感式传感器适用于测量微小位移 [一般 $\Delta \delta = (0.1 \sim 0.2)\delta_0$] 的场合。

由图 4-3 可知,曲线上某一点切线的斜率代表了该点的灵敏度,对于衔铁上移的情况,$\Delta \delta$ 越大,切线的斜率越大,对应的灵敏度也就越大。衔铁下移,切线斜率变小,灵敏度减小。

同时,衔铁上移时,非线性误差为

$$\left(\frac{\Delta L}{L_0}\right)_{\text{非线性部分}} = \left(\frac{\Delta \delta}{\delta_0}\right)^2 + \left(\frac{\Delta \delta}{\delta_0}\right)^3 + \cdots \tag{4-16}$$

衔铁下移时,非线性误差为

$$\left(\frac{\Delta L}{L_0}\right)_{\text{非线性部分}} = -\left(\frac{\Delta \delta}{\delta_0}\right)^2 + \left(\frac{\Delta \delta}{\delta_0}\right)^3 - \cdots \tag{4-17}$$

可以看出，无论衔铁上移还是下移，非线性都将增大。因此，变磁阻电感式传感器主要用于测量微小位移。

为了减小非线性误差，提高灵敏度，实际测量中广泛采用差动变气隙厚度电感式传感器。差动变气隙厚度电感式传感器的结构如图4-4所示。

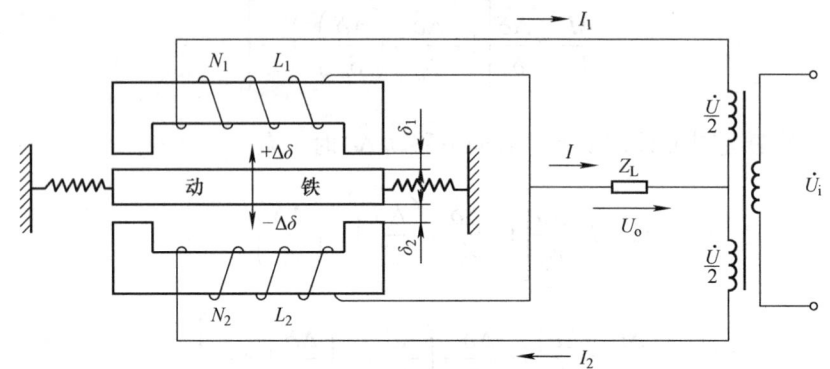

图4-4 差动变气隙厚度电感式传感器结构

由图4-4所示可看出，差动变气隙厚度电感式传感器由两个相同的电感线圈和磁路组成。测量时，衔铁与被测物体相连，当被测物体上下移动时，带动衔铁以相同的位移上下移动，两个磁回路的磁阻发生大小相等、方向相反的变化，一个线圈的电感量增加，另一个线圈的电感量减小，形成差动结构。

对于差动变磁阻电感式传感器，当衔铁上移 $\Delta\delta$ 时，两个线圈的电感变化量 ΔL_1、ΔL_2 分别由式（4-10）及式（4-12）表示，差动传感器电感的总变化量 $\Delta L = \Delta L_1 + \Delta L_2$，具体表达式为

$$\Delta L = \Delta L_1 + \Delta L_2 = 2L_0 \frac{\Delta\delta}{\delta_0}\left[1 + \left(\frac{\Delta\delta}{\delta_0}\right)^2 + \left(\frac{\Delta\delta}{\delta_0}\right)^4 + \cdots\right] \quad (4\text{-}18)$$

对式（4-18）进行线性处理，即忽略高次项得

$$\frac{\Delta L}{L_0} = 2\frac{\Delta\delta}{\delta_0} \quad (4\text{-}19)$$

灵敏度 K_0 为

$$K_0 = \frac{\frac{\Delta L}{L_0}}{\Delta\delta} = \frac{2}{\delta_0} \quad (4\text{-}20)$$

可以看出，与单线圈相比：
1）差动式传感器的灵敏度是单线圈式的两倍。
2）差动式的非线性项（忽略高次项）为

$$\Delta L/L_0 = 2\left(\frac{\Delta\delta}{\delta_0}\right)^3 \quad (4\text{-}21)$$

单线圈的非线性项（忽略高次项）为

$$\Delta L/L_0 = \left(\frac{\Delta\delta}{\delta_0}\right)^2 \quad (4\text{-}22)$$

由于 $\Delta\delta/\delta_0 \ll 1$，因此，差动式的线性度得到明显改善。

4.1.2 新能源汽车上的变磁阻式传感器

变磁阻式传感器在新能源汽车上主要用于进气压力的检测。

变气隙厚度电感式进气压力传感器的外观如图4-5所示。

图 4-5 进气压力传感器外观图

其结构如图4-6所示。它由线圈、铁心、衔铁与膜盒组成。衔铁与膜盒固定在一起，膜盒下方是导压管路，压力由导压管路进入膜盒。

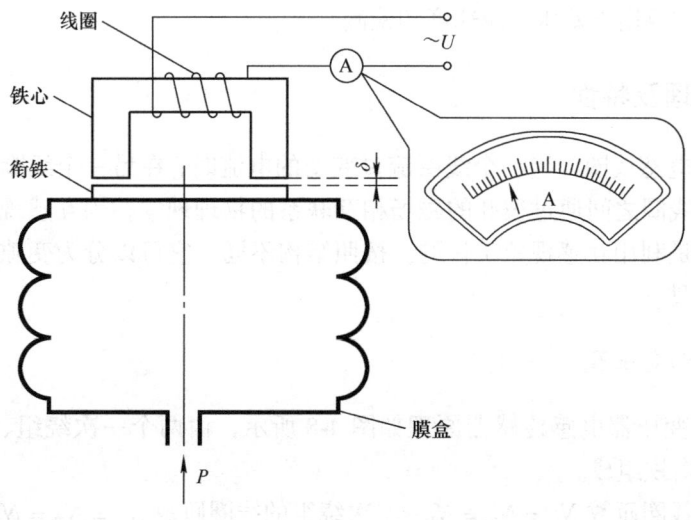

图 4-6 进气压力传感器结构

当压力进入膜盒时，膜盒发生变形，其顶端在压力 p 的作用下产生与压力 p 大小成正比的位移，带动衔铁也发生相应大小的位移，使得电感磁路中的气隙厚度发生变化，磁路中的磁阻发生变化，自感系数发生变化，进而，流过线圈的电流也发生相应的变化。电流表指示值将反映被测压力的大小。

其输入输出特性如图 4-7 所示。

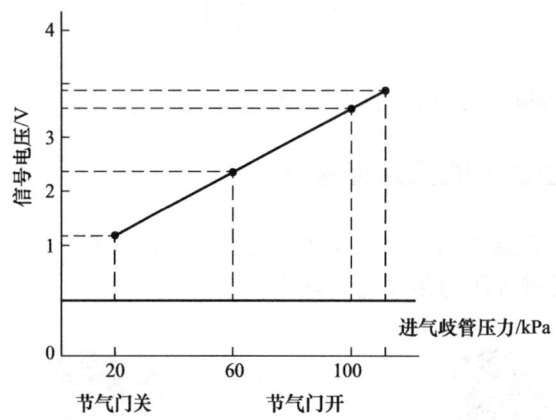

图 4-7　进气压力传感器输入输出特性

4.2　差动变压器式传感器

差动变压器式传感器是把被测的非电量变化转换为线圈互感量变化，根据变压器的基本原理制成的。由于其二次绕组都用差动形式连接，故称差动变压器电感式传感器。

差动变压器式传感器结构形式有变隙式、变面积式和螺线管式等，这三种类型的工作原理都是基于线圈互感量的变化来进行测量的。实际应用最多的是螺线管式差动变压器，在新能源汽车上主要用于差压、减速度的检测。

4.2.1　工作原理及特性

两个靠近的电感线圈，当一个线圈流过变动的电流时，在另一个线圈两端将产生感应电压。这种载流线圈之间通过彼此的磁场相互联系的物理现象称为互感现象。差动变压器电感式传感器就是利用互感现象工作的。按照结构不同，它可以分为变隙式、变面积式和螺线管式三种类型。

1. 变隙式差动变压器

变隙式差动变压器电感传感器原理如图 4-8 所示，由两个一次绕组、两个二次绕组、两个铁心和一个衔铁组成。

一次绕组的线圈匝数 $N_{1a} = N_{1b} = N_1$，二次绕组的线圈匝数 $N_{2a} = N_{2b} = N_2$，两个一次绕组的同名端顺向串联，两个二次绕组的同名端则反相串联。

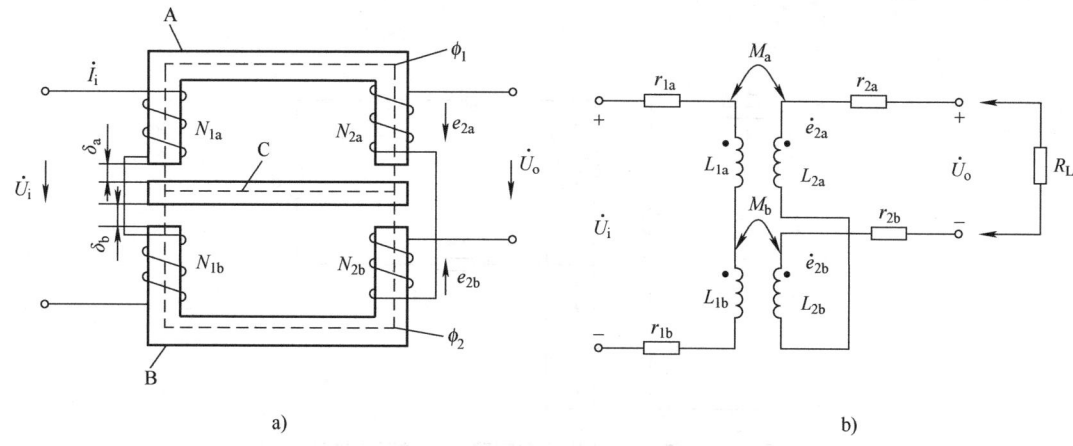

图 4-8 变隙式差动变压器式传感器原理图

当没有位移时,衔铁处于初始平衡位置,它与两个铁心的间隙有 $\delta_{a0} = \delta_{b0} = \delta_0$,则绕组 N_{1a} 和 N_{2a} 间的互感 M_a 与绕组 N_{1b} 和 N_{2b} 的互感 M_b 相等,致使两个二次绕组的互感电动势相等,即 $e_{2a} = e_{2b}$。由于二次绕组反相串联,因此,差动变压器输出电压 $U_o = e_{2a} - e_{2b} = 0$。

当被测体有位移时,与被测体相连的衔铁的位置将发生相应的变化,使 $\delta_a \neq \delta_b$,互感 $M_a \neq M_b$,两二次绕组的互感电动势 $e_{2a} \neq e_{2b}$,输出电压 $U_o = e_{2a} - e_{2b} \neq 0$,即差动变压器有电压输出。

根据输出电压的大小和极性可以反映出被测物体位移的大小和方向。

2. 螺线管式差动变压器

螺线管式差动变压器式传感器结构如图 4-9 所示。它由位于中间的一次绕组、两个位于边缘的二次绕组和插入绕组中央的圆柱形衔铁组成。其中,一次绕组的绕组匝数为 N_1,二次绕组同名端反向串接,绕组匝数分别为 N_{2a} 和 N_{2b}。在工艺上,保证螺线管式变压器上下结构完全对称。

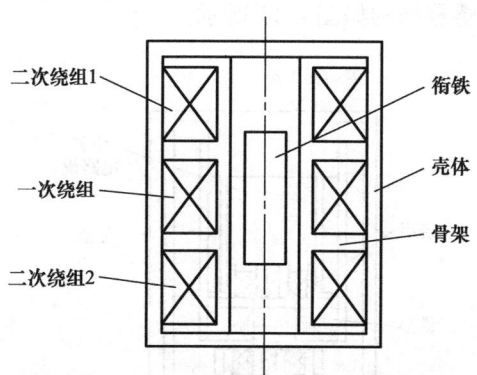

图 4-9 螺线管式差动变压器式传感器结构图

该结构形式的原理图如图 4-10 所示。

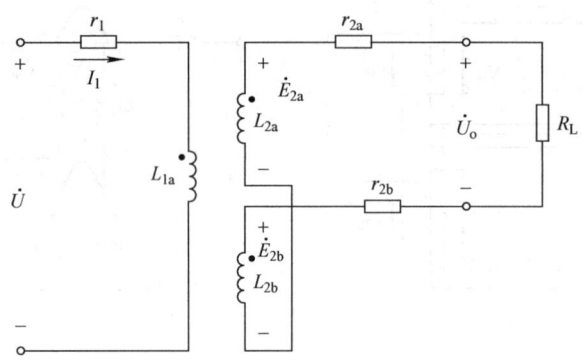

图 4-10 螺线管式差动变压器式传感器原理图

由于工艺上完全对称的结构,当活动衔铁处于初始平衡位置时,必然会使两互感系数 $M_1 = M_2$。根据电磁感应原理,将有 $\dot{E}_{2a} = \dot{E}_{2b}$。由于变压器两二次绕组反相串联,因而 $\dot{U}_o = \dot{E}_{2a} - \dot{E}_{2b} = 0$,即差动变压器输出电压为零。

当活动衔铁上移时,由于磁阻的影响,上移时上部线圈的磁阻减小,磁通增加,上部二次绕组中的磁通将大于下部二次绕组中的磁通,使 $M_1 > M_2$,使 $\dot{E}_{2a}$ 增加,$\dot{E}_{2b}$ 减小;反之,$\dot{E}_{2b}$ 增加,$\dot{E}_{2a}$ 减小,即随着衔铁位移 x 的变化,差动变压器的输出电压 $\dot{U}_o = \dot{E}_{2a} - \dot{E}_{2b}$ 也将发生变化,根据输出电压的大小和极性可以反映出被测物体位移的大小和方向。

4.2.2 新能源汽车上的差动变压器式传感器

差动变压器式传感器在新能源汽车上应用广泛,主要有减速度传感器、微压传感器、差压传感器等。

1. 减速度传感器

差动变压器减速度传感器结构如图 4-11 所示。

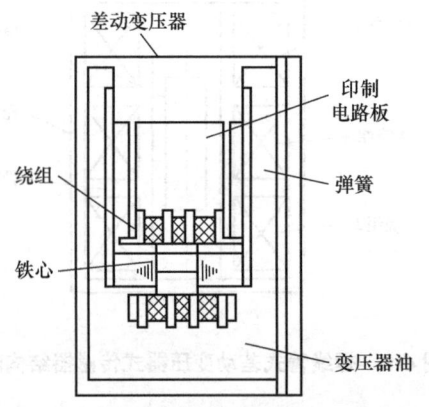

图 4-11 差动变压器减速度传感器结构图

该传感器是利用螺线管式差动变压器的原理将减速度信号转换为电信号。其中，加速度感受元件铁心产生的惯性力与汽车加减速度的大小成正比，而方向相反。减速度感受元件产生的惯性力不同，其在绕组中所处的位置随之不同，减速度传感器输出的电压信号也就不同。

汽车正常行驶时，差动变压器绕组内的铁心处于绕组中部位置，当汽车制动减速时，铁心受惯性力作用在壳体内部产生相对向前的移动，从而使差动变压器绕组内的感应电压发生变化，因此，可以实现汽车减速度检测，以此作为输出信号，可以用来控制 ABS 工作。

该减速度传感器的输出特性及工作原理图如图 4-12 所示。

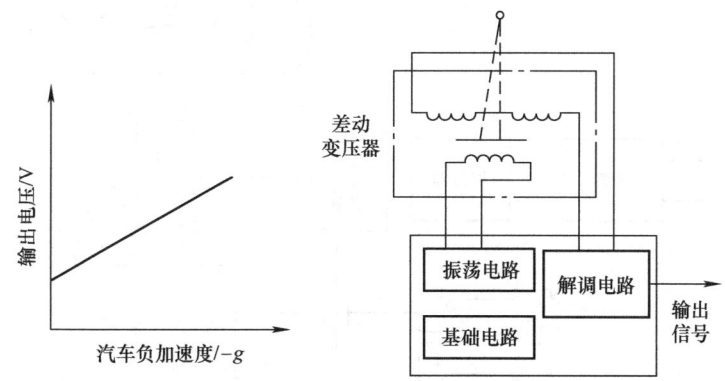

图 4-12　差动变压器减速度传感器输出特性及工作原理图

2. 微压传感器

差动变压器微压传感器的结构如图 4-13 所示。

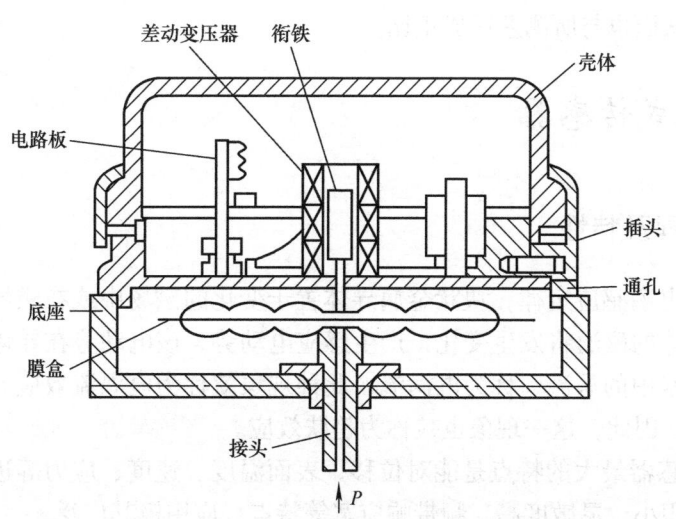

图 4-13　差动变压器微压传感器的结构图

在无压力时，固定在膜盒中心的衔铁位于差动变压器中部，因而输出为零，当被测压力由接头输出到膜盒中时,膜盒的自由端产生一正比于被测压力的位移,并带动衔铁在差动变压器中移动,其产生的输出电压即可反映被测压力的大小。

3. 差压传感器

差压传感器用于检测尾气捕集器前后差压信号,并送至 ECU,ECU 根据该压力差判断捕集器中颗粒的积聚程度,决定"再生"触发时刻及额外燃料注入量。

差动变压器差压传感器结构如图 4-14 所示。

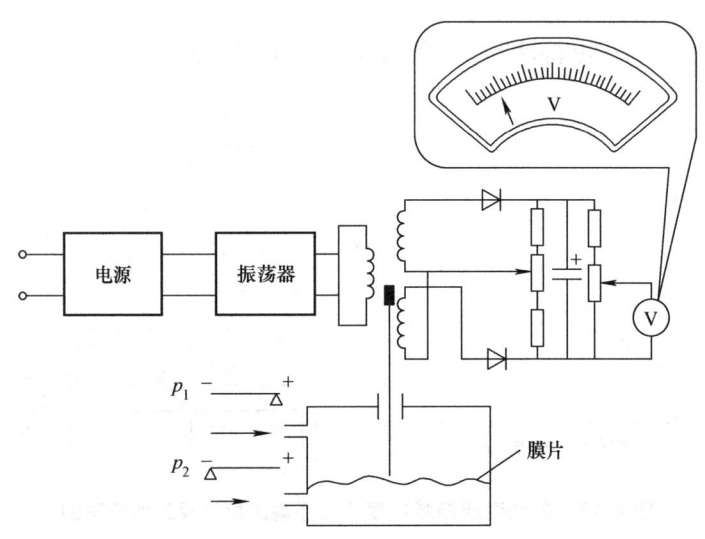

图 4-14　差动变压器差压传感器的结构图

可以看出,该传感器采用螺线管结构,当所测的压力 p_1 和 p_2 之间存在差压时,膜片产生位移,带动衔铁移位,差动变压器二次侧输出电压发生变化,输出电压的大小与衔铁的位移成正比,从而也与所测差压成正比。

4.3　电涡流式传感器

4.3.1　工作原理及特性

根据法拉第电磁感应定律,块状金属导体置于变化的磁场中或在磁场中作切割磁力线运动时,通过导体的磁通将发生变化,产生感应电动势,该电动势在导体表面形成电流并自行闭合,状似水中的涡流,称为电涡流,此种现象就称为电涡流效应。电涡流只集中在金属导体的表面,因此,这一现象也被称为趋肤效应。

电涡流式传感器最大的特点是能对位移、表面温度、速度、应力等进行非接触式连续测量,还具有体积小、灵敏度高、频带响应宽等特点,应用极其广泛。

电涡流式传感器是根据电涡流效应制成的传感器,由传感器励磁线圈和被测金属导体组成,如图 4-15 所示。当传感器励磁线圈中通以正弦交变电流时,线圈周围将产生正弦交变磁场，使位于该磁场中的金属导体产生感应电流，该感应电流又产生新的交变磁场。新的交变磁场的作用是为了反抗原磁场，这就导致传感器线圈的等效阻抗发生变化。

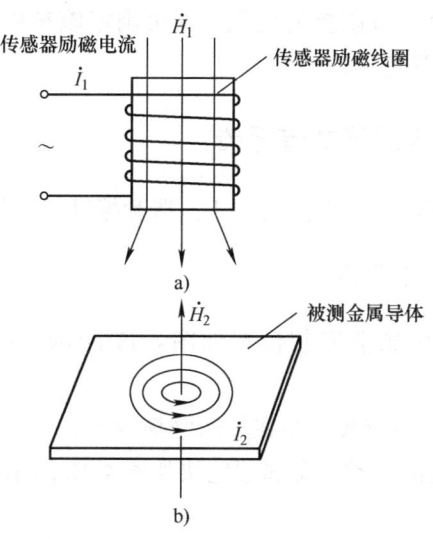

图 4-15　电涡流式传感器原理图

反射式电涡流传感器内部结构如图 4-16 所示。

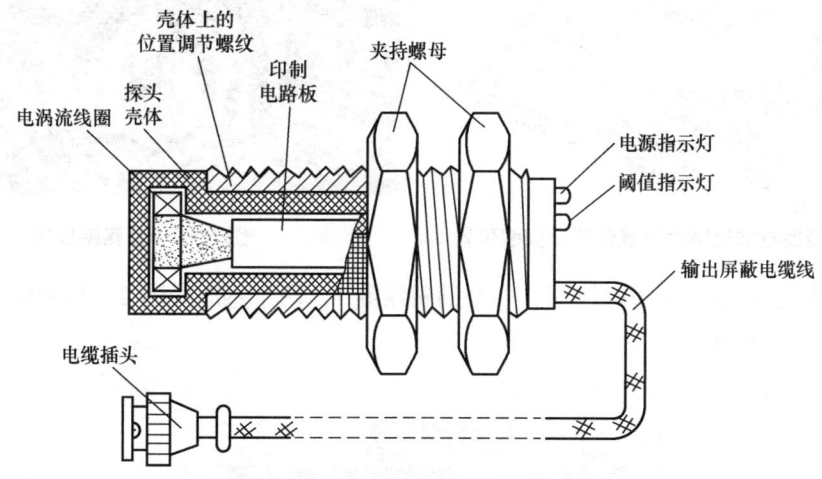

图 4-16　反射式电涡流传感器内部结构图

受电涡流影响时的等效阻抗 Z 为

$$Z = F(\rho, \mu, r, f, x) \tag{4-23}$$

式中　ρ——被测体的电阻率（Ω·m）；

　　　μ——被测体的磁导率（H/m）；

　　　r——线圈与被测体的尺寸因子（无量纲）；

　　　f——线圈中励磁电流的频率（Hz）；

　　　x——线圈与导体间的距离（m）。

从式（4-23）可知，线圈阻抗的变化完全取决于被测金属导体的电涡流效应，与以上参数有关。如果只改变其中一个参数，保持其他参数不变，传感器线圈的阻抗 Z 就只与该参数有关，如果测出传感器线圈阻抗的变化，就可确定该参数。实际应用时通常改变线圈与导体间的距离 x，而保持其他参数不变。

4.3.2 新能源汽车上的电涡流式传感器

电涡流式传感器在新能源汽车上主要用于位置和振动的测量。

1. 特斯拉加速踏板位置传感器

特斯拉加速踏板位置传感器安装位置如图 4-17 所示，由感应金属块和印制电路板组成。

三个金属块组成的金属感应块安装在加速踏板内部，当踩下踏板时，金属块会随着踩踏深度的不同而作圆周方向的移动。金属感应块如图 4-18 所示。

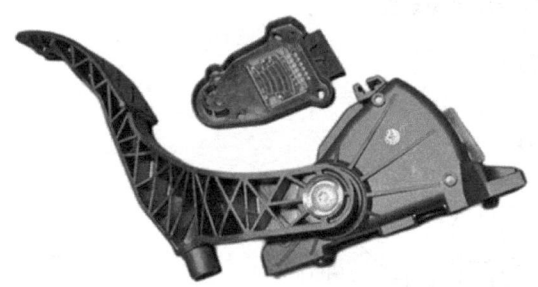

图 4-17　特斯拉加速踏板位置传感器安装位置

图 4-18　金属感应块

印制电路板上有三个印刷线圈，一个励磁线圈 1，两个感应线圈 2，与感应金属块相对安装，如图 4-19 所示。

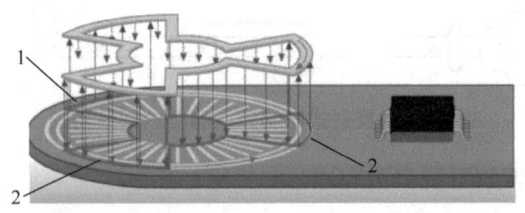

图 4-19　电涡流加速踏板位置传感器原理图

1—励磁线圈　2—感应线圈

当印制电路板上的励磁线圈通入交流电时，在两个感应线圈内部也会感应出交流电压，同时，在踏板的金属块上感应出电流（电涡流），从而产生新的磁场。

踏板移动时，被金属挡块遮盖住的感应线圈的面积发生变化，这样感应线圈内部感应出的电压就会降低，根据两个感应线圈电压变化的关系，就可以得出加速踏板的位置信息。

2. 电涡流振动传感器

电涡流振动传感器的结构如图 4-20 所示。线圈 1 粘贴在陶瓷框架 2 上，外面罩以保护罩 3，壳体 5 内放有绝缘充填料 4，传感器用电缆 6 与涡流测振仪相接。

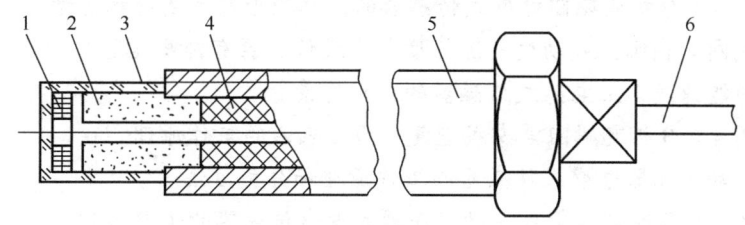

图 4-20　振动传感器结构图

该传感器的原理图如图 4-21 所示。

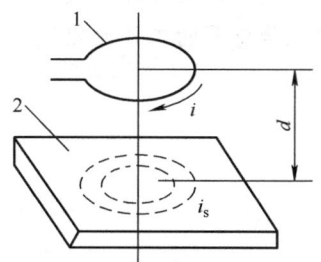

图 4-21　振动传感器原理图
1—励磁线圈　2—被测金属板

当高频电流（1MHz）流经线圈 1 时，高频磁场作用于金属板 2，由于电涡流效应，在金属表面的一薄层内产生电涡流，该电涡流产生一交变磁场，又反作用于线圈，从而引起线圈的自感及阻抗发生变化，这种变化与线圈至金属表面的距离 d 有关。

也可将几个传感器组合使用，提高测量精度，如图 4-22 所示。

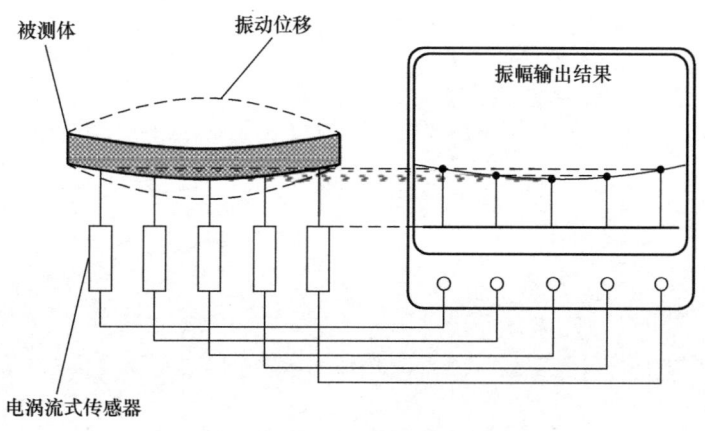

图 4-22　振动传感器组合使用示意图

课后习题

1. 简述电感式传感器的检测过程和分类。
2. 根据图 4-1 分析变磁阻电感式传感器的工作原理及主要结构类型。
3. 与单线圈式相比,差动变气隙厚度电感式传感器有哪些优势?
4. 简述新能源汽车上电感式传感器的应用场景。
5. 根据图 4-6 分析变磁阻电感式进气压力传感器的工作原理。
6. 简述差动变压器电感式传感器的工作原理和分类方法。
7. 根据图 4-9 简述螺线管式差动变压器式电感传感器的主要结构。
8. 根据图 4-11 分析电感式减速度传感器的工作原理。
9. 什么是电涡流效应?
10. 反射式电涡流式传感器主要由哪些部件组成?
11. 简述特斯拉加速踏板位置传感器的工作原理。

第 5 章　新能源汽车上的磁电式传感器

👉 本章导学

磁电式传感器是对磁场参量（如磁感应强度、磁通）敏感，通过磁电作用将被测量（如电压、电流、转速、车速、位置、转矩等）转换为电信号的一类器件或装置。磁电作用主要分为磁电感应式、霍尔式和磁敏式三种情况。其物理量的检测原理各不相同，磁电感应式利用法拉第电磁感应原理，霍尔式利用霍尔效应原理，磁敏式主要利用半导体材料的磁阻效应原理。

👉 学习目标

1. 熟练掌握法拉第电磁感应定律、霍尔效应的基本概念。
2. 掌握磁电感应式传感器的工作原理和典型应用。
3. 掌握霍尔式传感器的工作原理和典型应用。
4. 掌握磁敏式传感器的工作原理和典型应用。
5. 能够利用磁电式传感器的理论知识对新能源汽车传感检测中的电压、电流、速度、转速、转矩等检测原理及特点进行分析。

👉 课前小讨论

在电动汽车上，各个大功率设备（如动力电池、驱动电机、DC/DC 等）的电流、电压以及电机转速情况直接影响行车安全。因此，对这些参数进行快速准确的检测是非常重要的。对这些参数的检测很大一部分是采用磁电式传感器，那么它们的检测原理是什么，又是如何实现的呢？

磁电式传感器是利用电磁感应原理将被测量转换成线圈中的感应电动势输出的一种传感器，其工作时无需外加电源，直接将被测物体的有关参量转换成电信号输出。磁电式传感器输出功率大，故配用电路较简单，工作稳定可靠，但响应频率较低，通常在 10～1000Hz。磁电式传感器具有双向转换特性，利用其逆转换效应可构成力（或力矩）发生器和电磁激振器等。

磁电感应式传感器在新能源汽车上应用广泛，主要有电流传感器、电压传感器、各个部件转速传感器、位置传感器、加速度传感器及车速传感器等。

5.1　磁电感应式传感器

磁电感应式传感器是利用导体和磁场发生相对运动而在导体两端输出感应电动势的原理进行工作的。它是一种机电能量变换型传感器，直接从被测物体吸取机械能量并转换成电信号输出，属于有源传感器。

5.1.1 工作原理及特性

1. 电磁感应定律

磁电感应式传感器的工作原理是法拉第电磁感应定律，该定律的内容是：导体在稳定均匀的磁场中，沿着垂直于磁场方向作切割磁力线运动时，导体内将产生感应电动势，感应电动势的大小由式（5-1）确定。

$$e = \frac{d\phi}{dt} = Bl\frac{dx}{dt} = Blv \tag{5-1}$$

式中　B——稳定恒磁通的磁感应强度（T）；
　　　l——运动导体的有效长度（m）；
　　　v——导体相对于磁场的运动速度（m/s）；
　　　ϕ——导线穿过的磁通量（Wb）；
　　　e——感应电动势（V）。

感应电流的方向由右手定则确定，如图5-1所示。

当一个匝数为 W 的线圈相对静止地处于随时间变化的磁场中时，线圈内产生感应电动势（图5-2），其大小为

$$e = W\frac{d\Phi}{dt} \tag{5-2}$$

式中　W——线圈匝数（无量纲）；
　　　Φ——穿过线圈的磁通量（Wb）；
　　　e——感应电动势（V）。

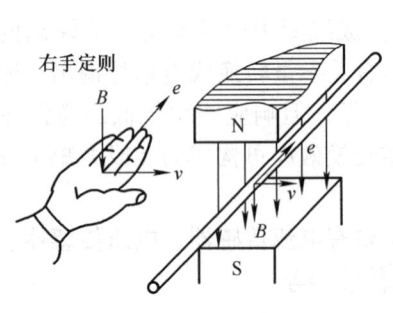

图5-1　右手定则

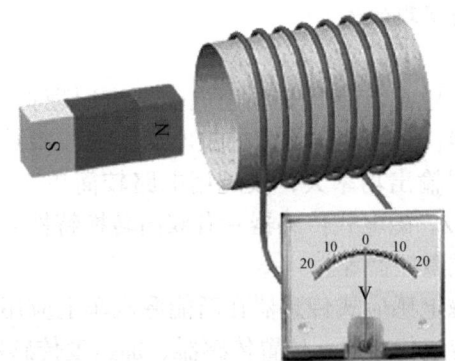

图5-2　法拉第电磁感应定律

在磁电感应式传感器中，当其结构参数确定以后，则感应电动势 e 与线圈相对磁场的运动速度 v 或 ω 成正比。根据这一原理，将磁电感应式传感器分为变磁通式和恒磁通式两类。

2. 变磁通式磁电传感器

变磁通式磁电传感器又称为磁阻式磁电传感器，主要是靠改变磁路的磁通 ϕ 的大小进行测量的，即通过改变测量磁路中气隙的大小改变磁路的磁阻，从而改变磁路的磁通。其典型应用是测量旋转物体的角速度。变磁通式磁电传感器可以分为开磁路变磁通式和闭磁路变磁通式两种类型。

（1）开磁路变磁通式

开磁路变磁通式的结构示意如图 5-3 所示。

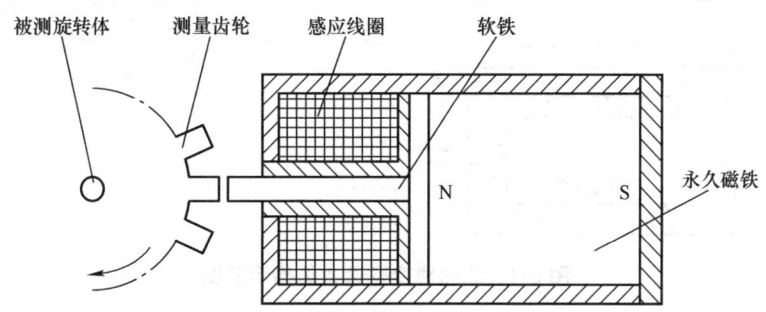

图 5-3　开磁路变磁通式结构示意图

当用于转速测量时，感应线圈和永久磁铁静止不动，测量齿轮安装在被测旋转体上，随其一起转动。每转动一个齿，齿的凹凸引起磁路磁阻变化一次，磁通也就变化一次，线圈中产生感应电动势，其变化频率等于被测转速与测量齿轮上齿数的乘积。

$$f = rn = \frac{N}{t} \tag{5-3}$$

式中　f——输出感应电动势的频率（Hz）；
　　　r——被测旋转体的转速（r/s）；
　　　n——齿轮齿数；
　　　t——采样时间；
　　　N——t 时间内采样的脉冲数。

从式（5-3）可以看出，根据输出感应电动势的频率，可以得到被测旋转体的转速：

$$r = \frac{f}{n} = \frac{ft}{N} \tag{5-4}$$

开磁路变磁通式传感器结构简单，输出信号较弱，由于平衡和安全问题而不宜用于测量高转速的场合。

（2）闭磁路变磁通式

闭磁路变磁通式的结构原理如图 5-4 所示。

闭磁路变磁通式传感器由装在转轴上的定子和转子、感应线圈和永久磁铁等组成。工作时，被测旋转体和传感器的转子连接，带动转子旋转。转子和定子的齿凸相对时，气隙最小，磁通最大；当转子与定子的齿凹相对时，气隙最大，磁通最小。因此，旋转过程中磁通就发生周期性变化，从而在线圈中感应出近似正弦波的电动势信号，正弦波频率的大小，和被测旋转体的转速成正比，见式（5-4）。

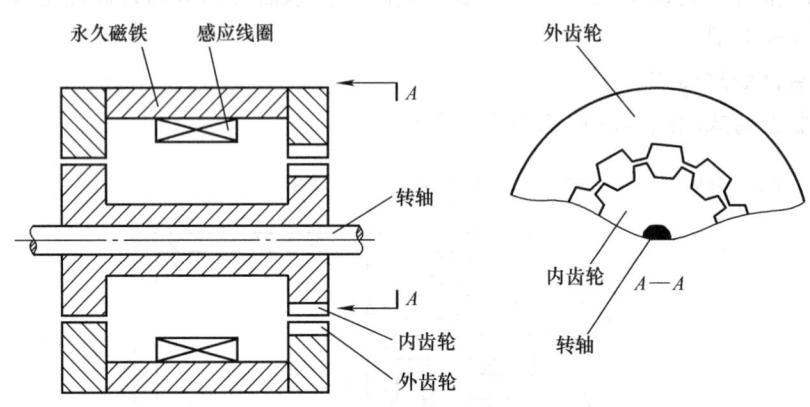

图 5-4　闭磁路变磁通式结构示意图

变磁通式传感器对环境条件要求不高，能在 –150 ~ 90℃的温度下工作，不影响测量精度，也能在油、水雾、灰尘等条件下工作，非常适合在新能源汽车上使用。

3. 恒磁通式磁电传感器

恒磁通式磁电传感器是指在测量过程中使线圈位置相对于恒定磁通变化而实现测量的一类传感器。磁路系统产生恒定的直流磁场，磁路中的工作气隙固定不变，因此气隙中磁通也是恒定不变的。在恒磁通式传感器中，由于它们的运动部件可以是线圈，也可以是磁铁，因此分成动圈式和动铁式两种结构类型。无论是动圈式还是动铁式都由永磁体、线圈、弹簧、金属壳体等部件组成。

（1）动圈式磁电感应传感器

动圈式磁电感应传感器的结构形式如图 5-5 所示，其运动部件是线圈，永久磁铁与传感器壳体固定，线圈与金属骨架用柔软弹簧片支撑。

当壳体随被测振动体一起振动时，由于弹簧较软，运动部件质量相对较大，当振动频率足够高（远大于传感器固有频率）时，运动部件惯性很大，来不及随振动体一起振动，近乎静止不动，振动能量几乎全被弹簧吸收，永久磁铁与线圈之间的相对运动速度接近于振动体振动速度，磁铁与线圈的相对运动切割磁力线，从而产生感应电动势。感应电动势的变化频率和振动频率相关，因此可以实现振动的测量。

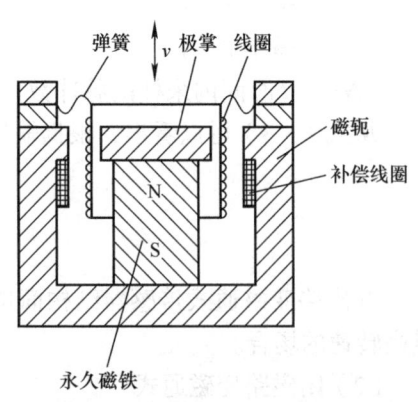

图 5-5　动圈式磁电感应传感器结构

（2）动铁式磁电感应传感器

动铁式磁电感应传感器的结构形式如图 5-6 所示，其运动部件是磁铁，固定部件是线圈、金属骨架和壳体，永久磁铁用弹簧支撑。动铁式和动圈式的工作原理相同。

5.1.2 新能源汽车上的磁电感应式传感器

磁电感应式传感器由于其采用电磁感应原理，可以实现非接触式测量，在新能源汽车上应用十分广泛，主要实现转速、车速、轮速、位置、转矩的检测。

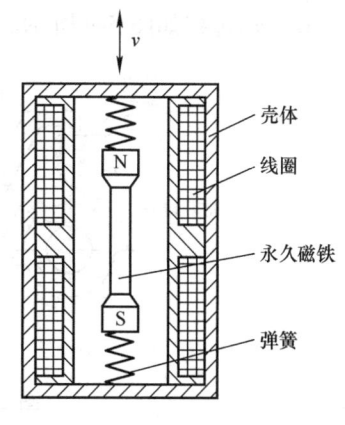

图 5-6 动铁式磁电感应传感器结构

1. 转速传感器

电动汽车常用的速度传感器主要有转速传感器、车速传感器、轮速传感器等。按照检测方式不同，常用的有磁电感应式、光电式、霍尔式。为了增强安全性，提高检测精度，均采用非接触式测量。磁电感应式转速传感器在汽车上应用十分广泛，如图 5-7 所示。

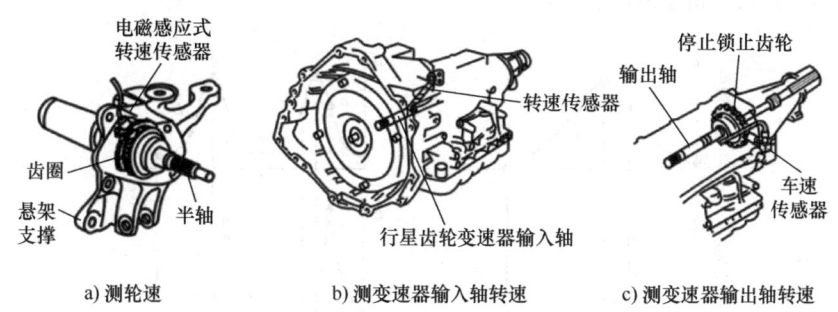

图 5-7 磁电感应式转速传感器在汽车上的应用

磁电感应式转速传感器工作原理如图 5-8 所示。转子和被测旋转体刚性连接，与被测旋转体以相同的转速旋转，核芯为导磁材料，上面绕有线圈。

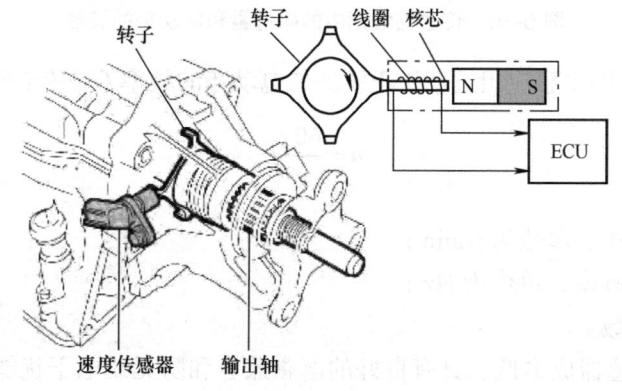

图 5-8 磁电感应式转速传感器工作原理

其工作过程如图 5-9 所示。

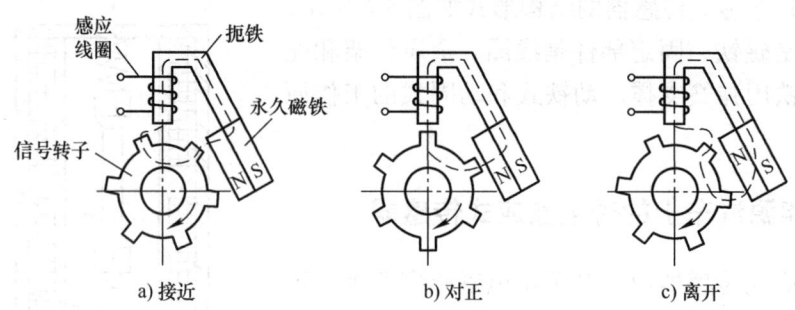

图 5-9　磁电感应式转速传感器工作过程

磁力线穿过的路径为永久磁铁 N 极→定子与转子磁头间的气隙→转子凸齿→转子凸齿与定子磁头间的气隙→磁头→扼铁→永久磁铁 S 极。

当信号转子旋转时，磁路中的气隙就会周期性地发生变化，磁路的磁阻和穿过信号线圈磁头的磁通量随之发生周期性的变化。即信号转子每转过一个凸齿，传感线圈中就会产生一个周期的交变电动势，即电动势出现一次最大值和最小值，传感线圈也就相应地输出一个交变电压信号，如图 5-10 所示。

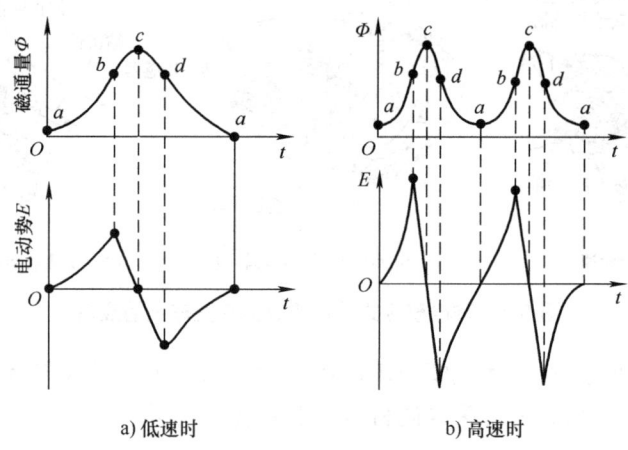

图 5-10　传感器线圈中的磁通量和电动势的波形

转速 n、感应线圈中感应出近似于正弦波的电动势的频率 f 与转子齿数 Z 的关系为

$$n = \frac{60f}{Z} \tag{5-5}$$

式中　n——转子转速，单位为 r/min；

　　　f——正弦波频率，单位为 Hz；

　　　Z——转子齿数。

磁电式转速传感器成本低、具有良好的电磁兼容和防无线电干扰能力，而且为无源元器件，在测点处不需要信号处理的保护电路，而且工作温度范围宽。它一般用于动态转速测量,不适用于慢的转速测量,因为这时的输出电压信号接近于零。同时,其输出信号与转速有关,对于静态无效,而且对空气间隙的波动敏感。

2. 车速传感器

车速传感器测量汽车的行驶速度,并将信号送到车速里程表,以电子式或指针式显示出来,信号主要用于仪表板的车速表显示及电动汽车加减速期间的控制等。目前,绝大多数电动汽车上的速度表都是将轮胎的旋转速度转换成汽车速度进行测量的。其主要有磁电感应式、光电式、可变磁阻式和霍尔效应式几种。

磁电感应式车速传感器由永久磁铁和电磁感应线圈组成,固定安装在自动变速器输出轴附近的壳体上,输出轴上的停止锁止齿轮为感应转子,如图 5-7c 所示。

其工作原理示意图如图 5-11 所示。

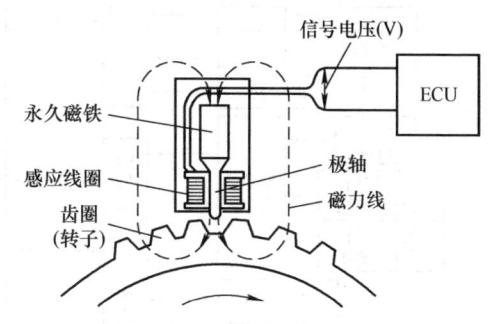

图 5-11 电磁感应式车速传感器工作原理示意图

当输出轴转动时,驻车锁止齿轮的凸齿不断地靠近或离开车速传感器,使线圈内的磁通量发生变化,从而产生感应交流电压。车速越高,感应电压脉冲的频率也越高,电控单元根据感应电压脉冲的频率计算汽车行驶的速度。

3. 轮速传感器

轮速传感器即车轮速度传感器,多用于 ABS、ASR(图 5-12)、ESP 等系统中。其作用是检测车轮旋转速度,并将其转化为电信号输入控制单元(ECU)各个控制单元根据轮速传感器的信号,通过和车速传感器信号的对比,确定车辆是否发生抱死和滑移,从而决定执行器是否做出制动干预。

轮速传感器分为无源轮速传感器和有源轮速传感器。有源轮速传感器即为磁电感应式,由永久磁铁、极柱、绕组、脉冲轮组成。随着脉冲轮的转动,传感器周边的均匀磁场不断受到脉冲轮的齿和齿隙切割,改变了磁通密度,在绕组中感应出一个交变的电压。

无源轮速传感器需要外部提供电源,在传感器头部封装了磁敏硅芯片或霍尔芯片。脉冲轮是一个多极磁环。传感器芯片受磁环上交替的磁场变化影响,磁通密度不断变化,经过集成电路放大后输出给控制单元。

磁电感应式轮速传感器由传感元件和信号转子组成,如图 5-13 所示。

信号转子由铁磁材料制成带齿的圆环,又称为齿圈转子,安装在与车轮一同转动的部件(如轮毂、半轴等)上。传感元件为静止部件,由永久磁铁、感应线圈和线束插头等组成,安装在车轮附近的静止部件上,不随车轮转动。例如,捷达 MK70 制动系统共有 4 个车轮速度传感器,前轮的齿圈为 43 齿,安装在半轴上,轮速传感器安装在转向节上,如图 5-14a 所示。后轮的齿圈也为 43 齿,安装在后轮毂上,轮速传感器则安装在固定支架上,如图 5-14b 所示。

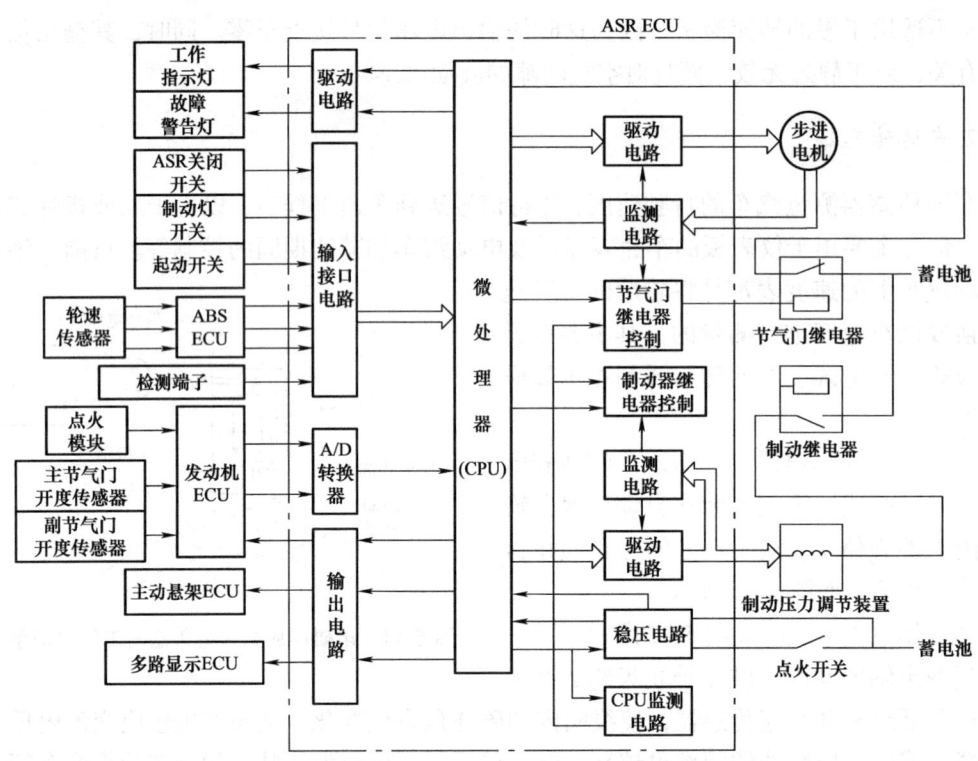

图 5-12　ASR 系统框图

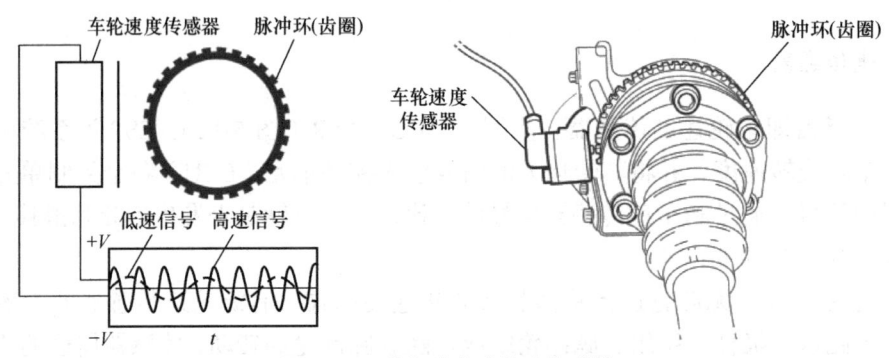

图 5-13　磁电感应式轮速传感器

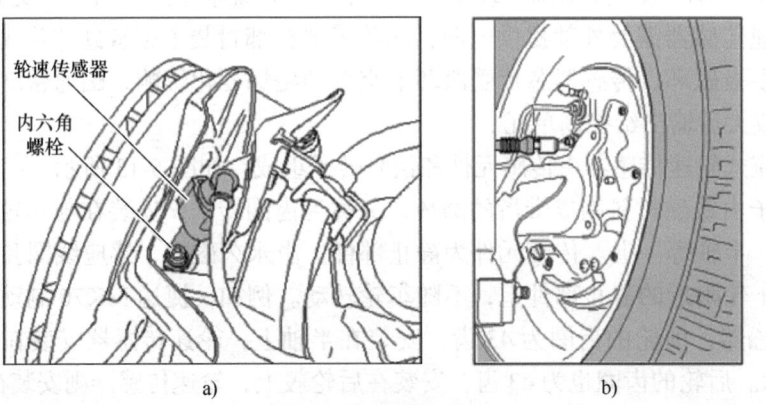

图 5-14　轮速传感器安装位置

信号转子上齿数的多少与车型、ABS ECU 有关，博世公司的 ABS 齿圈有 100 个齿，传感器磁极与齿圈的端面有一空气隙，一般在 1mm 左右，通常可移动传感器的位置来调整间隙，具体间隙的大小应参考维修手册。

齿顶与齿隙轮流交替对向磁心，当齿圈转到齿顶与传感头磁心相对时，传感头磁心与齿圈之间的间隙最小，由永久磁铁产生的磁感应线就容易通过齿圈，感应线圈周围的磁场就强，当齿圈转动到齿隙与传感头磁心相对时，传感头磁心与齿圈之间的间隙最大，由永久磁铁产生的磁感应线就不容易通过齿圈，感应线圈周围的磁场就弱。磁通迅速交替变化，产生交变电压。交流电压的频率与车轮速度成正比例变化。例如，德尔科 ABS-Ⅵ 最低转速时电压为 0.1V，最高时为 9V。电子控制装置可以通过对轮速传感器电压脉冲频率进行处理来确定车轮的转速。

ABS ECU 通过识别传感器发来交流信号的频率来确定车轮的转速，如果 ECU 发现车轮的减速度急剧增加，滑移率达到 20% 时，它立刻给执行器发出指令，减小或停止车轮的制动力，以免车轮抱死。

磁电感应式轮速传感器的缺点主要有以下几个方面。

1）在规定的转速变化范围内，其输出信号的幅值一般在 1~1.5V 范围内。若车速过慢，其输出的信号低于 1V，ECU 就无法检测且频率响应不高，而当转速过高时，传感器的频率响应无法跟上信号变化，容易产生错误信号。

2）磁电感应式轮速传感器频率响应较低。当车轮转速过高时，传感器的高频响应差，在高速时容易产生错误信号。因此，其只适用于 15~160km/h 车速下的轮速测量。

3）磁电感应式轮速传感器的抗电磁波干扰能力较差，尤其在输出信号幅值较小时。

霍尔效应式轮速传感器能够克服磁电式轮速传感器的不足，因而在汽车轮速检测中应用越来越广泛。

4. 曲轴位置传感器

在装有发动机的新能源汽车上，磁电感应式位置传感器主要应用于曲轴位置检测，由转子与感应头（磁头）组成。其结构如图 5-15 所示。

当转子旋转时，轮齿与感应线圈的凸缘部（磁头）的空气间隙变化，导致感应线圈的磁场变化而产生感应电动势。因为轮齿靠近及远离磁头时，将产生一次增减磁通的变化，所以，每一个轮齿通过磁头时，都将在感应线圈中产生一个完整的交流电压信号。

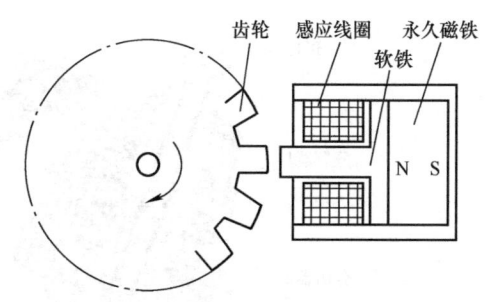

图 5-15　曲轴位置传感器

若曲轴的信号转子上有 90 个齿，转子旋转一圈，感应线圈将产生 90 个交流信号，即一个信号周期相当于 4° 曲轴转角（360°÷90 = 4°）。ECU 将 4° 转角均分为 4 等份，每一等份即产生曲轴转角 1° 信号，两个感应头相差 3° 安装，如图 5-16 所示。

由于磁头①和磁头③相隔 3° 曲轴转角安装，而它们又是每隔 4° 产生一个脉冲信号。所以磁头①和磁头③所产生的脉冲信号差正好为 1°。将这两个脉冲信号送入信号放大与整形电路中合成后，即产生曲轴 1° 转角的信号，如图 5-17 所示。

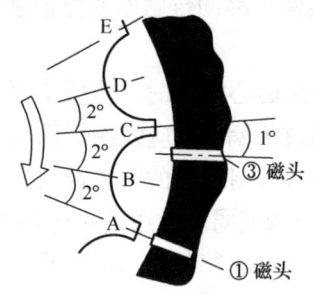

图 5-16　曲轴位置角度示意图

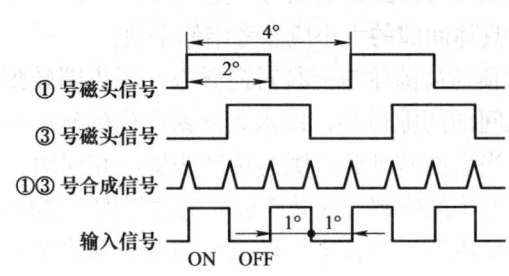

图 5-17　曲轴位置 1° 信号合成

5. 转矩传感器

在电控助力转向系统中，驾驶员操纵转向盘的转向，力矩通过转向齿轮和转向拉杆传到汽车的转向轮上，与此同时，电子控制单元根据目前驾驶员操纵转向盘而产生的转向力矩及当时行驶的车速，计算出所需要的转向助力。所需的转向助力是通过调整电机的电压和电流来实现的，所以转向轮上最终得到的转向力矩，是驾驶员操纵转向盘所产生的转向力矩和转向电动助力之和（后者远大于前者）。

磁电式转矩传感器包括两部分，分别安装在转向盘的输入轴和转向小齿轮的输出轴上。转子部分由上下两层构成，且均装有转矩传感器。输入轴和输出轴由一根细金属销连接成一体，转子部分上方有销孔。输入轴和输出轴两者上部是刚性连接，由汽车转向盘的转轴即输入轴驱动，其下层转子带动小齿轮推动齿条的平移，驱动转向轮左右转向，如图 5-18 所示。

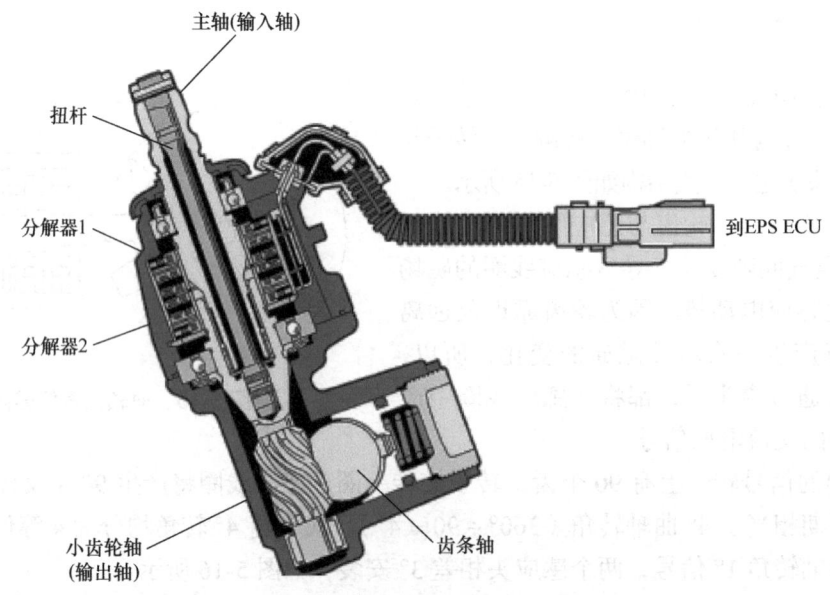

图 5-18　磁电感应式转矩传感器结构图

磁电感应式转矩传感器的原理示意图如图 5-19 所示。

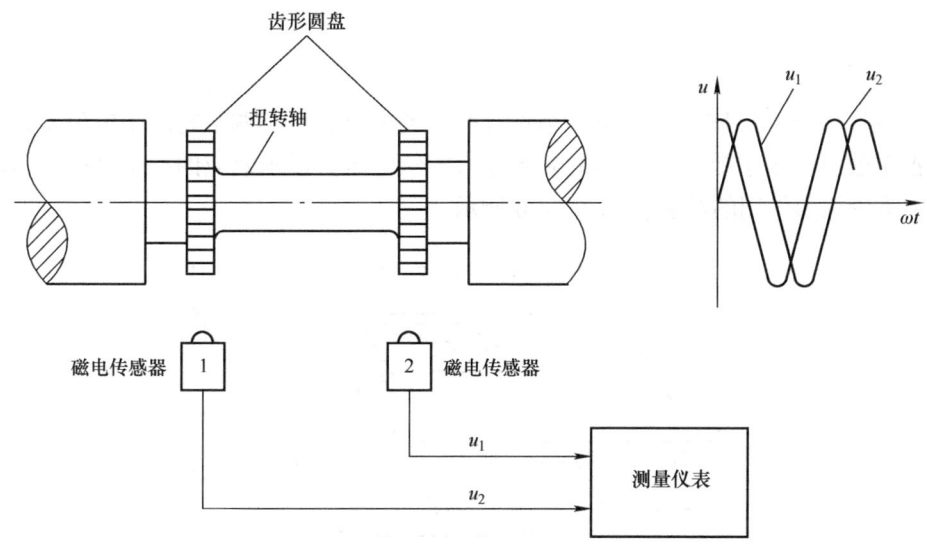

图 5-19　磁电感应式转矩传感器原理示意图

转矩传感器的上层部分由转向盘直接驱动，由于下端没有负载，所以它的转动量与转向盘转轴完全同步。但转矩传感器的下层部分带有转向小齿轮（有一定阻力），中间通过细扭杆驱动，导致下层转子的转动量相对较小，这就造成上、下层转子在机械上会产生相对角位移差。当汽车转向时，在不同的道路条件遇到不同的转向阻力时，输入轴与输出轴这两个转轴会产生与转向转矩大小相应的角度差。

定子部分亦有上下两层，分别对应转子的上下部。定子线圈部分有两种线圈，分别是励磁线圈（A 信号）和检测线圈（B 信号），其上共有 7 根不同颜色的细导线与外界联系。励磁线圈对转子部分的线圈通过电磁感应引起励磁作用。检测线圈则将输入、输出轴的上下角差（转向转矩）检测出来，向电子控制单元输送电信号，这个电信号以定子线圈上的两列正弦波的相位差，反映此时转矩传感器检测到的转矩大小。

当转矩作用在扭转轴上时，两个磁电传感器输出的感应电压 u_1 和 u_2 存在相位差。这个相位差与扭转轴的扭转角成正比，传感器就可以把转矩引起的扭转角转换成相位差的电信号。

5.2　霍尔式传感器

霍尔式传感器基于霍尔效应原理实现物理量的检测。霍尔效应于 1879 年由美国物理学家霍尔（Ed win H.Hall）在研究金属导电机制时发现。近年来，随着半导体技术的发展及高强度的恒定磁体和工作于小电压输出的信号调节电路的出现，霍尔式传感器开始广泛用于电磁、压力、加速度和振动等方面的测量，在新能源汽车上有多种霍尔式传感器用于电压、电流、转速等物理量的检测，应用十分广泛。

5.2.1 工作原理及特性

1. 霍尔效应

当载流导体或半导体处于与电流相垂直的磁场中时，在其两端将产生电位差，这一现象称为霍尔效应。霍尔效应产生的电动势称为霍尔电压。霍尔效应的产生是由于运动电荷受磁场中洛伦兹力作用的结果，如图 5-20 所示。

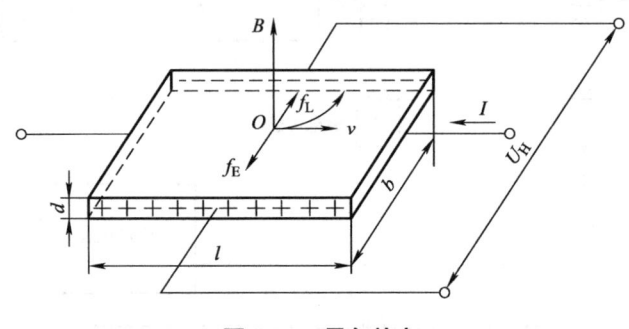

图 5-20 霍尔效应

霍尔效应产生的霍尔电压由式（5-6）计算。

$$U_H = Bvb \tag{5-6}$$

式中 U_H——霍尔电压（V）；
 B——磁感应强度（T）；
 v——电子平均运动速度（m/s）；
 b——导电板的宽度（m）。

可见，霍尔电压正比于磁感应强度 B、电子平均运动速度 v、器件的宽度 b。当被测物理量引起上述参数改变时，霍尔电压 U_H 即可改变，通过对 U_H 的检测，即可得到被测参数的变化结果。

2. 霍尔元件

霍尔元件的基本结构如图 5-21 所示。霍尔元件的结构比较简单，由霍尔片、四根引线和壳体组成。

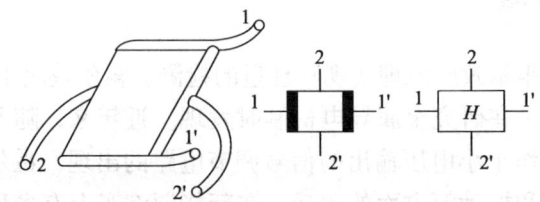

图 5-21 霍尔元件基本结构
1、1'—激励电极 2、2'—霍尔电极

霍尔元件是一块矩形半导体单晶薄片（一般为 4mm×2mm×0.1mm），在长度方向焊有两根控制电流端引线 1 和 1′，它们在薄片上的焊点称为激励电极；在薄片另两侧端面的中央以点的形式对称地焊有 c 和 d 两根输出引线 2 和 2′，它们在薄片上的焊点称为霍尔电极。壳体用非导磁金属、陶瓷或环氧树脂封装而成。

5.2.2　新能源汽车上的霍尔式传感器

由于霍尔元件具有结构简单、工艺成熟、寿命长、体积小、线性度好、频带宽等特点，因此被广泛应用在各种新能源汽车传感检测中，例如，电压、电流、转速、轮速、加速度、位置、转矩等物理量的测量。

1. 霍尔电流传感器

在新能源汽车上，有许多大功率器件。对该类设备进行电流、电压的实时监测和保护是保证车辆正常行驶的前提。目前，常用的电压及电流传感器主要有霍尔元件式和分流电阻式两种。

霍尔元件经过"电－磁－电"的绝缘隔离转换来间接测量载流导体电流的大小。其基本原理如图 5-22 所示，通电螺线管内部存在磁场，大小与导线中的电流成正比，利用霍尔传感器测量磁场，从而确定导线中电流的大小。

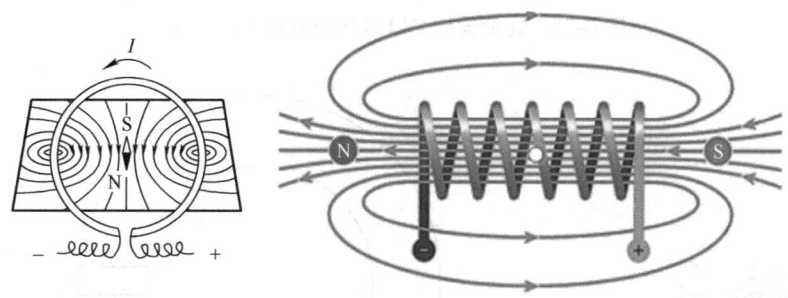

图 5-22　通电螺线管内部存在磁场

霍尔电流传感器的优点是不与被测电路发生电接触，不影响被测电路，不消耗被测电源的功率。

比亚迪唐 DM 高压配电箱内部结构如图 5-23 所示。

霍尔电流传感器按照其检测方式可以分为直接式和间接磁补偿式两种，外观如图 5-24 所示。

（1）直接式霍尔电流传感器

直接式霍尔电流传感器检测原理如图 5-25 所示。

在导磁圆环铁心上有一个准圆环缺口，霍尔传感器插入缺口中，圆环上绕有线圈（电流为 I_1，匝数为 N_1）。当被检测电流通过线圈时，将在铁心上产生磁场（磁感应强度为 Φ_1），磁场通过准圆环缺口作用在霍尔片 H 上，当将工作电压施加到霍尔片时，传感器就有霍尔电压 U_o 信号输出。

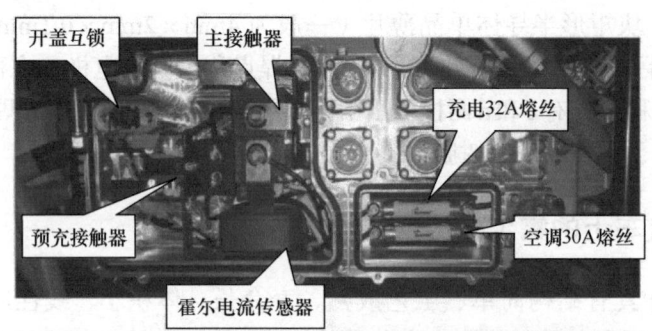

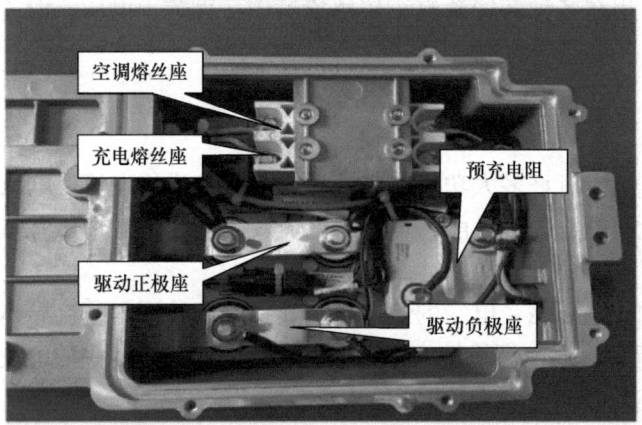

图 5-23 比亚迪唐 DM 高压配电箱内部结构

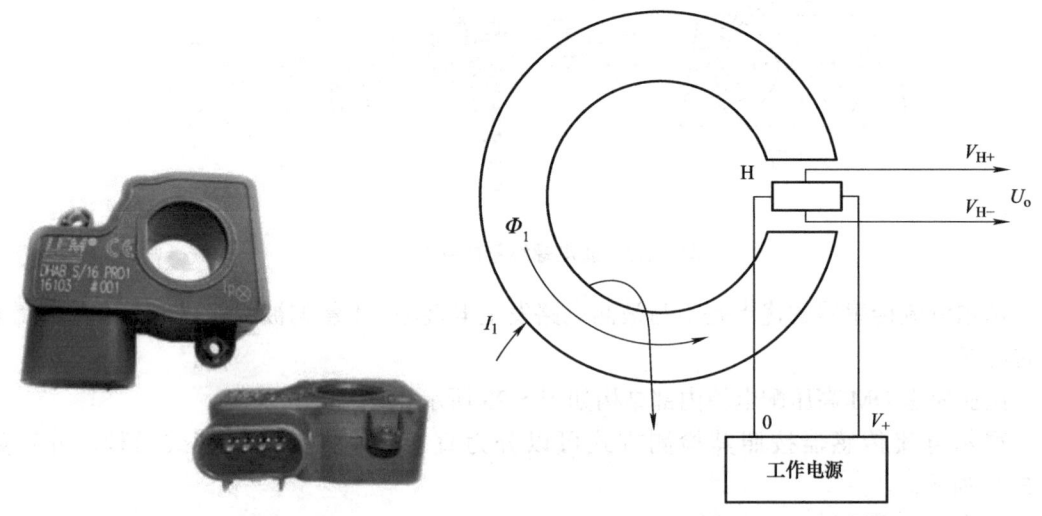

图 5-24 霍尔电流传感器　　图 5-25 直接式霍尔电流传感器检测原理

由于被检测电流大小与在铁心上产生的磁场强度成正比,磁场强度与霍尔器件的电压成正比,因此霍尔传感器输出的电压信号 U_o 可以间接反映出被测电流的大小。

（2）磁补偿式霍尔电流传感器

磁补偿式霍尔电流传感器检测原理如图 5-26 所示。

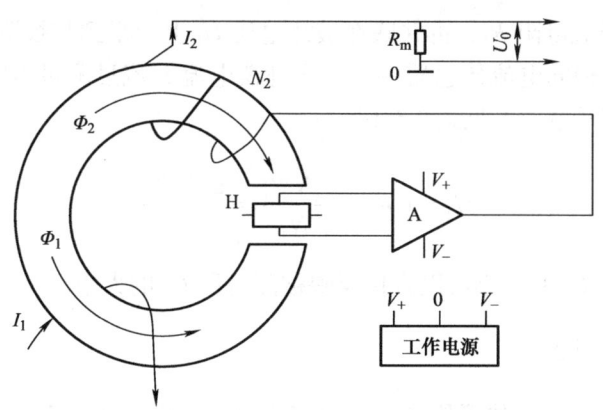

图 5-26　磁补偿式霍尔电流传感器检测原理

与直接式相比，磁补偿式霍尔电流传感器多了一个磁补偿线圈，利用电压平衡的原理实现检测。当一次主电路的被测电流为 I_1 时，将产生磁通 $\varPhi_1$，二次补偿线路通过电流 I_2 来产生磁通 $\varPhi_2$ 进行补偿，以保持磁平衡状态，霍尔元件起到检测零磁通的作用，这就是磁补偿式霍尔电流传感器的工作原理。

从图 5-26 可以看出，此时，$\varPhi_1 = \varPhi_2$，即

$$I_1 N_1 = I_2 N_2 \tag{5-7}$$

$$I_2 = \frac{I_1 N_1}{N_2} \tag{5-8}$$

当补偿电流 I_2 流过测量电阻时，在两端转换成电压，作为传感器测量电压 U_o，即

$$U_o = I_2 R_m = \frac{I_1 N_1 R_m}{N_2} \tag{5-9}$$

可以看出，输出电压的大小反映检测电流 I_1 的大小。

霍尔磁补偿原理优于直接检测模式，具有响应速度快和测量精度高等优点，特别适用于弱小电流的检测，目前已制成了额定电流输入从 0.01A 到 500A 等一系列规格的电流传感器。然而，由于磁补偿式霍尔电流传感器必须在磁环上缠绕成千上万匝的补偿线圈，因而成本会增加，工作电流消耗也会相应增加。

2. 霍尔电压传感器

霍尔电压传感器在霍尔电流传感器的基础上进行检测，其原理如图 5-27 所示。

在测量电压时，电压传感器的一次侧多匝

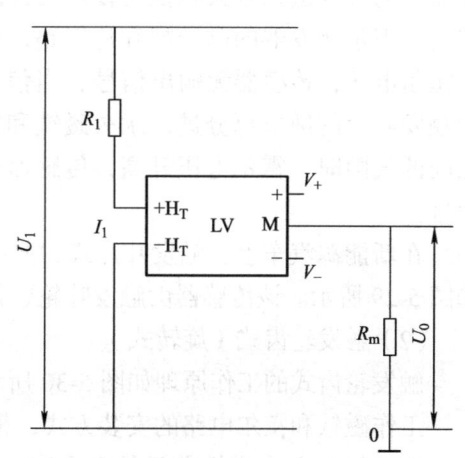

图 5-27　霍尔电压传感器检测原理

绕组通过串联一个限流电阻 R_1，再并联在被测电压 U_1 上，得到与被测电压 U_1 成比例的电流 I_1，二次侧工作原理同电流传感器一样，当补偿电流 I_2 流过测量电阻时，在两端转换成电压作为传感器的测量电压，见式（5-10）。

$$U_o = I_2 R_m = \frac{I_1 N_1 R_m}{N_2} = \frac{U_1 N_1 R_m}{R_1 N_2} \qquad (5-10)$$

可见，输出电压 U_o 的大小可以直接反映被测电压 U_1 的大小。

3. 霍尔式转速传感器

霍尔式转速传感器由工作磁铁和霍尔电路组成。工作磁铁和霍尔电路间的运动方式有对移、侧移、旋转和遮断四种。在转速传感器的应用领域，通常采用开关型霍尔传感器。开关型霍尔传感器从结构上可以分为两大类：触发叶片式（遮断式）和触发轮齿式（旋转式）。

采用遮断运动方式的霍尔式转速传感器由触发叶片和霍尔传感器组成。当叶片位于霍尔电路片和永久磁铁之间时，切断磁通，此时无霍尔电压产生；当叶片离开霍尔电路片和永久磁铁之间的空气隙时，磁通建立，霍尔电压产生。

采用旋转运动方式的霍尔式转速传感器由触发轮齿和霍尔传感器组成。当轮齿的齿顶与永久磁铁相对时磁场较强，产生大的霍尔电压；当轮齿的齿隙与永久磁铁相对时磁场较弱，产生小的霍尔电压。

无论是遮断式还是旋转式，产生的霍尔电压的变化频率与转速均成正比关系。

（1）触发叶片式（遮断式）

触发叶片式的基本结构如图 5-28 所示。工作磁铁和霍尔电路间的运动方式为遮断式。

触发叶片式，是通过改变磁场感应强度的有无，从而使霍尔电压发生波动变化的。当信号发生器上的叶片进入永久磁铁与霍尔元件之间的气隙时，霍尔触发器的磁场被叶片旁路，此时不产生霍尔电压，传感器无输出信号；当信号发生器的触发叶片的缺口部分进入永久磁铁和霍尔元件之间的气隙时，霍尔电压升高，传感器输出电压信号。

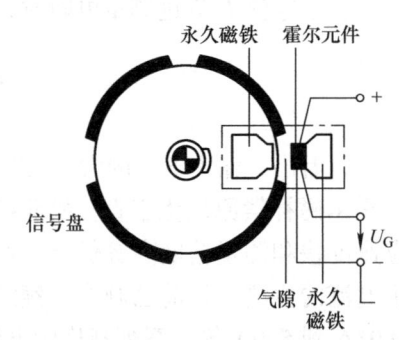

图 5-28 霍尔式转速传感器（触发叶片式）

在新能源汽车上，触发叶片式的典型应用是车速传感器，其外形及其内部结构示意图如图 5-29 所示。该传感器由触发叶轮、带导板的永久磁铁、霍尔集成块等组成。

（2）触发轮齿式（旋转式）

触发轮齿式的工作原理如图 5-30 所示。工作磁铁和霍尔电路间的运动方式为旋转式。

工作磁铁和霍尔电路的安装方式，根据车辆的实际情况有所不同，如图 5-31 所示。其中，磁性转盘上小磁铁数目的多少决定了传感器测量转速的分辨率。数量越多，分辨率越高。

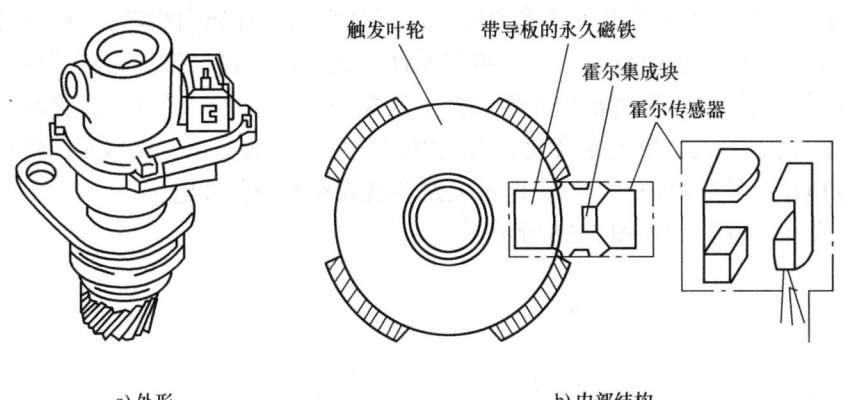

a) 外形　　　　　　　　　　　　b) 内部结构

图 5-29　车速传感器

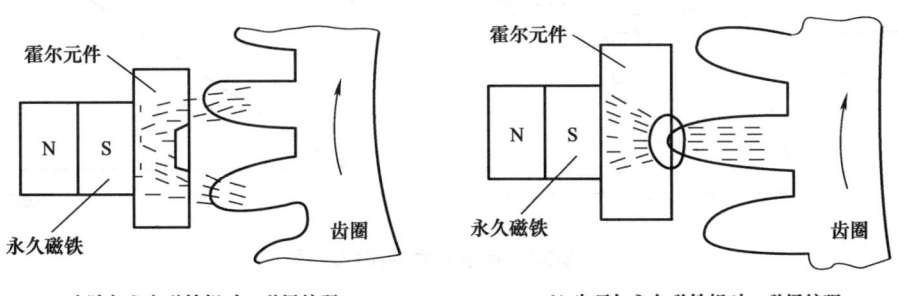

a) 齿隙与永久磁铁相对，磁场较弱　　　　b) 齿顶与永久磁铁相对，磁场较强

图 5-30　霍尔式转速传感器（触发轮齿式）

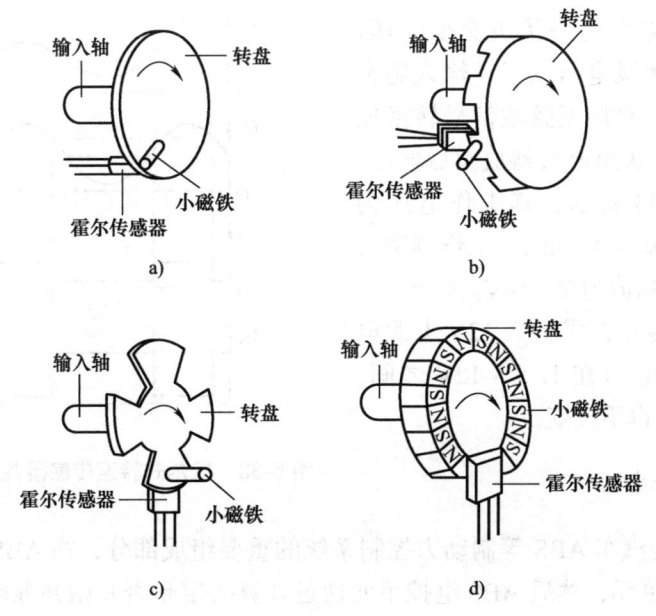

图 5-31　几种旋转式霍尔式转速传感器的结构

触发轮齿式是通过改变磁场感应强度的强弱,从而使霍尔电压强弱波动。触发轮齿式转速传感器的工作原理是当永久磁铁的磁力线穿过霍尔元件通向齿轮,齿轮提供了磁路,当齿轮位于图 5-30a 所示位置时,穿过霍尔元件的磁力线分散,磁场相对较弱。当齿轮位于图 5-30b 所示位置时,穿过霍尔元件的磁力线集中,磁场相对较强。齿轮转动时,使得穿过霍尔元件的磁力线密度发生变化,因此引起霍尔电压的变化,霍尔元件将输出一个毫伏级的交变电压。该交流信号需经由电子电路转换成标准的脉冲电压。

霍尔元件的工作原理如图 5-32 所示。

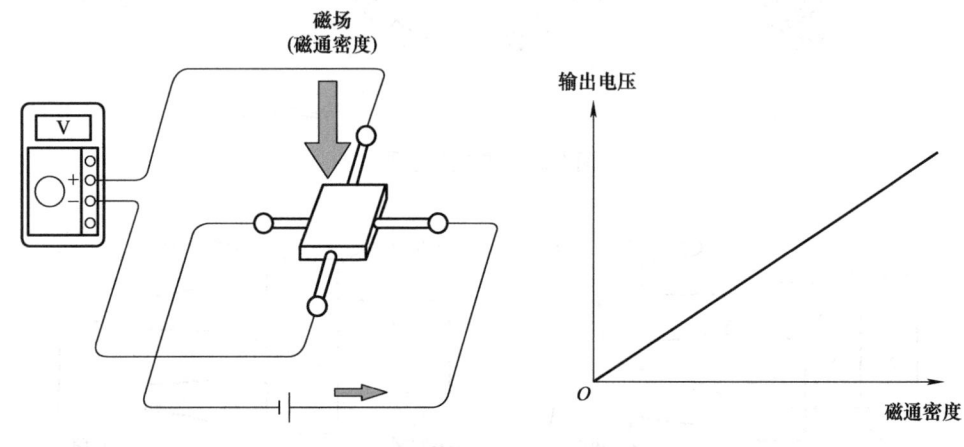

图 5-32 霍尔元件的工作原理

根据式(5-6),若改变磁感应强度 B 的有无或强弱,则霍尔电压相应有无或强弱变化,利用轴上的转盘或齿轮就可改变磁感应强度的变化频率,根据频率的变化即可检测到转速的快慢。

由霍尔元件输出的毫伏级交变电压,经放大器放大成伏级电压信号,输入施密特触发器,由触发器将正弦波信号转换成标准的脉冲信号再送至放大器放大后输出。各级波形如图 5-33 所示。其工作电压为 8~15V,负载电流为 100mA,工作频率为 20kHz,输出电压幅值为 7~14V。

霍尔式转速传感器需输入 12V 电源电压,其输出信号电压在 11.5~12V 之间,即使转速下降至 0 也不改变。

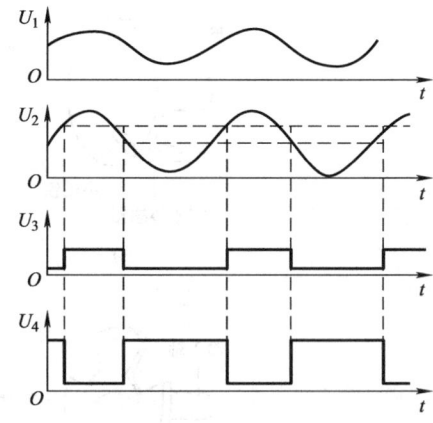

图 5-33 霍尔式转速传感器各级电子器件输出波形

4. 霍尔轮速传感器

轮速传感器是汽车 ABS 等制动力控制系统的重要组成部分,在 ABS 中,它将轮速信号传给 ABS 电控单元,然后 ABS 电控单元通过计算决定是否开始并准确地进行防抱死制动,因此轮速传感器性能的好坏直接关系到驾驶员的生命及财产安全。

第 5 章
新能源汽车上的磁电式传感器

（1）概述

霍尔轮速传感器包括三个错开布置的霍尔元件，传统的传感器环（脉冲感知环）被车轮轴承上的电磁密封圈所取代，这个密封圈上布置有 48 对南/北磁极（多极），如图 5-34 所示。

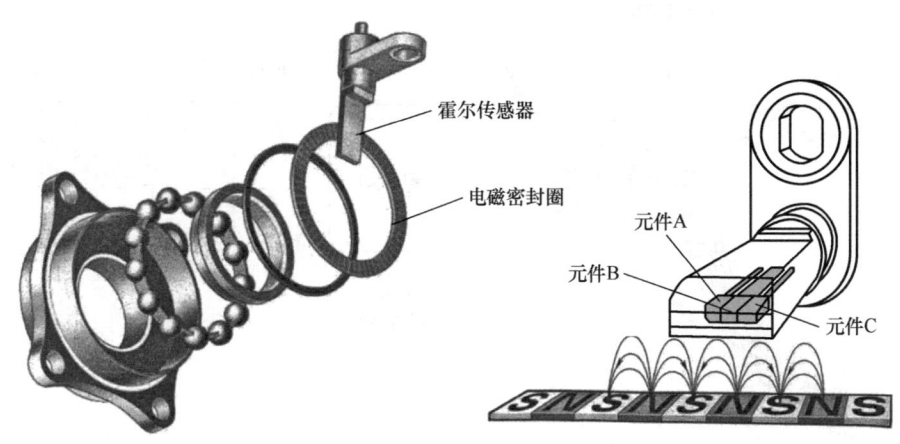

a）轮速传感器安装结构图　　　　　　b）三个霍尔元件错开布置

图 5-34　霍尔轮速传感器

传感器感知磁通量的变化，当元件 C 测出的磁通量最小时元件 A 测出的磁通量最大。传感器内会产生一个差动信号（A-C）。霍尔元件 B 布置在 A 和 C 之间，当信号 A 和 C 的差动信号为零时，元件 B 测出的磁通量最大。信号 B 何时达到最大值（正或负）就作为判定旋转方向的依据。例如，如果差动信号（A-C）的过零点是由信号的下降沿得到的，且信号 B 的最大值为负，那么就认为车轮在逆时针转动。

转速传感器输出的是一个脉冲宽度调制（PWM）信号，在规定时间内的脉冲数提供了速度信息。由脉宽信号提供旋转方向、空气间隙的大小、安装位置、停车识别等信息。转速传感器通过一个电流接口与控制单元相连，控制单元内装有一个低欧姆的测量电阻 R。转速传感器有两个电插头，它与测量电阻一起构成一个分压器。插头 1 和 2 之间的电压就是蓄电池电压 U。传感器信号在测量电阻上会产生一个电压降 U，这个信号电压由控制单元来进行分析。

霍尔轮速传感器可用检测其输出电压信号的方法来判断工作好坏。关闭点火开关并将车支起，使每个轮胎离地 10cm 左右，然后拔下轮速传感器的导线插接器，并用导线将线束插头与轮速传感器插头的电源端子相连，将万用表（打开交流电压档）的两表笔分别搭在轮速传感器的信号输出端子间，测量传感器的输出电压。接通点火开关，用手转动车轮，万用表应显示在 7~12V 范围内波动的交流电压，若电压不在此范围内，应检查传感器与齿圈之间的间隙，标准值应在 0.2~0.5mm 范围内，否则应进行调整。

（2）新型霍尔轮速传感器

近年来，为降低汽车生产成本，越来越多的汽车 ABS 采用一种新型霍尔轮速传感器。新型霍尔轮速传感器只有 2 根引线，分别是电源线和信号线，如图 5-35 所示。电源线是由

ABS ECU 提供的 8V 或 12V 工作电源线路，因为霍尔传感器的独特性能，使传感器的搭铁和信号线可以共用一条线，即信号线。转子旋转时，传感器产生 0.75～2.5V 的方波脉冲信号，反馈到 ABS 控制单元。

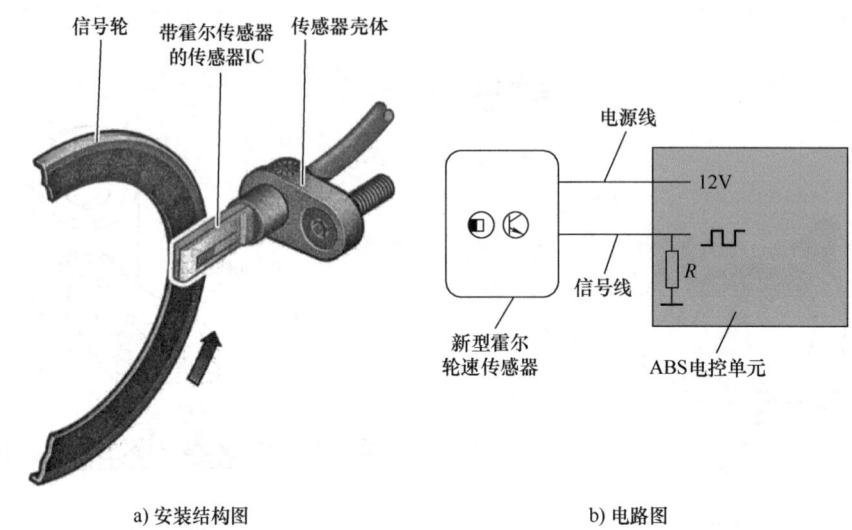

a) 安装结构图　　　　　　　　　　b) 电路图

图 5-35　新型霍尔轮速传感器

新型霍尔轮速传感器与普通霍尔轮速传感器的输出信号均为方波脉冲信号，占空比范围一般为 50%，但输出信号的高、低电压存在差异。其输出信号的高、低电压不受轮速影响，主要由 ABS 电控单元内部的电阻 R 决定，如图 5-36 所示。电阻 R 确定后，高、低电压便确定。即使轮速很低，ABS 电控单元仍能检测到输出信号电压，克服了磁电式轮速传感器输出信号电压随转速变化而变化的缺点。

霍尔轮速传感器具有输出信号不受转速影响、频率响应快、抗电磁干扰能力强等优点，被广泛应用于 ABS 轮速检测及其他控制系统的转速检测中。

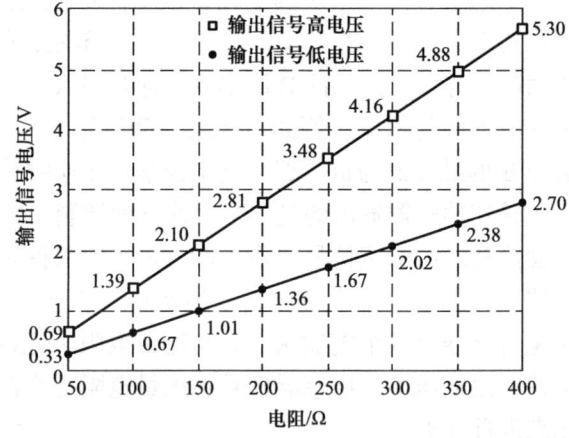

图 5-36　新型霍尔轮速传感器输出电压与电阻关系

5. 霍尔式加速度传感器

霍尔式加速度传感器主要用于汽车电子稳定程序系统（ESP）检测汽车的横向加速度，以进行汽车转向稳定性控制。

横向加速度传感器由永久磁铁、弹簧、减振板和霍尔元件等组成，如图 5-37 所示。永久磁铁、弹簧、减振板构成电磁系统，永久磁铁和弹簧相连，且能在减振板上来回摆动。

传感器采用弹性结构固定的弹簧 – 质量系统，弹簧竖放，一端被夹紧，另一端固定着永久磁铁。永久磁铁为惯性质量元件，上面带有信号处理集成电路，在电路下方是阻尼板，如图 5-38 所示。

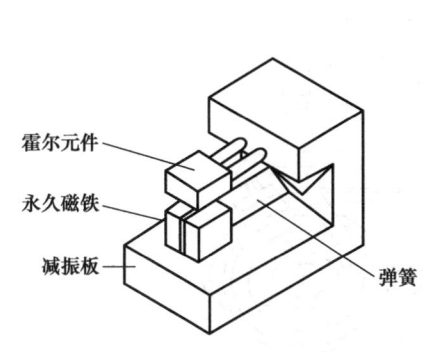

图 5-37　横向加速度传感器

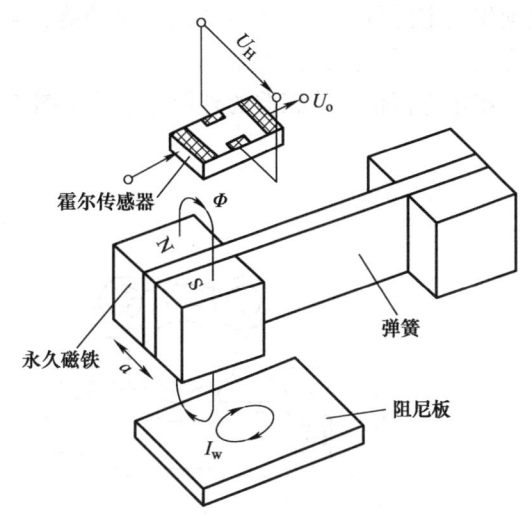

图 5-38　霍尔式加速度传感器简图

I_w—涡流　U_H—霍尔电压　U_o—供电电压
Φ—磁场磁通量　a—检测的横向加速度

当传感器受到横向加速度 a 时，传感器中的阻尼板会产生相同的加速度，弹簧 – 质量系统由于永久磁铁的惯性而与阻尼板相对位置发生偏离，偏移的程度与加速度大小有关。运动的磁铁在霍尔元件中产生霍尔电压 U_H，经信号处理电路后输出随加速度增加而线性增加的输出电压 U_o。

由于运动惯性，永久磁铁的运动会滞后一些，即最初永久磁铁保持静止，而减振板跟着传感器机体和整个车辆一起运动，即减振板与永久磁铁相对位置发生改变，如图 5-39c 所示。这种移动在减振板上产生电涡流，电涡流会建立一个与永久磁铁相反的磁场，总磁场的磁场强度减小，霍尔电压 U_H 变化的大小与横向加速度 a 的大小成比例，如图 5-39b 所示。减振板和磁铁间摆动越大，磁场的强度就越弱，霍尔电压变化就越明显。没有横向加速度时霍尔电压是一个常数，如图 5-39a 所示。

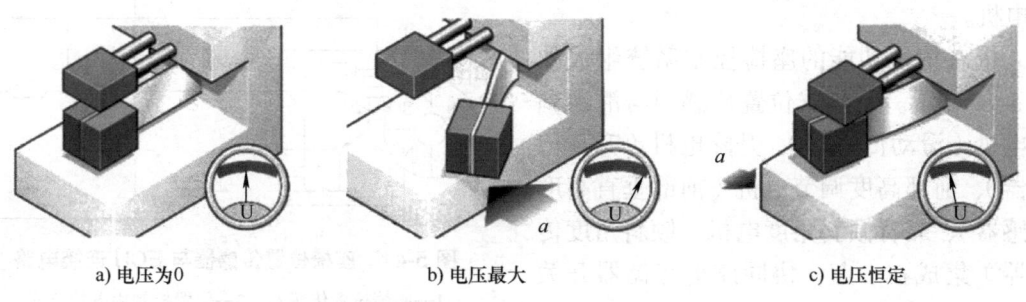

a) 电压为0　　　　　　　　b) 电压最大　　　　　　　　c) 电压恒定

图 5-39　横向加速度传感器的工作原理

6. 座椅位置传感器

座椅位置传感器用于电控单元控制的电动座椅上，电控单元预先记忆座椅的位置状态（前后直立位置、斜躺角度、滑动位置等）。使用时只需按指定按键开关，即能自动地调节到预先选定的位置。为了能够使用该功能，必须有能够感测座椅位置的传感器来确定座椅的位置，即座椅位置传感器。

霍尔座椅位置传感器的外形与结构如图 5-40 所示。

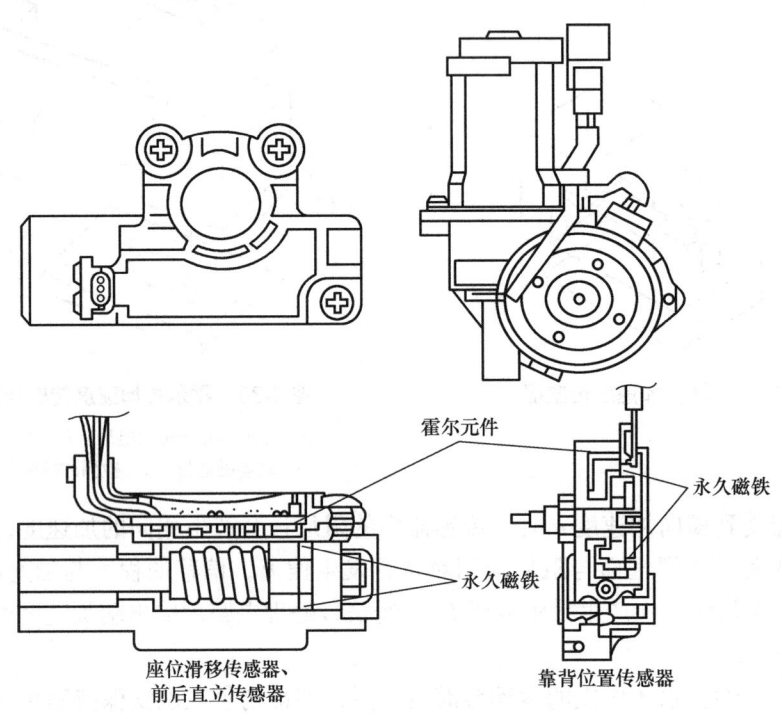

图 5-40　座椅位置传感器外形与结构

传感器通过霍尔元件将旋转永久磁铁的变化位置引起的磁通密度变化检测出来，并转换成电压，通过脉冲信号的形式送入电控单元。座椅位置传感器与 ECU 的连接电路如图 5-41 所示，电控单元接收该信号来控制各电机。

带有记忆功能的座椅控制系统组成如图 5-42 所示。霍尔式位置传感器与滑动调节电机（滑动传感器）、升降电机（升降传感器）、前部高度调节电机（前部垂直高度传感器）、靠背倾斜角度电机（倾斜角度传感器）集成在一起，协同座椅存储器开关工作。

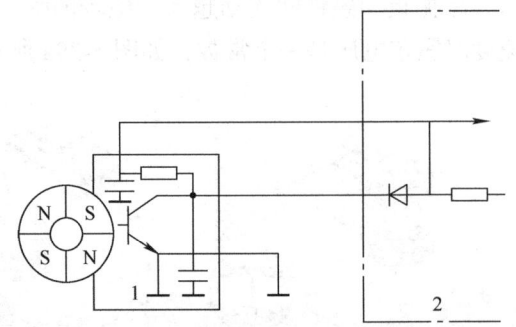

图 5-41　座椅位置传感器与 ECU 连接电路
1—座椅位置传感器　2—位置控制用电控单元

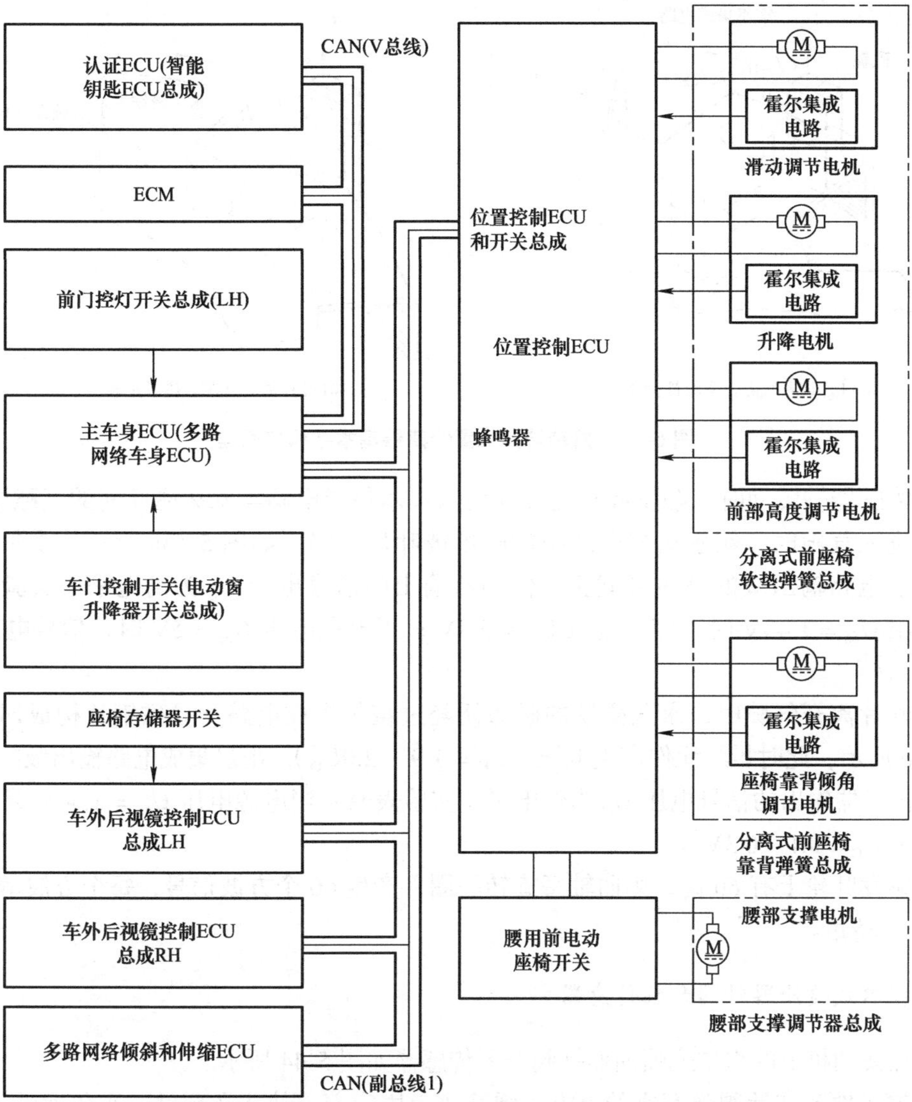

图 5-42 可记忆座椅控制系统组成

7. 霍尔式曲轴转角位置传感器

在混合动力汽车上，由于配备了发动机系统，因此需要对曲轴位置进行实时监测。曲轴位置传感器和凸轮轴位置传感器是发动机集中控制系统中最重要的传感器之一，是发动机点火系统和燃油喷射系统共用的传感器。曲轴位置传感器用以检测发动机曲轴转角和活塞上止点，并将检测信号送至发动机 ECU。

霍尔式曲轴转角位置传感器主要由触发叶轮、霍尔集成电路、导磁钢片（磁轭）与永久磁铁组成。触发叶轮安装在转子轴上，叶轮上制有叶片（在霍尔式点火系统中，叶片数与发动机气缸数相等）。当触发叶轮随转子轴一起转动时，叶片便在霍尔集成电路与永久磁铁之间转动，如图 5-43 所示。霍尔集成电路由霍尔元件、放大电路、稳压电路、温度补偿电阻、信号转换电路和输出电路组成。

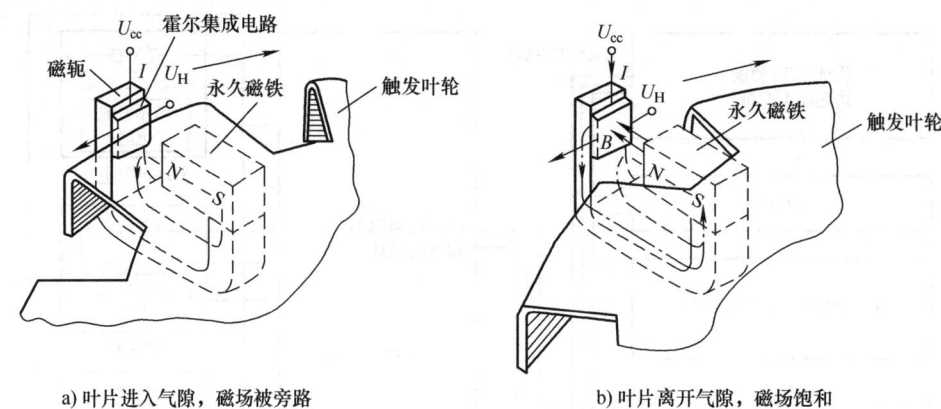

a) 叶片进入气隙，磁场被旁路　　　　　b) 叶片离开气隙，磁场饱和

图 5-43　曲轴转角位置传感器基本结构与原理

当传感器轴转动时，触发叶轮的叶片便从霍尔集成电路与永久磁铁间的气隙中转过。当叶片进入气隙时，霍尔集成电路中的磁场被叶片旁路，如图 5-43a 所示，霍尔电压为零，集成电路输出级的晶体管截止，传感器输出的信号电压 U_O 为高电平（实验表明当电源电压 $U_{cc} = 1.44V$ 时，信号电压 $U_O = 9.8V$；当电源电压 $U_{cc} = 5V$ 时，信号电压 $U_O = 4.8V$）。

当叶片离开气隙时，永久磁铁的磁通便经过霍尔集成电路和导磁钢片构成回路，如图 5-43b 所示，此时霍尔元件产生电压（$U_H = 1.9 \sim 2.0 U_O$），霍尔集成电路输出级的晶体管导通，传感器输出的信号电压 U_O 为低电平（实验表明：当电源电压 $U_{cc} = 1.44V$ 或 5V 时，信号电压 $U_O = 0.1 \sim 0.3V$）。

若触发叶轮上有 60 齿，则曲轴每旋转一圈，产生 60 个方波信号，每个方波信号相当于曲轴 6° 转角。

8. 霍尔式喷油器针阀升程传感器

电控柴油机上的霍尔式喷油器针阀升程传感器如图 5-44 所示。

霍尔元件装在针阀弹簧座的上方，弹簧座上固定着一块永久磁铁。霍尔元件通电后，当弹簧座随针阀运动时，因永久磁铁的运动，使通过霍尔元件的磁感应强度发生变化，造成近似地与针阀升程成正比的输出信号电压的变化，故可由信号电压的变化来测出喷油始点。为了尽可能地减少处理毫伏级模拟信号问题，将霍尔元件与输出信号放大电路设计成一体，固化在一个集成电路芯片中。输出信号放大电路包括线性微分放大器、自调零电路、电压调节器和触发输出电路、信号处理电路。输出信号不需要再放大，直接可由单片机进行 A/D 转换获得。这些电路同时具有抑制和消除机械误差、磁误差及温度影响的功能，每经一次测量，就会自行重新校正一次。

针阀升程传感器由固定在顶杆内的磁铁和进行检测的霍尔元件构成，非常紧凑地布置在喷油器内。图 5-45 所示为根据检测到的针阀升程求出循环喷油量的过程。图 5-45a 是从检测得到的反映针阀升程的、与霍尔元件磁场变化成正比的输出电压（霍尔电压）信号；然后将这一电压信号按预先确定的输出电压与喷油速率的关系曲线换算成图 5-45b 所示的喷油速率曲线；图 5-45c 是将喷油速率从喷油开始到结束进行积分，求得图示下部的循环喷油量。在整个过程中，由布置在喷油器内的温度传感器测出燃油温度，对计算结果进行温度修正。为了对上述演算结果进行实时处理，要求电控单元有较高的处理速度。这种传感器具有能测出每缸每次喷油瞬时状态的优点。

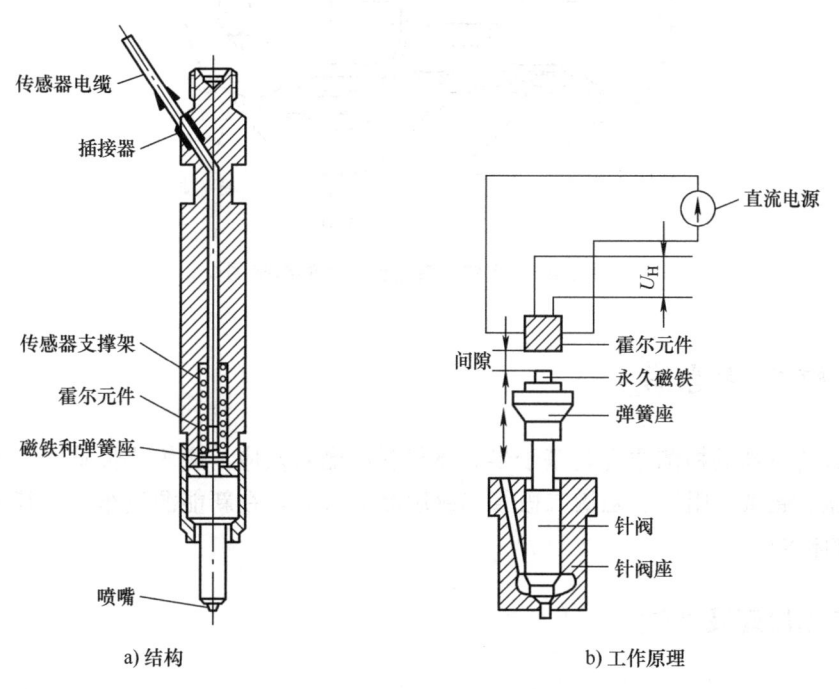

图 5-44 霍尔式喷油器针阀升程传感器

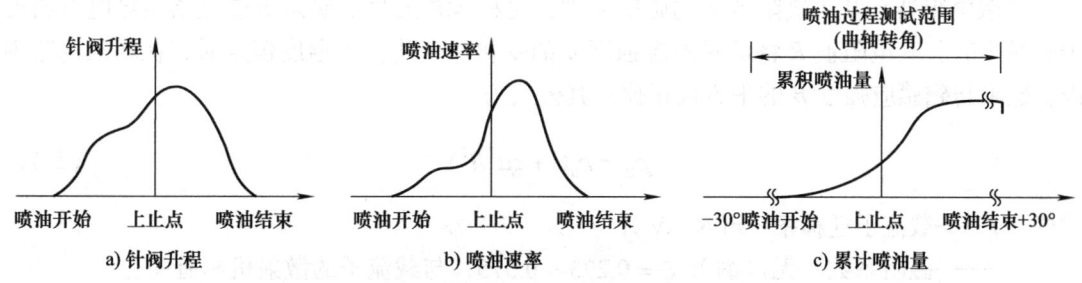

图 5-45 喷油器针阀升程传感器的信号处理过程

9. 霍尔式转矩传感器

霍尔式转矩传感器的结构如图 5-46 所示，输入轴和输出轴由扭杆连接起来，输入轴上有花键，输出轴上有键槽。

当扭杆受转向盘的转动力矩作用发生扭转时，花键和键槽之间的相对位置改变，使得花键上的磁感应强度改变，通过线圈转化为电压信号。

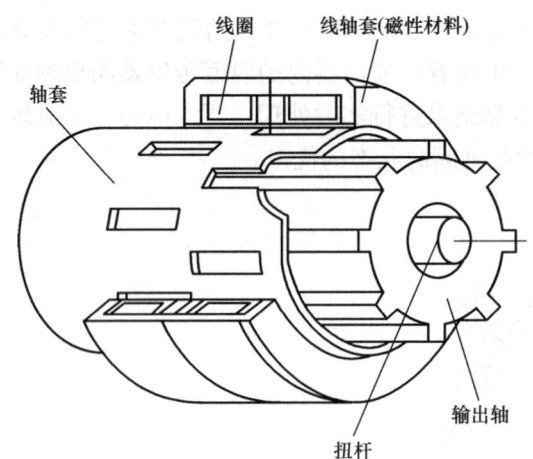

图 5-46　霍尔式转矩传感器的结构图

5.3　磁敏式传感器

磁敏式传感器的检测原理是基于半导体材料的磁阻效应。磁敏式传感器主要有霍尔式磁敏传感器、磁敏电阻器、磁敏二极管和磁敏晶体管等。在新能源汽车上,其主要用于转速、转矩的检测。

5.3.1　工作原理及特性

1. 磁敏电阻器

磁敏电阻器是基于磁阻效应的磁敏元件,也称 MR 元件。磁阻效应是指当导电材料处于磁场中时,其电阻值 R 将随磁感应强度 B 的变化而变化。当温度恒定时,在弱磁场范围内,磁阻与磁感应强度 B 的平方成正比。其公式为

$$\rho_B = \rho_0(1 + \xi\mu^2 B^2) \tag{5-11}$$

式中　μ——载流子迁移率（$m^2/s \cdot V$）;

　　　ξ——磁阻系数（无量纲）, $\xi = 0.273 \sim 0.575$, 与载流子的散射机制有关;

ρ_0 和 ρ_B——磁敏电阻在零磁场下和在磁感应强度为 B 时的电阻率（$\Omega \cdot m$）。

此时,假设磁敏电阻变化量 $\Delta\rho = \rho_B - \rho_0$, 则电阻率的相对变化量为

$$\frac{\Delta\rho}{\rho_0} = \xi\mu^2 B^2 \tag{5-12}$$

随着磁感应强度 B 的增加,磁敏电阻的磁阻增加,磁阻元件的电阻值与磁场的极性无关,它只随磁场强度的增加而增大。磁场一定,迁移率越高的材料,如 InSb、InAs 和 NiSb 等半导体材料,其磁阻效应越明显。

磁阻效应是因为在外加磁场作用下，当某些载流子受到的洛伦兹力比霍尔电场作用力大时，它的运动轨迹就偏向洛伦兹力的方向，从一个电极流到另一个电极所通过的路径就要比无磁场时的路径长些，因此增加了电阻率。

磁敏电阻元件（MRE）具有电阻值随着磁场方向变化而变化的导向磁性效应，如图 5-47 所示。

当磁场方向与元件的长度方向平行时阻值最大，与长度方向垂直时阻值最小，磁场垂直于元件平面时电阻没有变化。

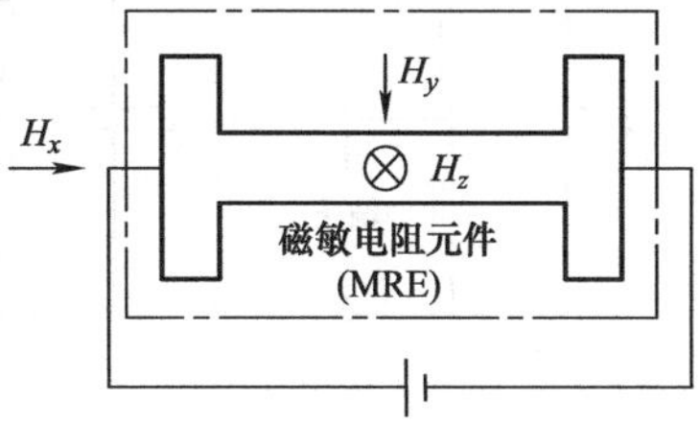

磁场方向	电阻值
H_x	最大
H_y	最小
H_z	没有变化

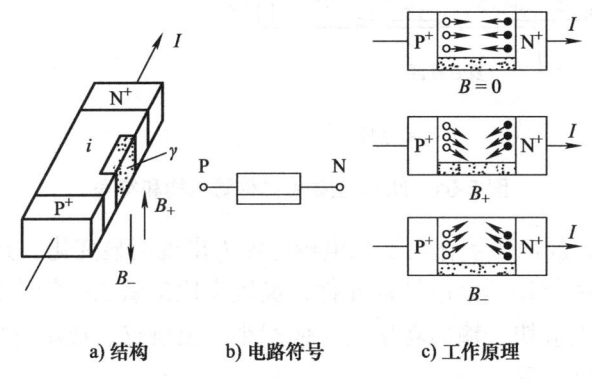

图 5-47　磁敏电阻元件（MRE）的电阻变化率

2. 磁敏二极管

霍尔元件和磁敏电阻大多采用 N 型半导体材料制成，磁敏二极管和磁敏晶体管是 PN 结型的磁电转换元件，它们具有输出信号大、灵敏度高、工作电流小、能识别磁场的极性、体积小、电路简单等特点，比较适合磁场、转速、探伤等方面的检测和控制。

磁敏二极管是利用电子和空穴双注入效应和复合效应原理制成的元件，其结构、电路符号和工作原理如图 5-48 所示。

a) 结构　　b) 电路符号　　c) 工作原理

图 5-48　磁敏二极管结构和工作原理

磁敏二极管正向偏压和通过电流的关系被称为磁敏二极管的伏安特性。不同磁场强度和方向下的伏安特性如图 5-49 所示，可见在不同磁场作用下，伏安特性不同。

在给定条件下，磁敏二极管输出的电压变化与外加磁场的关系称为磁敏二极管的磁电特性。磁敏二极管通常有单只和互补两种使用方式，接法及磁电特性如图 5-50 所示。单只使用时，正向磁灵敏度大于反向；互补使用时，正、反向磁灵敏度曲线对称，且在弱磁场下有较好的线性。

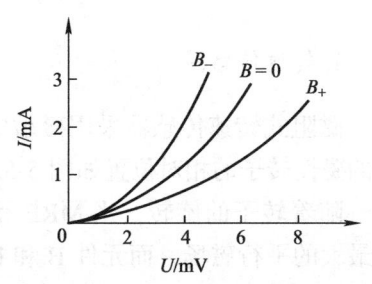

图 5-49　磁敏二极管伏安特性示意图

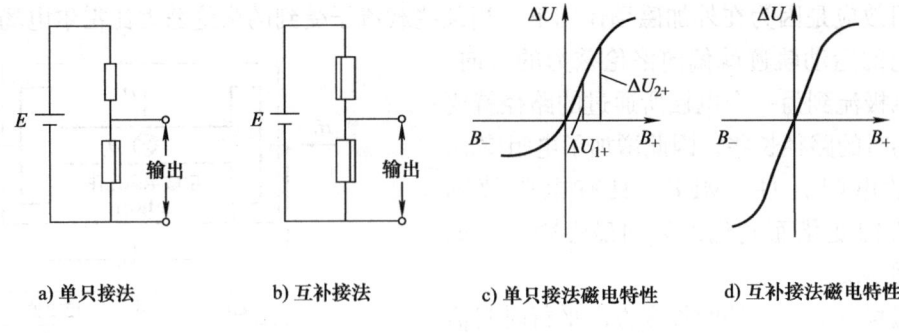

a) 单只接法 b) 互补接法 c) 单只接法磁电特性 d) 互补接法磁电特性

图 5-50　磁敏二极管接法及磁电特性

3. 磁敏晶体管

磁敏晶体管分为锗磁敏晶体管和硅磁敏晶体管两种。它在弱 P 型或弱 N 型本征半导体上用合金法或扩散法形成发射区、基区和集电区，和普通晶体管一样也引出三个电极，用 e、b、c 表示。图 5-51 所示为 NPN 型磁敏晶体管的结构和符号。

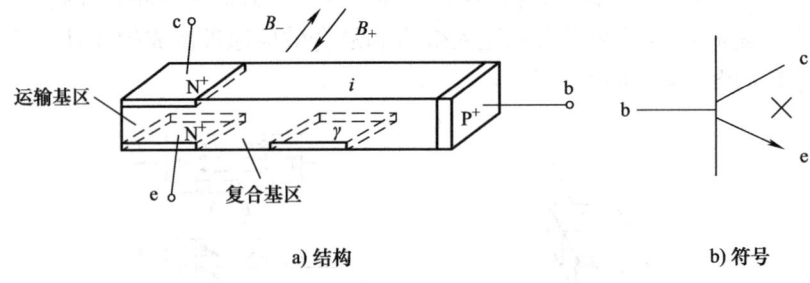

a) 结构　　　　　　　　　　　　b) 符号

图 5-51　NPN 型磁敏晶体管结构和符号

磁敏晶体管在正、反向磁场作用下集电极电流 I_c 出现明显变化，具有较高的磁灵敏度。

磁敏晶体管是一种新型的磁电转换元件，灵敏度比磁敏二极管大几倍至十几倍，其工作电压也较宽，具有响应快、输出功率大、体积小、无触点、成本低廉等优点，在位移测量、测力中得到了广泛应用。

5.3.2　新能源汽车上的磁敏式传感器

1. 转速传感器

磁阻式转速传感器采用磁敏电阻元件组成电桥回路，如图 5-52a 所示，电桥回路与旋转的磁性转子的相对位置如图 5-52b 所示。

随着转子的旋转，当 MRE 元件处于 N 极和 S 极之间的位置时，元件 A 和 C 上作用有最大的平行磁场，而元件 B 和 D 上作用的是最大垂直磁场，因而 A 和 C 的电阻值最大，B 和 D 的电阻值最小。所以，④的电位高于②的电位。传感器输出特性如图 5-53b 所示，MRE 的输出信号为正弦波形，将其整形后成为脉冲方波信号。

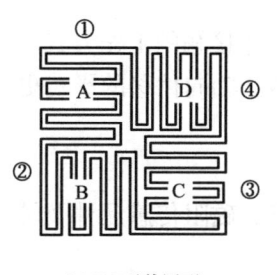 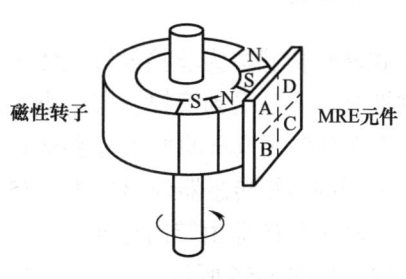

a) MRE元件图形   b) 与磁性转子的关系

图 5-52　MRE 转速传感器

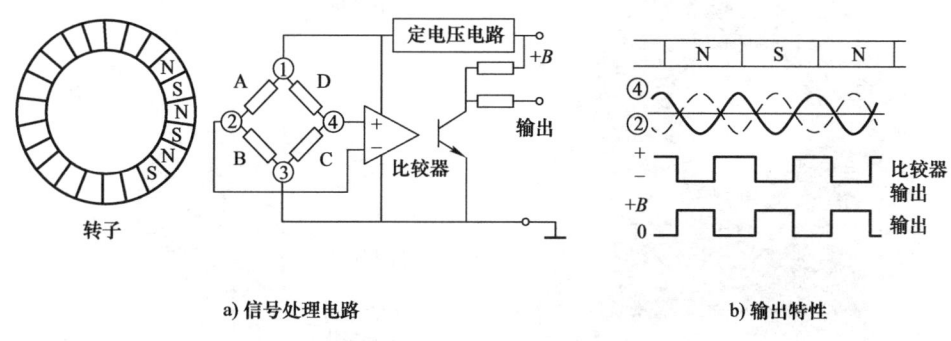

a) 信号处理电路   b) 输出特性

图 5-53　MRE 转速传感器

传感器输出的脉冲方波信号的频率与转速成正比，即可实现转速的测量。MRE 转速传感器的转子与变速器输出轴上的驱动齿轮相连，用于车速表的检测信号。

图 5-54 所示为一个 20 极磁阻式转速传感器，该传感器磁环每转一圈产生 20 个脉冲，当磁力方向根据附于磁环上的磁铁的转动而变化时，MRE 的输出就成 AC 波形，传感器内的比较器将此 AC 波形转换成数字信号输出。

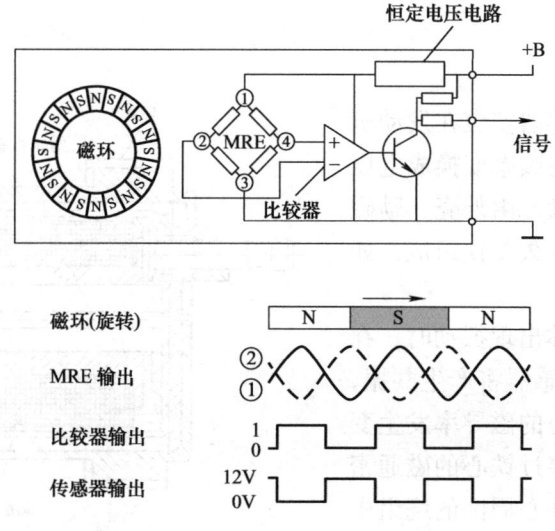

图 5-54　20 极磁阻式转速传感器

2. 转矩传感器

磁阻式转矩传感器为非接触转矩传感器,由于采用的是非接触的工作方式,因而寿命长、可靠性高、不易受到磨损、有更小的延时、受轴的偏转和轴向偏移的影响更小,现在已经广泛用在新能源汽车助力转向系统(EPS)中。

博世公司的转矩传感器外形如图 5-55 所示。

磁阻式转矩传感器由转向柱连接块、扭转杆、磁性转子、磁阻传感元件及转向小齿轮连接块组成,如图 5-56 所示。

图 5-55 转矩传感器

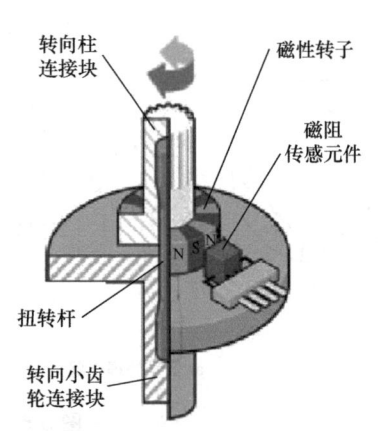

图 5-56 磁阻式转矩传感器

磁性转子具有磁致伸缩效应(当材料承受负荷导致机械应力时,其磁导率会发生变化的现象)且与转向柱直接相连,当转向盘带动转向柱扭转时,引起磁性转子的磁场发生变化。磁阻传感器与磁性转子相对安装,根据磁性转子产生磁场的不同,测量其跟随变化的磁导率,转向盘扭转杆变形的扭角与转矩成比例,所以只要测定杆的扭角,就可以间接地知道转向力的大小。

3. 爆燃传感器

磁应变式爆燃传感器安装在发动机上,它将发动机振动的频率变换成电压信号,来检测爆燃强度,由外壳、励磁性铁心、感应线圈和永久磁铁组成,如图 5-57 所示。

当发动机的气缸体出现振动时,在 7kHz 左右频率处,传感器将产生共振,具有强磁性材料的铁心的磁导率发生变化。这样,永久磁铁穿过铁心的磁通密度也发生变化,由此铁心周围的绕组中就会产生感应电动势,此电动势即为爆

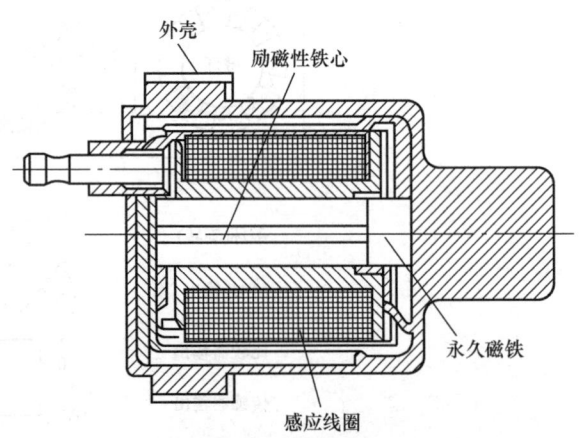

图 5-57 磁应变式爆燃传感器的结构

燃传感器的输出信号，输出电压信号的大小与发动机振动的频率有关。当传感器的固有振动频率与爆燃时发动机的振动频率发生谐振时，传感器将输出最大信号，如图5-58所示。

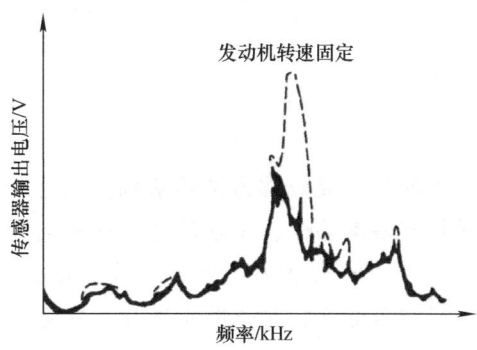

图 5-58　磁应变式爆燃传感器的输出特性

课后习题

1. 简述磁电式传感器的工作原理和主要分类。
2. 什么是法拉第电磁感应定律，请写出其计算公式。
3. 磁电感应式传感器有哪些分类方法？
4. 根据图 5-3 分析开磁路变磁通式传感器的结构和工作原理。
5. 根据图 5-4 分析闭磁路变磁通式传感器的结构和工作原理。
6. 新能源汽车上磁电感应式传感器都有哪些应用场合？
7. 根据图 5-9 分析磁电感应式转速传感器的工作原理。
8. 根据图 5-19 分析磁电感应式转矩传感器的工作原理。
9. 什么是霍尔效应及霍尔电压？
10. 霍尔元件包含哪四根引线？
11. 新能源汽车上霍尔传感器主要有哪些应用场合？
12. 根据图 5-25 分析直接式霍尔电流传感器的工作原理。
13. 根据图 5-26 分析磁补偿式霍尔电流传感器的工作原理。
14. 根据图 5-27 分析霍尔电压传感器的工作原理。
15. 霍尔式转速传感器按照工作磁铁和霍尔电路的运动方式分为哪几种？
16. 根据图 5-38 分析霍尔式加速度传感器的工作原理。
17. 什么是磁阻效应？
18. 根据图 5-52 分析磁阻式转速传感器的工作原理。

第6章 新能源汽车上的压电式传感器

📖 本章导学

压电式传感器以某些介质的压电效应作为工作基础,压电效应可以分为正压电效应和逆压电效应。常用的压电材料有石英晶体、压电陶瓷和压电高分子材料。其工作可靠,测量范围大,在新能源汽车上常用于较大压力或者可以转化为压力的其他被测参数的检测,如 ESP 制动压力、加速度、横摆角速度、共轨燃油压力、燃烧压力及超声波传感器等。

📖 学习目标

1. 熟练掌握压电效应、正压电效应、逆压电效应、超声波的含义。
2. 掌握石英晶体压电效应特性的分子结构特性、压电陶瓷的压电特性机理。
3. 了解主要压电材料的特性参数及其含义。
4. 能够分析压电元件并联或串联特性。
5. 熟悉压电式传感器在新能源汽车传感检测中的典型应用。
6. 掌握超声波传感器的工作原理。
7. 熟悉超声波传感器在新能源汽车传感检测中的典型应用。
8. 能够利用压电式传感器的理论知识对新能源汽车传感检测中的压力、加速度、位置等传感器的原理及特点进行分析。

📖 课前小讨论

目前,随着汽车智能化水平的日渐提高,各种自动化驾驶方案日臻完善,自动驾驶主要依据各种测速、测距以及图像感知的传感器作为信息的源头,通过在控制器内部设置合理的控制算法根据道路情况自动控制驱动、转向、制动系统。超声波传感器就是典型的测距系统,它由发生器和接收器两部分组成,你知道它是怎么工作的?

压电式传感器以某些物质的压电效应为基础进行参数检测。压电效应由 1880 年法国科学家居里兄弟首先在电气石上发现。因为压电效应是可逆的,所以压电式传感器是一种双向传感器,主要是在外力作用下,在物质表面产生电荷实现非电量电测的目的,它是一种有源型传感器。

压电式传感器具有体积小、重量轻、结构简单、工作可靠、固有频率高、灵敏度和信噪比高等优点,主要缺点是在使用中无静态输出、阻抗高及工作温度有限等,很多压电材料的工作温度不能超过 250℃。因此,压电式传感器不能用于静态测量或温度较高的场合。

压电器件实际上是一种力敏元件,在新能源汽车上,可以直接用来测量各种压力,间接测量加速度、距离等,如 ESP 制动压力传感器、加速度传感器、横摆角速度传感器、共轨燃油压力传感器、燃烧压力传感器及超声波传感器等。

第6章 新能源汽车上的压电式传感器

6.1 压电式传感器

6.1.1 压电效应及压电材料

压电式传感器是基于某些材料的压电效应工作的,压电效应具有可逆性,可以分为正压电效应和逆压电效应两种。

1. 正压电效应

正压电效应是指对某些电介质,在一定方向对其加力而使其变形时,在它的两个相对的表面上会产生符号相反的电荷,当外力去掉后,电介质又重新恢复到不带电的状态的现象,如图6-1所示,正压电效应将机械能转换成电能。

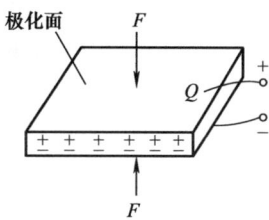

图6-1 正压电效应示意图

2. 逆压电效应

逆压电效应又称为电致伸缩效应,是指当在片状压电材料的两个电极面上加交流电压时,压电片将产生机械振动,即压电片在电极方向上产生伸缩变形,外加电场去掉后,这些变形或压力随之消失。逆压电效应是将电能转变为机械能。逆压电效应说明压电效应具有可逆性。

利用逆压电效应可以制成电激励的执行器,如超声波发生器,基于正压电效应可制成机械能的检测器,即压电式传感器。当有力作用于压电材料上时,传感器就有电荷(电压)输出。因此,压电式传感器是典型的有源传感器。

3. 压电材料

压电材料是实现机械能与电能相互转换功能的材料。自然界中大多数晶体都具有压电效应,但十分微弱,目前主要采用石英晶体。另外,还有人造多晶陶瓷材料和近些年发展起来的有机高分子聚合材料,也都具有相当强的压电效应。

(1) 石英晶体

石英晶体化学成分是SiO_2,呈单晶结构,理想形状是六角锥体,如图6-2所示。石英晶体是各向异性材料,不同晶向具有各异的物理特性,用x、y、z轴来描述。

z轴:通过锥顶端的轴线,即纵向轴,又称为光轴,沿该方向受力不会产生压电效应。

x轴:经过六棱柱的棱线并垂直于z轴的轴为x轴,又称为电轴(压电效应只在该轴的两个表面产生电荷集聚),沿该方向受力产生的压电效应称为"纵向压电效应"。

y轴:与x、z轴同时垂直的轴为y轴,又称为机械轴(该方向只产生机械变形,沿该方向受力产生的压电效应称为"横向压电效应"。

在晶体上沿y轴方向切割晶片,如图6-2c所示,分析其压电效应情况。

沿x轴方向施加作用力。将在yz平面上产生电荷,其大小见式(6-1)。

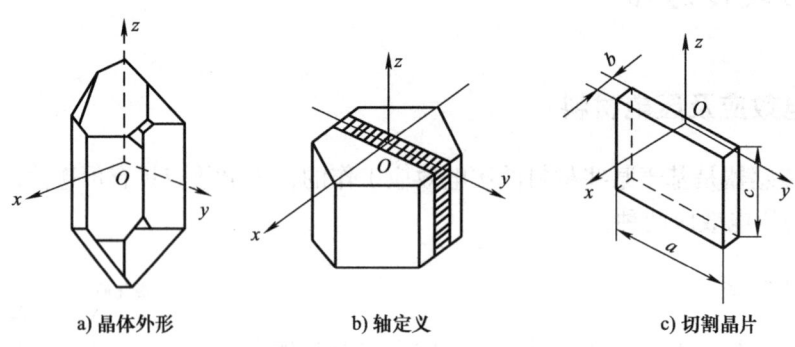

a) 晶体外形　　b) 轴定义　　c) 切割晶片

图 6-2　石英晶体

$$Q_x = d_{11}F_x \tag{6-1}$$

式中　d_{11}——x 方向受力的压电系数（C/N）；
　　　F_x——x 方向作用力（N）。

可以看出，沿电轴方向的力作用于晶体时，所产生电荷量 Q_x 的大小与 x 方向作用力 F_x 成正比，与切片的几何尺寸无关。

沿 y 轴方向施加作用力时，将在 yz 平面上产生电荷，极性与沿 x 轴方向施加作用力时方向相反，其大小见式（6-2）。

$$Q_y = d_{12}\frac{a}{b}F_y = -d_{11}\frac{a}{b}F_y \tag{6-2}$$

式中　d_{12}——y 方向受力的压电系数（C/N）；
　　　F_y——y 方向作用力（N）；
　　　a，b——切片的长度和厚度（m）。

可以看出，沿机械轴方向的力作用于晶体时，产生的电荷量大小 Q_y 与 y 方向作用力 F_y 成正比，同时，与晶体切片的几何尺寸有关。在相同的作用力下，晶体切片的长度越长、厚度越薄，压电效应越明显，然而该尺寸受压电晶片的机械强度和传感器尺寸限制。

式（6-2）中的"−"表示在 y 轴方向施加作用力产生电荷量的极性与沿 x 轴方向施加作用力时方向相反，如图 6-3 所示。

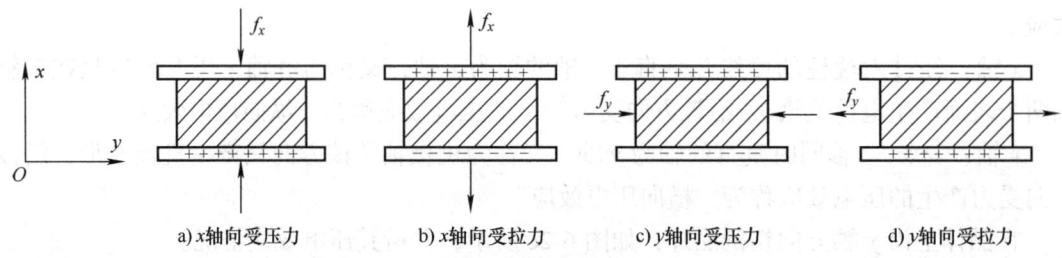

a) x 轴向受压力　　b) x 轴向受拉力　　c) y 轴向受压力　　d) y 轴向受拉力

图 6-3　石英晶体电荷与受力方向关系

石英晶体的压电效应特性与其内部的分子结构有关，如图 6-4 所示。石英晶体由硅离子 Si^{4+}（正离子）和氧离子 O^{2-}（负离子）组成，在每一个晶体单元中，硅离子和氧离子在 xy 平面上的投影等效为一个正六边形。正负离子分布于正六边形的顶点上，三个正离子和三个负离子的中心连线分别组成一个正三角形，未受作用力时，两个正三角形的重心重合，即正负电荷重心重合、相互平衡，整个晶体呈电中性，如图 6-4a 所示。

当石英晶体受沿 x 轴方向的压力作用时，压力使晶体沿该方向产生压缩变形，正负离子的相对位置发生变动。正电荷重心向下移动，负电荷重心向上移动，正负电荷的重心不再重合，在 x 轴的上方出现负电荷，下方出现正电荷，在 y 方向上不出现电荷，如图 6-4b 所示。如果是受拉力作用，则出现的电荷极性方向相反，即上方为正电荷、下方为负电荷，如图 6-4c 所示。

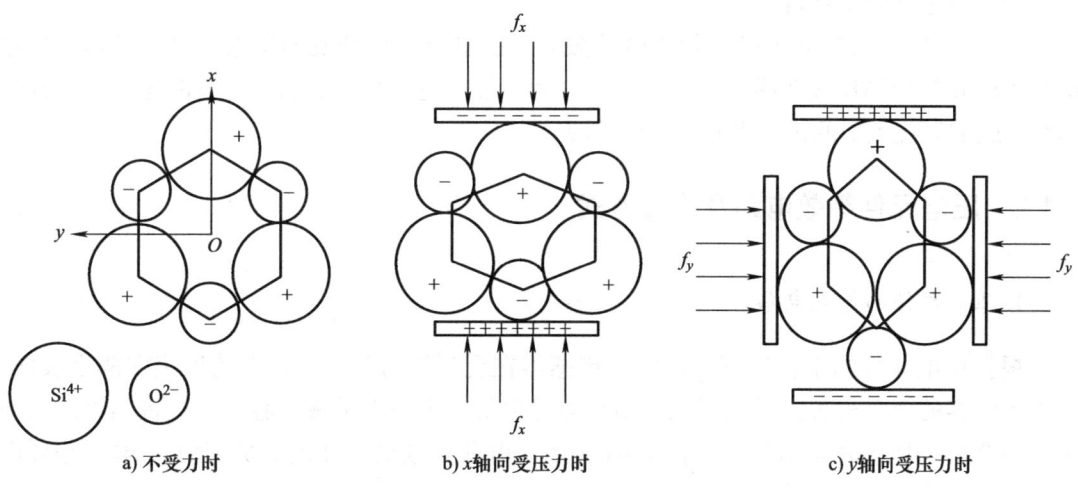

a）不受力时 　　b）x 轴向受压力时 　　c）y 轴向受压力时

图 6-4　石英晶体分子结构

石英晶体受沿 y 轴方向的压力作用时的情况与 x 轴受拉力作用情况相同，施加拉力作用情况与 x 轴受压力作用情况相同。

（2）压电陶瓷

压电陶瓷是人工制造的多晶体压电材料。材料内部的晶粒有许多电畴，它有一定的极化方向，从而存在电场。

在无外电场作用时，压电陶瓷内部的电畴在晶体中杂乱分布，它们各自的极化效应被相互抵消，压电陶瓷内极化强度为零。因此原始的压电陶瓷呈中性，不具有压电性质。当施加外电场时，电畴的极化方向发生变化，趋向于按外电场方向进行排列，从而使材料得到极化。外电场愈强，就有更多的电畴更完全地转向外电场方向，如图 6-5 所示。让外电场强度大到使材料的极化

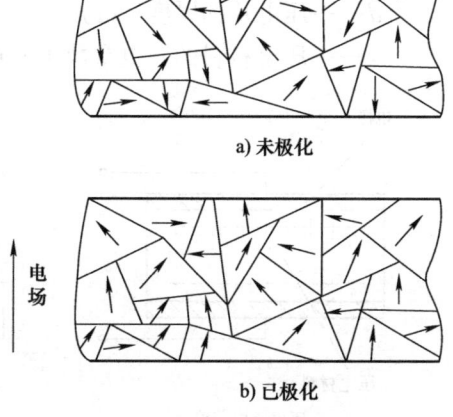

a）未极化

b）已极化

图 6-5　压电陶瓷的极化过程

达到饱和的程度,即所有电畴极化方向都整齐地与外电场方向一致。当外电场去掉后,电畴的极化方向基本不发生变化,即剩余极化强度很大,这时的材料才具有压电特性。

具有剩余极化的压电陶瓷材料受到外力作用时,将在垂直于极化方向的平面上出现电荷集聚的变化,产生由机械能转变为电能的正压电效应。集聚的电荷量的大小与外力成正比关系:

$$Q = d_{33}F \tag{6-3}$$

式中 d_{33}——压电陶瓷的压电系数(C/N);

F——压电陶瓷上的作用力(N)。

压电陶瓷的压电系数比石英晶体大得多,所以采用压电陶瓷制作的压电式传感器的灵敏度较高。

(3)压电高分子材料

聚偏氟乙烯(PVDF)是一种压电系数高且已进行应用开发的压电高分子材料。经过机械滚压和拉伸制作成薄膜(压电薄膜)之后,带负电的氟离子和带正电的氢离子分别排列在薄膜的对应上下两边,引起了压电效应。

6.1.2 压电元件等效电路及连接方式

1. 压电元件的等效电路

根据压电元件的工作原理,压电式传感器在受到压力时,正负电荷聚集在两个表面,相当于电容的两个极板。因此压电式传感器可以等效为一个平板电容器,极板间物质相当于一种介质。压电片电荷聚集如图 6-6a 所示,电荷等效电路如图 6-6b 所示,电压等效电路如图 6-6c 所示,其电容量为

$$C_a = \frac{\varepsilon A}{d} \tag{6-4}$$

式中 A——压电片的面积(m^2);

d——压电片的厚度(m);

ε——压电材料的介电常数(F/m)。

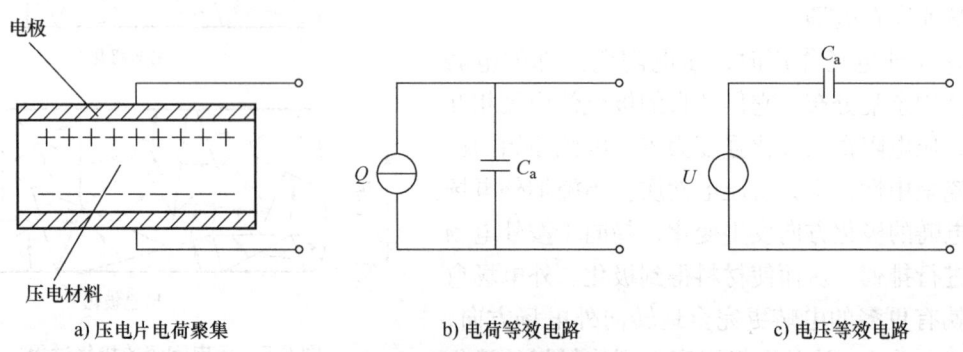

a)压电片电荷聚集　　b)电荷等效电路　　c)电压等效电路

图 6-6 压电元件等效电路

2. 压电元件的连接

压电元件作为压电式传感器的敏感部件，单片压电元件产生的电荷量很小，为了提高检测灵敏度，通常采用两片或两片以上同规格的压电元件粘结在一起的形式。由于压电元件所产生的电荷具有极性区分，连接方法有两种，如图 6-7 所示。

图 6-7a 是"并联法"，将两个压电元件的负端粘结在一起，中间插入金属电极作为压电元件连接件的负极，将两边连接起来作为连接件的正极。从作用力的角度看，压电元件是串接的，每片受到的作用力相同，产生的变形和电荷量大小也一致。因此，与单片时相比，在外力作用下，正负电极上的电荷量增加了 n 倍，总电容量增加了 n 倍，其输出电压与单片时相同。

图 6-7b 是"串联法"，两压电片中间粘接处正负电荷中和，上、下极板的电荷量与单片时相同，输出电压增大了 n 倍。

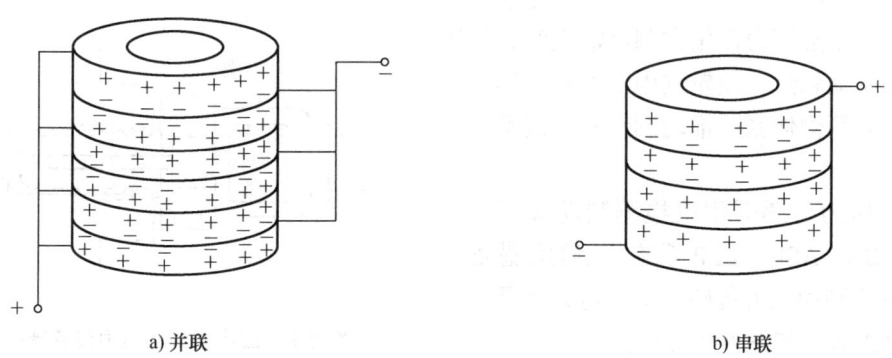

图 6-7　压电元件的连接方法

6.1.3　新能源汽车上的压电式传感器

在新能源汽车上，压电式传感器可以直接用来测量各种压力，间接测量加速度、角速度等，如 ESP 制动压力、加速度、横摆角速度、共轨燃油压力、燃烧压力。

1. 横摆角速度传感器

横摆角速度传感器来自于航天技术，它用于确定是否有转矩作用在物体上，也称为偏转率传感器。在 ESP 系统中，这个传感器用于测定车辆是否绕着垂直轴旋转，即偏转率。根据工作原理不同，偏转率传感器主要有两种类型，即压电式和音叉式。

压电式横摆角速度传感器的基本部件是一个小的金属空心圆柱体，其表面有 8 只压电元件，其中 4 只压电元件使空心圆柱处于谐振状态，另外 4 只元件"观察"它们所在的这个圆筒的振荡波是否改变，如图 6-8b 所示。当有转矩作用在这个空心圆柱体上时，振荡波节就完全改变。从被观察的压电元件上可以测出振荡波节在移动，并把信息传送给电子控制单元。电子控制单元由此计算出车辆的偏转率。

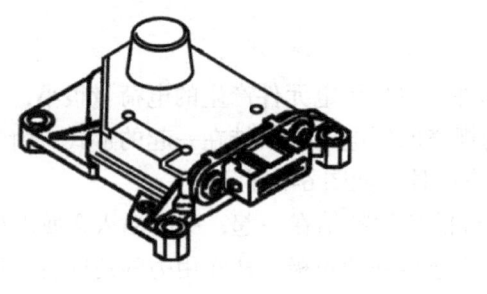
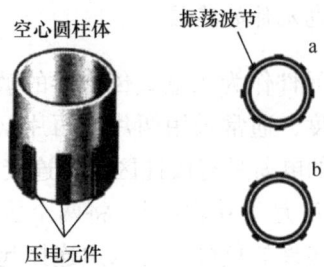

a) 外形　　　　　　　　　　　　　　b) 构造原理

图 6-8　压电式横摆角速度传感器

2. ESP 制动压力传感器

现在汽车上应用的制动系统可分为两种，一种是液压制动系统；一种是气压制动系统。在液压制动系统中，利用密闭的管路连接液压泵，当制动主缸压力作用在制动液上时，将压力传导到制动轮缸，使轮缸内活塞在液体压力的作用下向两侧伸张，推动制动片与制动盘产生制动力。

制动压力传感器用以检测制动液压力大小，是 ABS、ASR、ESP 系统共用的传感器。

压电式制动压力传感器由压电元件及信号处理电路组成，如图 6-9 所示。

其工作原理如图 6-10 所示。

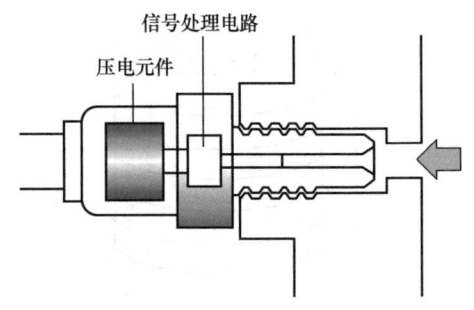

图 6-9　压电式制动压力传感器构造图

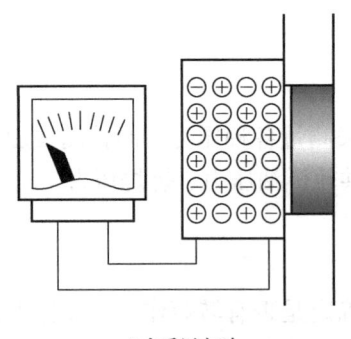
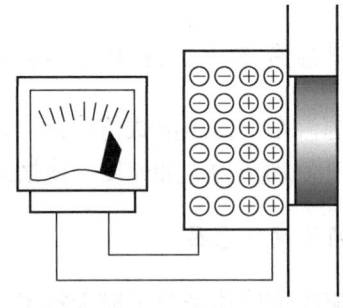

a) 未受压力时　　　　　　　　　　　　b) 受压力时

图 6-10　压电式制动压力传感器工作原理图

压电式制动压力传感器是利用压电效应原理制成的，即对于某些电介质，当没有受外力时，电介质内电荷无规律变化，整体表现出不带电的状态，如图 6-10a 所示。当受到一定方向上的压力而使其变形时，在它的两个相对的表面上会产生符号相反的电荷，电荷量的大小和所受的压力成正比，如图 6-10b 所示。因此，它可以用来测量制动液的压力。

3. 加速度传感器

压电式加速度传感器由预压弹簧、压电元件、质量块、基座等组成,如图 6-11 所示。

基座用于将传感器与待测物体刚性地固定在一起,质量块保持运动惯性。当汽车遭受碰撞时,传感器内的压电晶体在碰撞作用下,受到质量块和基座的挤压,产生机械变形,在晶体表面产生电荷。压力的大小和加速度成正比,电荷量和受到的压力成正比,因此可以反馈加速度大小。

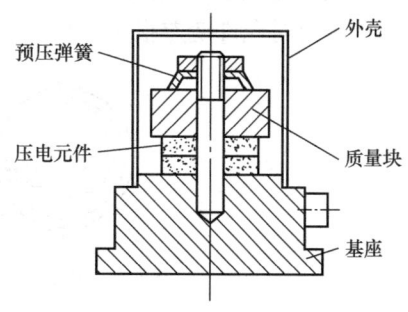

图 6-11 压电式加速度传感器构造简图

4. 共轨燃油压力传感器

共轨燃油压力传感器的作用是以足够的精度,在相对较短的时间内,测定轨道中燃油的实时压力,并向 ECU 提供电信号。共轨燃油压力传感器的安装位置如图 6-12 所示。

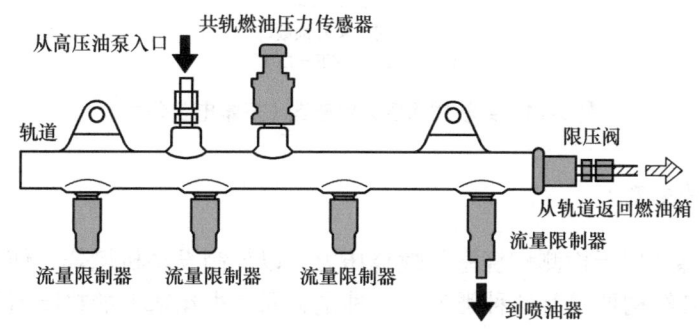

图 6-12 共轨燃油压力传感器的安装位置

对共轨燃油压力传感器的要求如下:

1)测量范围广。要求能测量 20~180MPa 之间的燃油压力。

2)精度高。要求精度达到 ±(2%~3%)。

3)可靠性好。在发动机不同运行工况下能精确控制燃油压力,在 180MPa 高压下仍有很高的可靠性。

共轨燃油压力传感器的结构如图 6-13 所示,由压力敏感元件(焊接在压力接头上的压电元件)、带求值电路的电路板和带电气插头的传感器外壳组成。

当压电元件形状改变时,产生电压变化,电压约在 0~70mV 之间变化(具体数值由压力而定),如图 6-14 所示,在 ON 状态下,经求值电路放大到 0.5~4.5V。

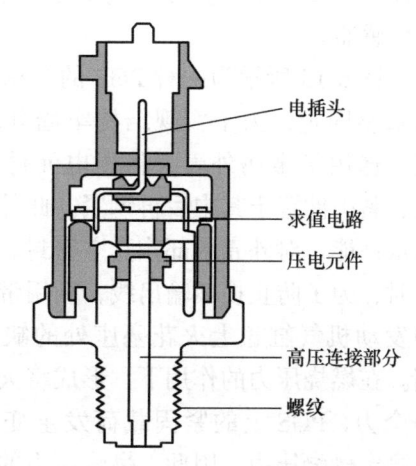

图 6-13 共轨燃油压力传感器结构(博世)

精确测量共轨中的燃油压力是电控共轨系统正常工作的必要条件。为此，压力传感器在测量压力时允许变差很小。

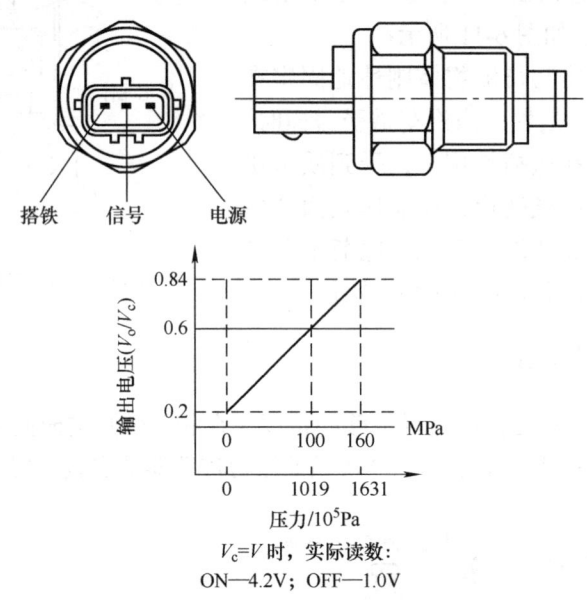

图 6-14 共轨燃油压力传感器（日本电装公司）

5.燃烧压力传感器

燃烧压力传感器用于检测燃烧室的燃烧压力，以控制发动机燃烧，使发动机获得最高的热效率。根据其结构形式有两种类型，一种是紧固在火花塞上的垫圈型压力传感器，简称 PGS；另一种则是以燃烧室内的一面为受压面的直接型压力传感器，简称 PDS。

（1）PGS

PGS 是利用火花塞安装螺母安装、紧固的，气缸盖上只需稍微加工一下便可以安装。因此，对因性能要求而想扩大气门面积的现行发动机来说，这是一种实用性很高的燃烧压力传感器。

图 6-15 所示为一种 PGS 的结构图，它靠火花塞座固定，为了实现结构牢固并尽量减薄厚度，选用了金属外壳，将压电元件、电极引出线、紧固件置于其中后再铆紧。此外，为了确保防水性能，对外壳内部作真空密封。在拧紧火花塞时，为了防止损坏输出线，利用带挂耳的垫圈和发动机气缸盖上火花塞座处的缺口起止转作用。在燃烧压力的作用下，形成将火花塞上推的一个力，PGS 上的紧固载荷发生变化，由此可以测定燃烧压力。因此，燃烧压力的检测与气缸上的火花塞安装螺纹及火花塞的螺纹部分密切相

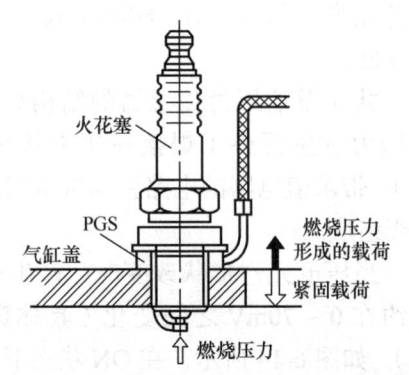

图 6-15 垫圈型燃烧压力传感器结构示意图

关，利用装在燃烧室上的压力表可测得输出信号，也可测得与此类似的信号波形，如检测爆燃、检测燃烧压力的峰值位置、检测断火等，因此，这种传感器具有足够的实用功能。

（2）PDS

直接型燃烧压力传感器的结构如图 6-16 所示，它主要由膜片、推杆、半球体、压电元件及放大器组成。膜片承受着燃烧压力，膜片的推杆将膜片的运动传递给半球体。推杆起着隔热、传递力矩的作用。

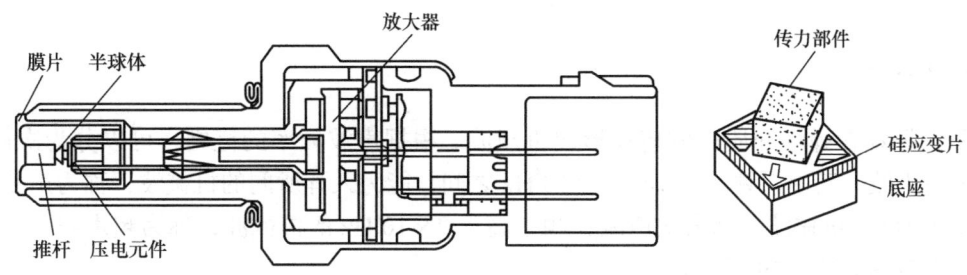

图 6-16　直接型燃烧压力传感器结构示意图

半球体具有将推杆传递的力均匀传至压电元件的功能，硅材料的压电元件将压力变换成电压信号，因为电压值很低，还要经放大器放大。

6. 压电式爆燃传感器

压电式爆燃传感器结构如图 6-17 所示，主要由压电元件、引线和配重块组成。

当发动机缸体发生振动时，传感器底座及惯性配重随之产生振动，底座和配重的振动作用在压电元件上，由压电效应可知，压电元件的信号输出端，就会输出与振动频率和振动强度有关的交变电压信号。

实验证明，发动机爆燃频率一般在 6～9kHz 之间，其振动强度较大，所以信号电压较高。发动机转速越高，信号电压幅值越大，如图 6-18 所示。根据检测频率，即可知道是否发生爆燃。

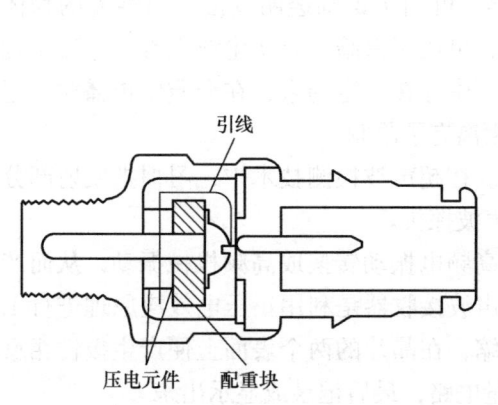

图 6-17　压电式爆燃传感器结构示意图

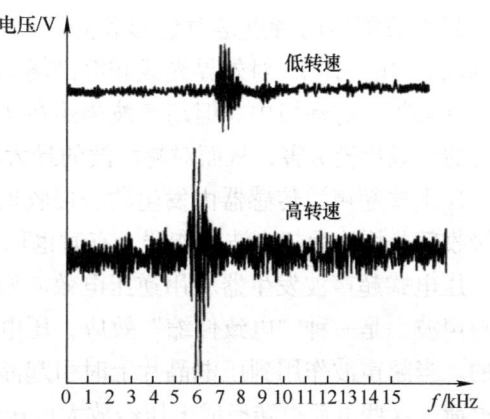

图 6-18　转速不同时非共振型爆燃传感器输出波形图

6.2 超声波传感器

超声波传感器是一种以超声波作为检测手段的传感器。利用超声波的特性，可做成各种超声波传感器，再配上不同的测量电路，制成各种超声波仪器及装置，在新能源汽车上主要用于对周围距离的测量。

6.2.1 工作原理及特性

1. 超声波

质点振动在弹性介质内的传播形成机械波。根据声波频率的范围，可以分为次声波、声波和超声波。其中，频率在 $16 \sim 2 \times 10^4$Hz 之间，能为人耳所闻的机械波，称为声波；频率低于16Hz 的机械波，称为次声波；频率高于 2×10^4Hz 的机械波，称为超声波。各类声波的频率范围如图 6-19 所示。

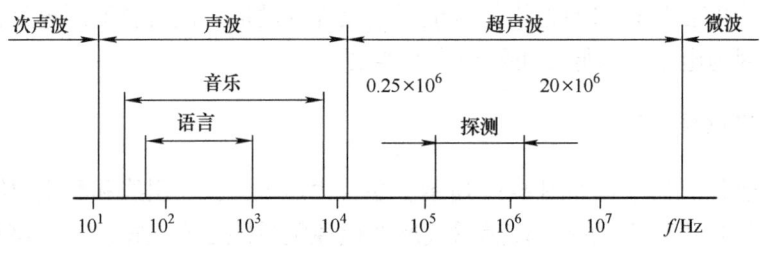

图 6-19 声波的频率范围

2. 超声波测距原理

利用超声波原理进行测距时，测出超声脉冲从发射到接收这一过程所需的时间，再根据介质中的声速，就可以求得从探头到物体表面之间的距离。

超声波测距的特点是对色彩和光照度不敏感，可用于识别透明及漫反射性差的物体（如玻璃、抛光体），对外界光线和电磁场不敏感，可用于黑暗、有灰尘或烟雾、电磁干扰强、有毒等恶劣环境中。但超声波测距在实际使用中存在一定局限，在介质中传播时，超声波的衰减比较厉害，从而对超声波的最大测量距离有了限制。

压电式超声波传感器由发生器、接收器组成。在超声波检测技术中，习惯把发射部分和接收部分均称为超声波换能器，有时也称为超声波探头。

压电式超声波发生器利用逆压电效应原理将高频电振动转换成高频机械振动，从而产生超声波，是一种"电致伸缩"效应。压电式超声波接收器是利用正压电效应原理进行工作的。当超声波作用到压电晶片上时引起晶片伸缩，在晶片的两个表面上便产生极性相反的电荷，这些电荷被转换成电压经放大后送到测量电路，最后记录或显示出来。

6.2.2 新能源汽车上的超声波传感器

1. 短距离用超声波传感器

将检测 50cm 之内有无物体的超声波传感器称为短距离用超声波传感器，它采用发射兼接收的工作方式。短距离用超声波传感器结构如图 6-20 所示，由超声波振子、防振橡胶及前置放大器组成。

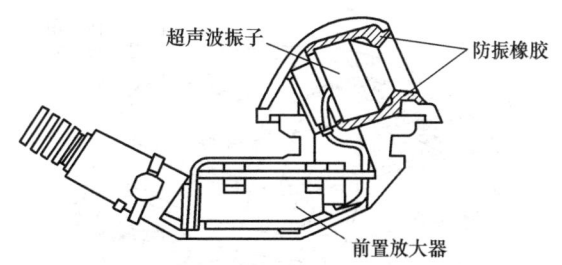

图 6-20 短距离用超声波传感器结构

在发射超声波时，将交流电压加到压电陶瓷振子上，产生了机械振动，所以就能发出超声波；反之，在接收时，障碍物产生的反射波将机械振动加在压电陶瓷振子上，产生交流电压，经前置放大器放大后输出，利用微机检测从发射到接收所用时间，就可以算出到障碍物的距离。

短距离用超声波传感器安装位置及检测范围如图 6-21 所示。当检测到 50cm 以内有障碍物时，利用发光二极管和蜂鸣器通知驾乘人员。在 50cm 以内时，蜂鸣器发出断续报警声；若在 20cm 以内有障碍物，蜂鸣器发出连续报警声。

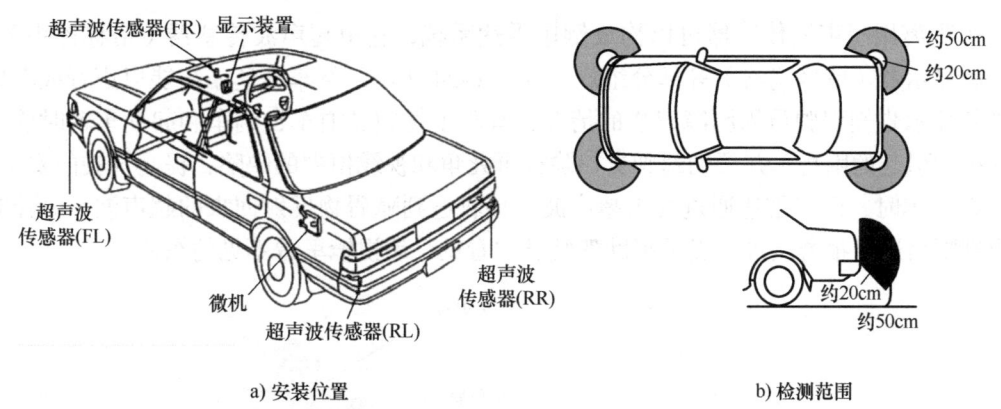

a) 安装位置　　　　　　　　　　　　　　b) 检测范围

图 6-21 短距离用超声波系统

2. 中距离用超声波传感器

中距离用超声波传感器用于检测 2m 之内有无障碍物。与短距离用超声波传感器一样，它采用的也是发射兼接收的工作方式，其工作原理与短距离用超声波传感器完全相同，结构如图 6-22 所示。

图 6-23 所示为这种传感器的安装位置和检测范围。

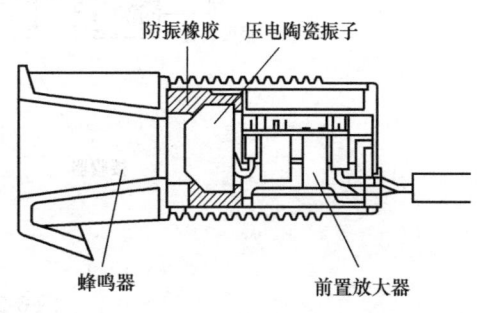

图 6-22 中距离用超声波传感器结构

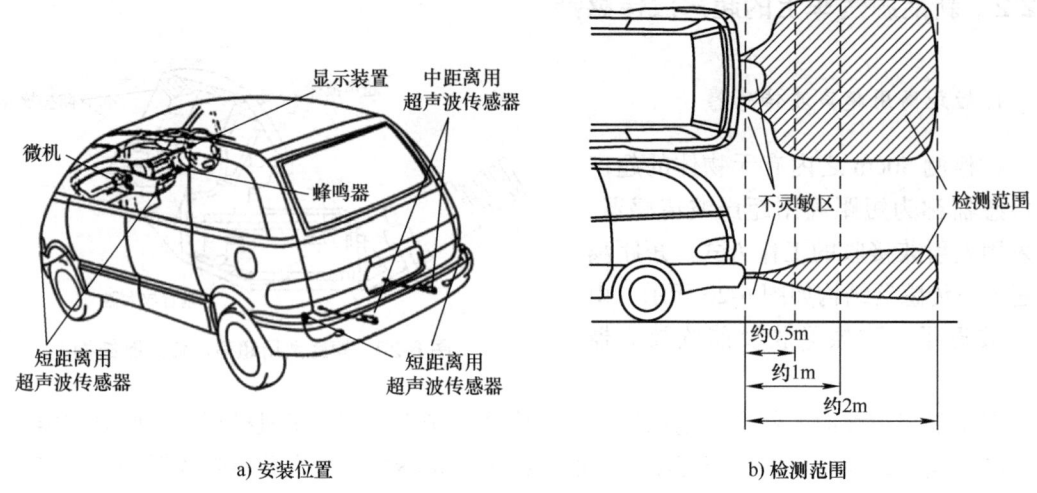

a) 安装位置　　　　　　　　　　　　b) 检测范围

图 6-23　中距离用超声波系统

当检测到车辆后方 2m 之内有障碍物时,发出缓慢的断续声音,在 1m 之内发出较快的断续声音,在 0.5m 之内发出连续声音。

3. 倒车雷达系统

中距离用超声波传感器可以构成倒车雷达系统,它由超声波传感器(俗称探头)、控制器和显示器(或蜂鸣器)等部分组成,如图 6-24 所示。倒车雷达系统能以声音或者更为直观的显示告知驾驶员周围障碍物的情况,解除了驾驶员泊车、倒车和起动车辆时前后左右探视所引起的困扰,并帮助驾驶员扫除视野死角和视线模糊的缺陷,提高驾驶的安全性。

在倒车时,倒车雷达通过发出超声波并接收遇到障碍物反射回来的超声波,由控制器做出判断后通过报警装置的提示帮助驾驶员"看见"后视镜里看不见的东西。

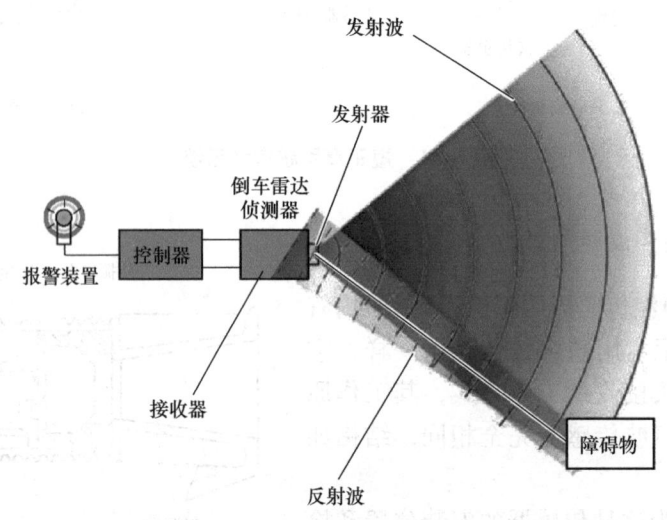

图 6-24　倒车雷达系统

课后习题

1. 什么是正压电效应?
2. 什么是逆压电效应?
3. 目前常用的压电材料有哪些?
4. 压电材料是实现电能与热能互换的材料。(　　)
5. 压电陶瓷是自然界中存在的压电材料。(　　)
6. 根据图 6-4 分析石英晶体受力后产生的电荷分布情况。
7. 分析压电陶瓷的压电效应产生过程。
8. 简述压电元件并联法和串联法连接方式及其产生的电荷和电压差别。
9. 新能源汽车上主要有哪些压电式传感器的应用场合?
10. 根据图 6-8 分析压电式横摆角速度传感器的工作原理。
11. 根据图 6-9 和图 6-10 分析压电式制动压力传感器的结构和工作原理。
12. 根据图 6-11 分析压电式加速度传感器的工作原理。
13. 什么是超声波?
14. 超声波测距的原理是什么?
15. 根据图 6-24 分析倒车雷达系统主要的构成和工作原理。

第7章 新能源汽车上的光电式传感器

📖 本章导学

光电式传感器（或称光敏传感器）是利用光电器件把光信号转换成电信号（电压、电流、电荷、电阻等）的装置。光电式传感器工作时，先将被测量转换为光量的变化，然后通过光电器件把光量的变化转换为相应的电量变化，从而实现对非电量的测量。光电式传感器在新能源汽车上应用十分广泛，除了直接对光照度的检测外，还可以间接测量转速、车速、车高、转向盘转角、减速度等。

📖 学习目标

1. 熟练掌握光电效应的基本概念。
2. 熟悉常用的光电效应器件的特点及工作原理。
3. 掌握光电式传感器在新能源汽车传感检测中的典型应用。
4. 能够利用光电式传感器的理论知识对新能源汽车传感检测中的光照度、转速、车速、车高、转向盘转角、减速度等传感器的原理及特点进行分析。

📖 课前小讨论

目前，新能源汽车上的照明系统普遍采用自动感应前照灯系统，该系统可以自动控制灯光的开启和关闭。例如，车辆白天突然进入隧道，系统会感知光线的变化，自动调节灯光的亮度，照亮前行的道路，进而提高行车的安全性。夜晚会车时，自动感应式前照灯会自动改变远近灯，车辆熄火后延时十几秒自动关灯。该系统是在普通前照灯电路中加装一个对环境光线检测的照度传感器，该传感器基于光电效应原理工作，那么什么是光电效应，照度传感器是怎么工作的呢？

光电式传感器的检测原理是基于材料的光电效应。光电元件是将光信号转换成电信号的光敏器件。用在机械量检测时，光电式传感器检测过程通常为"电"–"光"–"电"，需要两次转换。

光电式传感器的响应速度快、性能可靠，能实现非接触测量，因而在新能源汽车上得到了广泛应用。该类传感器可以直接检测引起光照强度变化的非电量，如照度传感器等，也可用来检测能转换成光量变化的其他非电量，例如车速传感器、转速传感器、车高传感器、转向盘转角传感器、减速度传感器、加速度传感器、转矩传感器等。

第7章 新能源汽车上的光电式传感器

7.1 概述及基本形式

7.1.1 概述

光电式传感器是一种利用光电效应将光信号转换为电信号的传感器,它能够将光通量转换为电量,进而测量多种物理量。光电式传感器的基础是光电效应。光电效应是指当光照射到某些物质上时,物质的电子会吸收光子的能量并产生电荷的现象。根据光电效应的不同类型,光电式传感器可以实现不同的测量功能。

光电式传感器一般由光源、光学通路和光电元件三部分组成。光源发出光线,经过光学通路照射到被测对象上,反射或透射的光线再由光电元件接收并转换为电信号。

光电式传感器具有非接触测量、高精度、快速响应、多参数测量等优点,且随着光电技术的不断发展,性能将不断提升,如更高的敏感度、更快的响应时间、更广的动态范围等,因此,在新能源汽车上得到了广泛应用。

7.1.2 基本形式

光电式传感器用来测量光学量或已转换为光学量的其他被测量,将被测量输出为电信号。光电式传感器由光路及电路两大部分组成。光路实现被测信号对光学量的调制,电路完成从光信号到电信号的转换。光电式传感器按测量光路可分为四种基本形式:透射式、反射式、辐射式和开关式,如图7-1所示。其中,开关式在新能源汽车上的应用十分广泛。可以用来实现对转速、加速度、位置的测量。

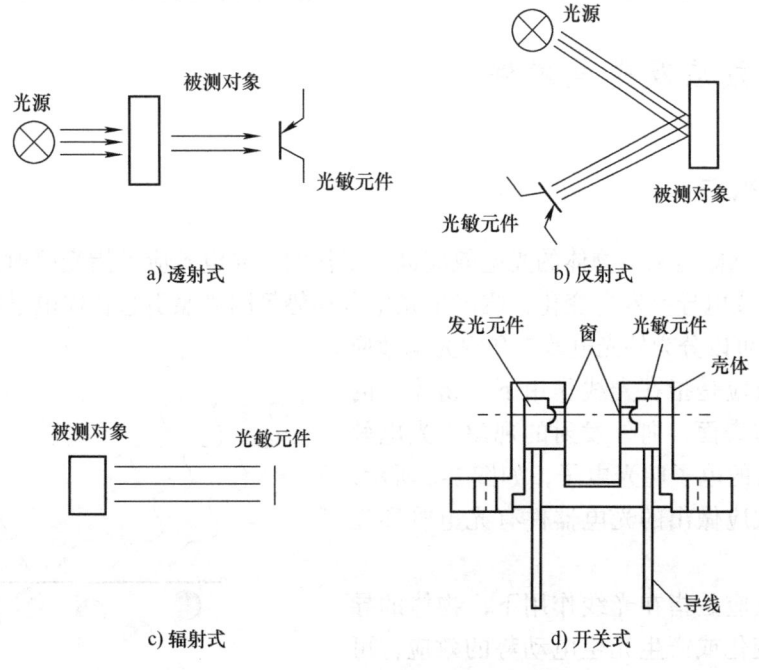

图 7-1 光电式传感器四种基本形式

1. 透射式

透射式光电传感器利用光源发出一恒定光通量的光，并使之穿过被测对象，其中部分光被吸收，而其余的光则到达光敏器件上，转变为电信号输出，如图 7-1a 所示。根据被测对象吸收光通量的多少就可确定出被测对象的特性，此时，光敏器件上输出的光电流是被测对象所吸收光通量的函数。

2. 反射式

反射式光电传感器将恒定光源发出的光投射到被测对象上，由光敏器件接收其反射光通量，如图 7-1b 所示。反射光通量的变化反映被测对象的特性。在新能源汽车上，反射式光电传感器可以通过光通量的变化频率，反映被测物体的转速。

3. 辐射式

这种形式的传感器其光源本身就是被测对象，即被测对象是一辐射源。光电器件接收辐射能的强弱变化，如图 7-1c 所示，光通量的强弱与被测参量（如温度）的高低有关。

4. 开关式

在开关式光电传感器的光源与光电器件间的光路上有物体时，光路被切断，否则，光路畅通，如图 7-1d 所示。当无遮挡物时，光敏器件上表现出有光，此时产生电信号，表现为"1"状态。当有遮挡物时，光敏器件上表现出无光，此时没有电信号，表现为"0"状态。它的使用形式有开关、计数和编码三种，在新能源汽车上应用十分广泛。

7.2 光电效应及光电器件

7.2.1 光电效应

光电式传感器是利用物体的光电效应进行工作的。光电效应是指光照射到物体上使物体发射电子，或电导率发生变化，或产生光生电动势等因光照引起物体电学特性改变的现象。光电效应可以分为外光电效应和内光电效应。

外光电效应是指在光线作用下，物体内的电子逸出物体表面，向外发射的现象。光电效应中所释放出的电子叫光电子，如图 7-2 所示，根据外光电效应做出的光电器件有光电管和光电倍增管。

内光电效应是指在光线作用下，物体的导电性能发生变化或产生光生电动势的效应，可具体分为因光照引起物质电导率变化的光电导

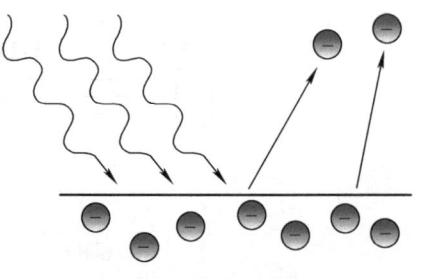

图 7-2 外光电效应

效应（图 7-3）和因光照产生电动势的光生伏特效应（图 7-4）两大类。

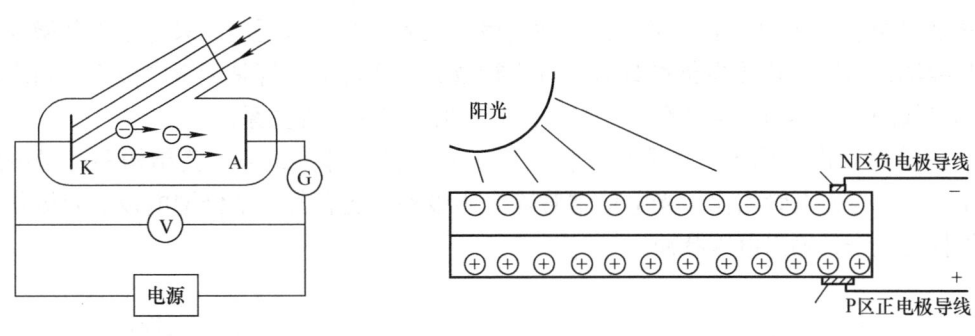

图 7-3　光电导效应　　　　　　图 7-4　光生伏特效应

常用的内光电效应器件有光敏电阻、光电二极管和光电晶体管等。

7.2.2　光电器件

目前，常用的光电器件有光电管、光电倍增管、光敏电阻、光电二极管、光电晶体管、光电耦合器等。

1. 光电管

光电管有真空光电管和充气光电管两类。真空光电管的结构与测量电路如图 7-5 所示。

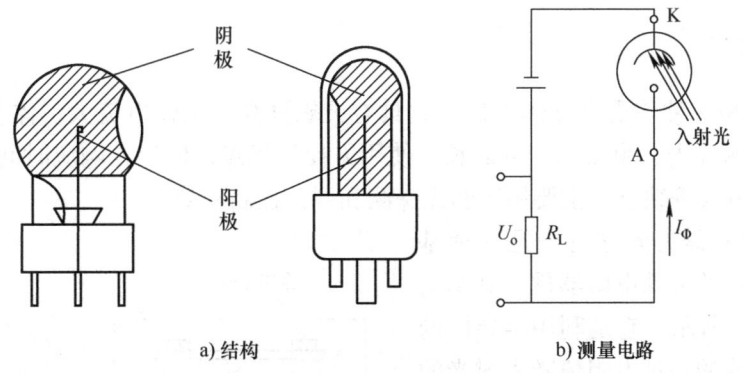

图 7-5　真空光电管

真空光电管由一个阴极（K 极）和一个阳极（A 极）构成，阴极和阳极密封在一只真空玻璃管内。阳极用金属丝弯曲成矩形或圆形，置于玻璃管的中央。阴极装在玻璃管内壁上，其上涂有光电材料，或者在玻璃管内装入内壁上涂有阴极光电材料的柱面形金属板，如图 7-5a 中阴影部分所示。在阴极和阳极之间加有电压，阳极为正极、阴极为负极。当光通过光窗照在阴极上时，光电子就从阴极发射出去，在阴极和阳极之间电场作用下，光电子在极间做加速运动，被高电位的中央阳极收集形成电流，如图 7-5b 所示，光电流的大小主要取决于阴极灵敏度和入射光辐射的强度。

2. 光电倍增管

普通光电管产生的光电流很小，在微安级，当入射光很微弱时，只有零点几微安，很不容易探测，这时常用光电倍增管对电流进行放大。光电倍增管是灵敏度极高、响应速度极快的光探测器，其输出信号在很大范围内与入射光子呈线性关系。

光电倍增管由光阴极、次阴极（倍增极）和阳极三部分组成。其结构和测量电路如图 7-6 所示。与光电管相比，光电倍增管除光阴极外，还有若干个倍增电极，阳极收集来自倍增极的电子，输出电压脉冲。

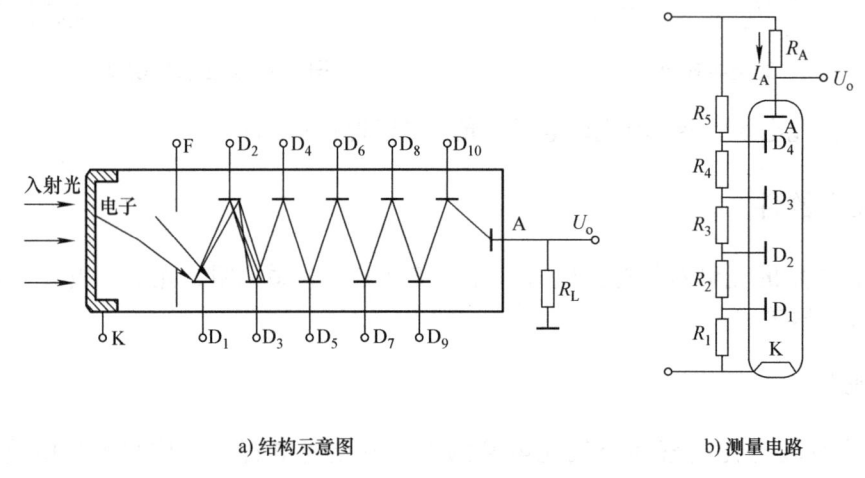

a) 结构示意图　　　　　　b) 测量电路

图 7-6　光电倍增管

3. 光敏电阻

光敏电阻是一种均质半导体器件。它具有灵敏度高、工作电流大、体积小、重量轻、机械强度高、耐冲击、耐振动、寿命长、使用方便等优点，但存在响应时间长、强光线性差、受温度影响大等缺点，主要用于弱光探测和开关控制领域。

光敏电阻又称为光导管，是一种基于光电效应制成的特殊电阻器件，其结构和接线如图 7-7 所示。它是利用半导体的光电导效应制成的一种电阻值随入射光的强弱而改变的电阻器。简单来说，就是其电阻值会根据所接收到光照强度的不同而发生相应变化，光照越强，电阻值往往越小；光照越弱，电阻值则越大。光敏电阻没有极性，纯粹是一个电阻器件，使用时既可加直流电压，也可加交流电压。

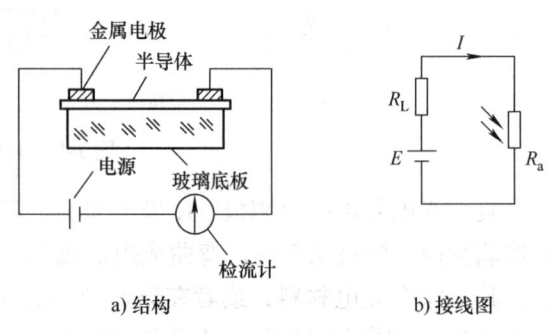

a) 结构　　　　　　b) 接线图

图 7-7　光敏电阻

光敏电阻的主要参数包括：

1）暗电阻：光敏电阻在不受光照射时的阻值称为暗电阻，此时流过的电流称为暗电流。

2）亮电流：光敏电阻在受光照射时的电阻称为亮电阻，此时流过的电流称为亮电流。

3）光电流：亮电流与暗电流之差称为光电流。

一般希望暗电阻越大越好，亮电阻越小越好，此时光敏电阻的灵敏度高。实际光敏电阻的暗电阻阻值一般在 MΩ 量级，亮电阻阻值在几 kΩ 以下。

4. 光电二极管

光电二极管的结构与一般二极管相似。其上面有一个由透镜制成的窗口，以便使光线集中在敏感面上。光电二极管的管芯是一个具有光敏特性的 PN 结，被封装在管壳内，如图 7-8 所示。

当光电二极管受到光照射之后，光子在半导体内被吸收，使 P 型区的电子数增多，也使 N 型区的空穴增多，产生新的自由载流子（即光生电子 – 空穴对）。这些载流子在结电场的作用下，空穴向 P 型区移动，电子向 N 型区移动，从而使通过 PN 结的反向电流大为增加，这就形成了光电流，处于导通状态。当入射光的强度发生变化时，光生载流子的多少相应发生变化，通过光电二极管的电流也随之变化，这样就把光信号变成了电信号。达到平衡时在 PN 结的两端将建立起稳定的电压差，这就是光生电动势。

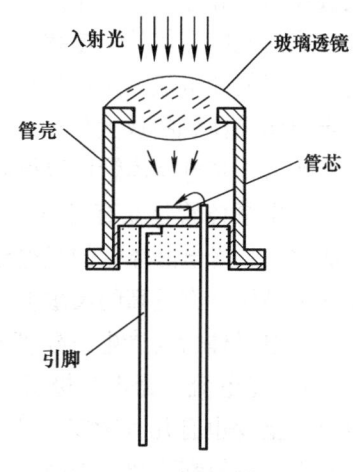

图 7-8　光电二极管结构

光电二极管的结构原理、符号和基本电路如图 7-9 所示。

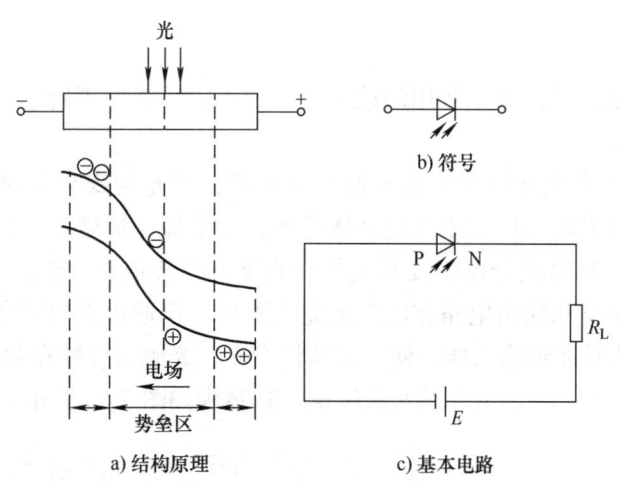

图 7-9　光电二极管结构原理、符号和基本电路

5. 光电晶体管

光电晶体管是具有 NPN 或 PNP 结构的半导体管，它在结构上与普通半导体晶体管类似。为适应光电转换的要求，它的基区面积做得较大，发射区面积做得较小，入射光主要

被基区吸收。和光电二极管一样，管芯被装在带有玻璃透镜的金属管壳内，当光照射时，光线通过透镜集中照射在管芯上，如图 7-10 所示。

当无光照时，流过光电晶体管的电流，就是正常情况下光电晶体管集电极与发射极之间的穿透电流 I_{ceo}，它也是光电晶体管的暗电流。当有光照射在基区时，激发产生的电子 – 空穴对增加了少数载流子的浓度，使集电极反向饱和电流大大增加，该电流注入发射极进行放大，成为光电晶体管集电极与发射极间电流，这就是光电晶体管的光电流。可以看出，光电晶体管利用类似普通半导体晶体管的放大作用，将光电二极管的光电流放大。所以，光电晶体管可以检测光照。

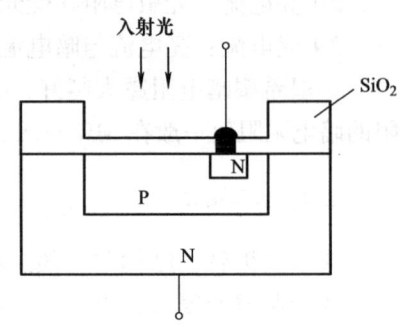

图 7-10　光电晶体管结构

光电晶体管是兼有光电二极管特性的器件，它在把光信号变为电信号的同时又将信号电流放大，光电晶体管的光电流可达 0.4～4mA，而光电二极管的光电流只有几十微安，因此光电晶体管有更高的灵敏度。

光电晶体管与光电二极管相比，光电流、响应时间、输出特性都略有不同。

1）光电流。光电二极管一般只有几微安到几百微安，而光电晶体管一般都在几毫安以上，至少也有几百微安，两者相差十倍至百倍。光电二极管与光电晶体管的暗电流则相差不大，一般都不超过 1μA。

2）响应时间。光电二极管的响应时间在 100ns 以下，而光电晶体管为 5～10μs。因此，当工作频率较高时，应选用光电二极管；只有在工作频率较低时，才选用光电晶体管。

3）输出特性。光电二极管有很好的线性特性，而光电晶体管的线性较差。

6. 光电耦合器

光电耦合器是新能源汽车上常用的检测元件，可以用来实现转速、转矩、位置、加速度等物理参数的检测。

光电耦合器是将发光元件和光敏元件合并使用，以光为媒介实现信号传递的光电器件。光敏元件可以是光电二极管或光电晶体管等，为了保证灵敏度，要求发光元件与光敏元件得到最佳匹配。光电耦合器将发光元件和光敏元件集成在一起，封装在一个外壳内。光电耦合器的输入电路和输出电路在电气上完全隔离，仅通过光的耦合才把二者联系在一起。工作时，把电信号加到输入端，使发光器件发光，光敏元件则在此光照下输出光电流，从而实现"电"→"光"→"电"的两次转换。其结构如图 7-11 所示。

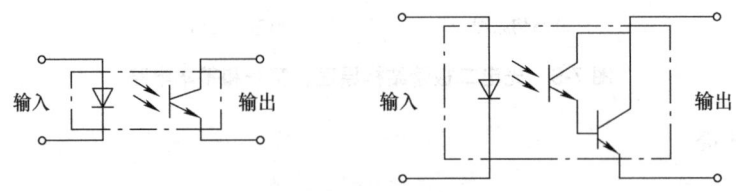

图 7-11　光电耦合器

光电耦合器能起到电量隔离的作用，因此，具有抗干扰和单向信号传输功能。光电耦合器属于易失效器件，要特别注意光耦的选型、替代、工作电流、工作温度。在光电耦合器的输入部分和输出部分必须分别采用独立的电源，当用光电耦合器来隔离输入输出通道时，必须隔离所有的信号（包括数字量信号、控制量信号、状态信号），确保被隔离的两边没有任何电气上的联系。

光电耦合器的输入回路和输出回路之间可以承受几千伏的高压，因此可起到很好的安全保障作用，即使当外部设备出现故障，甚至输入信号线短接时，也不会损坏仪表。光电耦合器的响应速度极快，其响应延迟时间只有 10μs 左右，适于对响应速度要求很高的场合。

7.3 新能源汽车上的光电式传感器

光电式传感器可以直接检测光照度，间接实现转速、车速、减速度、转矩等的检测，其非接触形式非常适用于电磁隔离的场合，在新能源汽车上应用十分广泛。

1. 日照光传感器

在新能源汽车上，日照光传感器可以提升汽车舒适性、安全性和智能化水平，主要应用有：

1）自动调节照明系统：日照光传感器能够检测周围环境的光照强度，并根据光照条件自动调整车内照明亮度，确保驾驶员在任何光线条件下都能获得最佳的视觉效果，提高驾驶安全性。

2）智能前照灯系统：在智能前照灯系统中，日照光传感器能够自动调节远近光灯的切换，避免对对方驾驶员造成眩光干扰，有效提高道路交通安全。

3）自动空调控制系统：日照光传感器应用在汽车自动空调控制系统中，其功能是检测日照量以调整空调的出风温度和风量。

4）昼间行车安全：日照光传感器还可以应用在昼间行车安全方面，通过实时监测外界光照强度，为驾驶员提供更加准确的路面信息，有助于驾驶员在日间行车时及时发现前方障碍物，减少交通事故的发生。

5）车载娱乐/导航/DVD 系统背光控制：日照光传感器用于车载娱乐系统背光控制，以便在所有环境光条件下都能显示出理想的背光亮度。

6）自动后视镜亮度控制：日照光传感器用于自动后视镜亮度控制，当镜子变暗和/或变亮时需要智能的亮度管理，可以通过日照光传感器来完成。

下面以用于汽车自动空调控制系统中的日照光传感器说明其原理和工作过程。

该传感器位于仪表板中部除霜出风口前的一个盖板下方，由空调控制器提供 5V 电压。它不受环境温度的影响，能够准确地检测出光照强度的变化。

日照光传感器主要由壳体、滤光片及光电二极管组成，如图 7-12 所示。通过光电二极管把光照强度转化为电流，根据电流的大小判断光照强度的大小，并把信息送入自动空调控制单元，自动空调控制单元根据此信号调整车内空调吹出的风量与温度。

传感器壳体中含有两个光电二极管和一个光学元件。光学元件分为两个腔室，每个腔室各含一个光电二极管。当太阳光从左侧照射到传感器上时，光学元件本身的特性会使光线集中到左侧的光电二极管上。因此，左侧的光电二极管上产生的电流会大于右侧光电二极管上产生的电流。当阳光从右侧照射时，那么右侧的光电二极管的电流会明显地大于左侧光电二极管上产生的电流，如图 7-13 所示。因此，自动空调控制单元就可以判断出车内的哪一侧正在受到日光照射的影响而升温，并采取相应的控制措施。

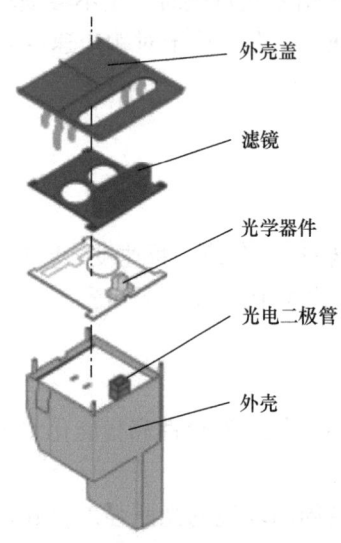

图 7-12　日照光传感器 1

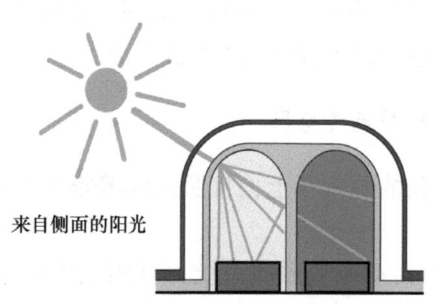

图 7-13　日照光传感器 2

在传感器中，若某个光电二极管损坏，空调控制系统将参考仍能正常工作的光电二极管的信号，调用一个固定的替代值作为损坏光电二极管的控制参量；若两个光电二极管均损坏，空调控制系统将用两个固定替代值作为控制参量，以维持空调系统的正常工作。不过，此时空调系统的控制精度会有一定程度变化。

日照光传感器的电路图如图 7-14 所示。

日照光传感器检测方法：

1）拆下仪表板上的杂物箱，拔下日照光传感器导线插接器，点火开关置于 ON 位置，用布遮住传感器，然后用灯光照射传感器，测量传感器插接器端子 1 与 2 间的电压值。在正常情况下，电压值应为 4.0～4.5V，随着灯光逐渐远离电压减小，不应超过 4.0V。

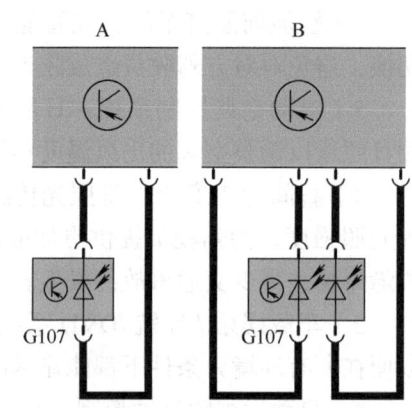

图 7-14　日照光传感器电路图

2）用布遮住传感器，测量插接器端子 1 与 2 间的电阻值，在正常情况下应为不导通（阻值 ∞）。从日照光传感器上移开遮布，使其受灯光照射，检测端子 1 和 2 之间的电阻，电阻值应为 4kΩ（灯光移开，电阻值随之下降）。

2. 转向盘转角传感器

目前，随着汽车智能化水平的提高，电控助力转向系统（EPS）由于其能够提高驾驶舒适性、操控性、安全性，以及节省能源、减少维护成本、响应速度快、空间占用小、可与其他系统集成等优点，越来越多地用于各种新能源汽车上。EPS主要由转矩传感器、车速传感器、EPS ECU、转向电机、减速机构等组成。转矩传感器测出驾驶员施加在转向盘上的操纵力矩，车速传感器测出车辆当前的行驶速度，将这两个信号传递给ECU，ECU根据内置的控制策略，计算出理想的目标助力力矩，转化为电流指令给助力转向电机，电机产生的助力力矩经减速机构放大作用在机械式转向系统上，和驾驶员的操纵力矩一起克服转向阻力矩，实现车辆的转向。

转角传感器安装于转向柱上（图7-15），光电式转向盘转角传感器由刻有窄缝的信号转子、光源和光接收器组成，其结构如图7-16所示。

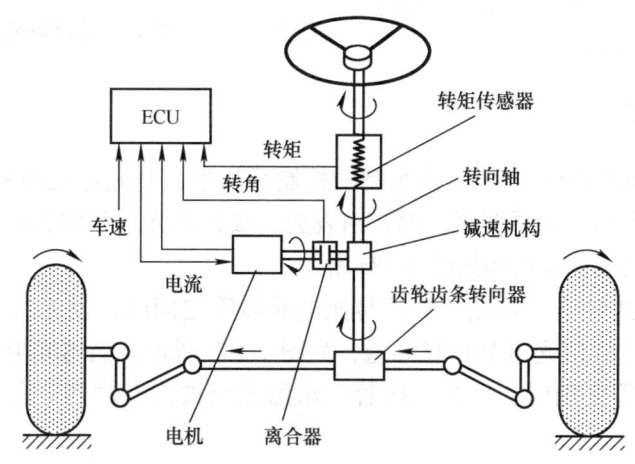

图7-15　EPS的结构

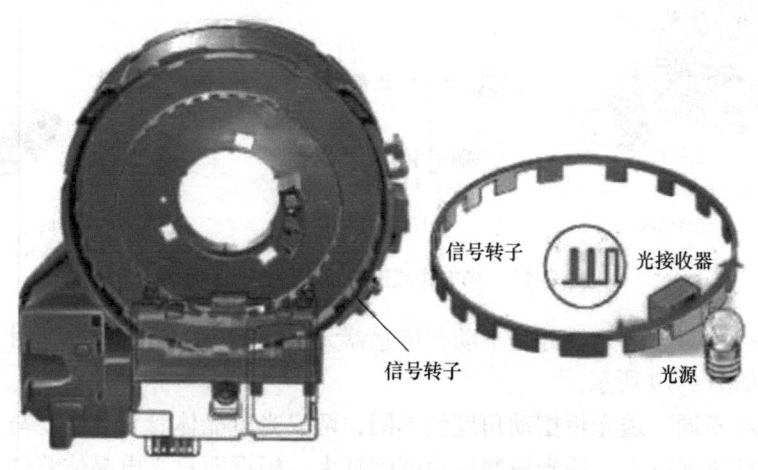

图7-16　光电式转向盘转角传感器结构

在压入转向轴的圆盘中间，装有带窄缝的遮光板（信号转子）。由发光二极管和光电晶体管组成的光电耦合器件以 2 个为一组，装在遮光板两侧。遮光板上等距离均匀排列着窄缝。遮光板随转向轴转动时，光敏晶体管的输出产生通（ON）断（OFF）变换。ECU 根据两信号发生器输出端通、断变换的速率，即可检测出转向轴的转动速率，通过计数器统计通、断变换的次数，即可检测出转向轴的转角。

设计转向盘转角传感器时，将两个信号发生器通、断变换的相位角错开 90°。汽车直线行驶时，信号 A 处于通断状态（高电平）的中间位置。转向时，根据信号 A 下降沿处信号 B 的状态，即可判断出转向的方向。信号 A 由断状态变为通状态（低电平）时，如果信号 B 为通状态，则为左转向，如果信号 B 为断状态，则为右转向，如图 7-17 所示。

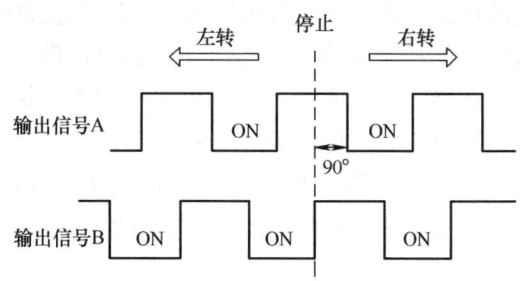

图 7-17　光电式转向盘转角传感器的转向判断原理

3. 减速度传感器

光电式减速度传感器主要用于汽车制动控制系统中，其光电元件采用光电耦合器件。光电式减速度传感器由一块透光板、两组由发光二极管和光电晶体管组成的光电耦合器件和信号处理电路等组成，其结构如图 7-18a 所示。

当透光板上的开口位于发光二极管与光电晶体管之间时，发光二极管发出的光线能够射到光电晶体管上，使光电晶体管导通，如图 7-18b 所示。当透光板上的板面位于发光二极管与光电晶体管之间时，发光二极管发出的光线被板面遮挡，光电晶体管截止，如图 7-18c 所示。

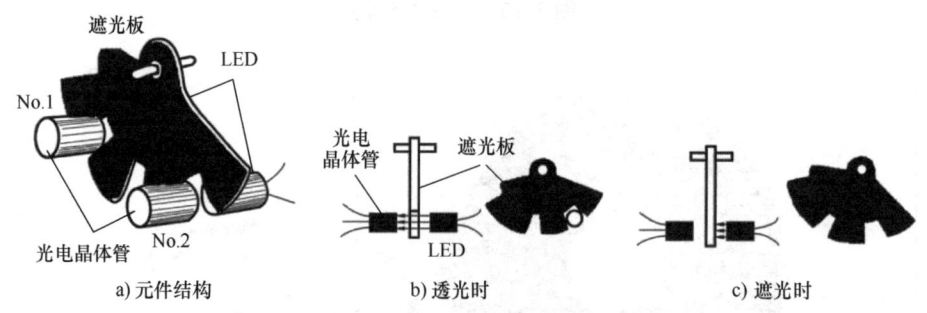

图 7-18　光电式减速度传感器工作原理

汽车匀速行驶时，透光板静止不动，传感器无信号输出。当汽车减速时，透光板沿汽车纵向摆动，如图 7-19 所示。

减速度大小不同，透光板摆动角度就不同，两只光电晶体管"导通"与"截止"状态也就不相同。减速度越大，透光板摆动角度就越大。根据两只光电晶体管的输出信号，就可将汽车减速度区分为 4 个等级，见表 7-1。

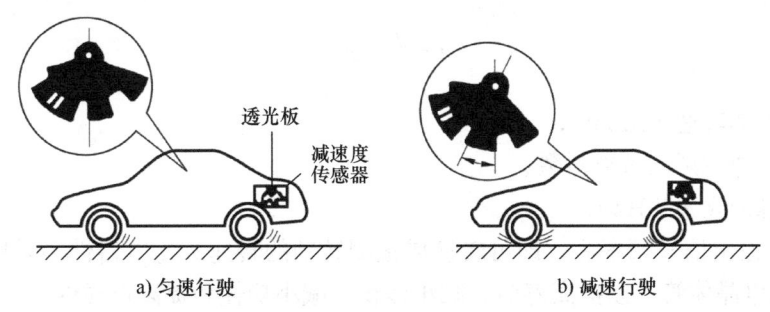

图 7-19　光电式减速度传感器透光板的位置状态

表 7-1　减速度与晶体管导通对应关系

减速度速率等级	低减速率 1	低减速率 2	中等减速率 2	高减速率
No.1 晶体管	导通	截止	截止	导通
No.2 晶体管	导通	导通	截止	截止

ABS ECU 接收到传感器信号后，就可判断出车辆行驶状况，从而采取相应的措施。

4. 转速传感器

光电式转速传感器具有高精度、高响应速度等特点，在新能源汽车的多个关键系统中发挥着重要的作用。它可以用来测量电机输出转速、变速器输入轴转速和输出轴转速，为诸如 ABS、ESP、ASR 等各种控制系统，提供精确的转速信号，通过对车辆速度、方向、距离等参数的测量，实现对车辆的智能化控制。

图 7-20 所示为光电式数字转速传感器的工作原理图。

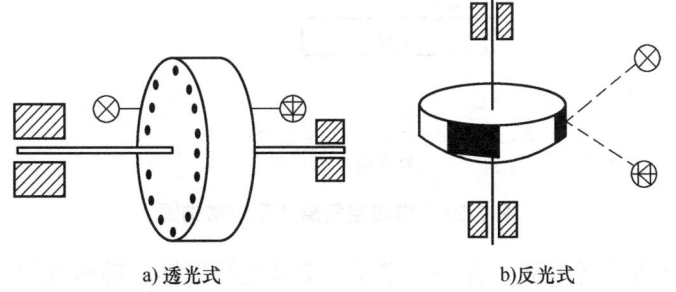

图 7-20　光电式数字转速传感器工作原理

透光式检测方式是将一带孔圆盘安装在待测转速轴上，在圆盘一边由发光二极管等产生恒定光源，透过盘上小孔到达光电二极管或光电晶体管上，转换成相应的电脉冲信号，经过输出电路输出，通过该脉冲频率测定转速大小。

反光式检测方式是在待测转速的盘上固定一个涂有黑白相间条纹的圆盘，它们具有不同的反射信号，因此可转换成电脉冲信号。

被测转速 n 可由孔数或黑白条纹对数和脉冲频率求得。

$$n = \frac{f}{N} \times 60 \tag{7-1}$$

式中　n——被测转速（r/min）；

　　　N——孔数或黑白条纹对数；

　　　f——脉冲频率（Hz）。

当检测到输出信号频率后，即可转换成被测转轴的转速。光电器件多采用光电池、光电二极管和光电晶体管，以提高寿命、减小体积、减小功耗和提高可靠性。

5. 车高传感器

在电控空气悬架系统（其结构如图 7-21 所示）中，车高传感器用于检测车身相对于地面的高度，实时监测车身高度的变化，并将这些变化转换成电信号输入 ECU。ECU 根据车身高度和车速信号，调节悬架的刚度和阻尼，以保持车辆的乘坐稳定性和舒适性。光电式车高传感器具有非接触式测量的特点，这意味着它们不会产生摩擦，确保零磨损运行。

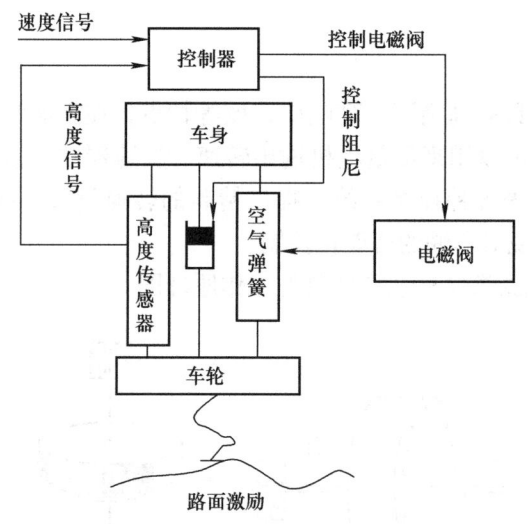

图 7-21　电控空气悬架系统结构图

在光电式车高传感器内部，有一个靠连杆带动旋转的轴，轴通过导杆与独立悬架的摆臂相连。在轴上装有一个开有许多槽的遮光盘，遮光盘的两侧装有 4 组由发光二极管和光电晶体管组成的光电耦合元件，其构造如图 7-22 所示。

遮光盘位于发光二极管与光电晶体管之间，当车身高度发生变化（即悬架变形量发生变化）时，悬架通过导杆带动轴旋转，轴即驱动遮光盘转动，当遮光盘转动时，发光二极管发出的光被遮光盘挡住或通过遮光盘光缝到达光电晶体管，光电晶体管输出端出现 ON、OFF 电平高低的变化，如图 7-23 所示。ECU 接收到电平信号的变化，可检测出遮光盘的转动角度，从而实现车身高度的检测。

传感器的信号发生器以 4 个为一组，覆盖了窄缝盘。其变化规律见表 7-2。

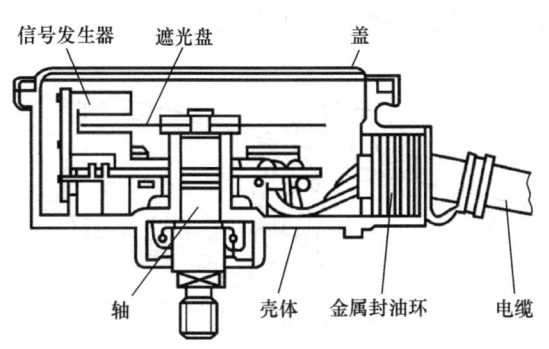

图 7-22 车高传感器的构造

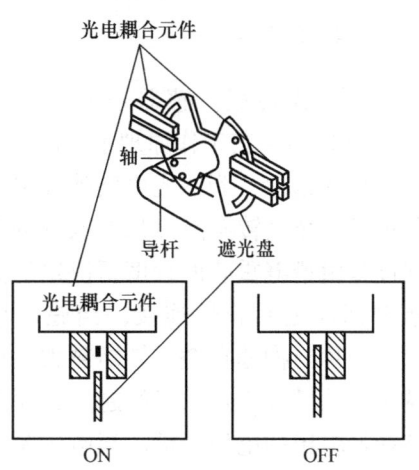

图 7-23 车高传感器的工作原理

表 7-2 传感器不同组合下的车高范围

车高	光电耦合元件的状态				车高范围	计算机的判断结果
	No.1（SH_1）	No.2（SH_2）	No.3（SH_3）	No.4（SH_4）	15	过高
	OFF	OFF	ON	OFF	14	
	OFF	OFF	ON	ON	13	
	ON	OFF	ON	OFF	12	高
	ON	OFF	OFF	OFF	11	
	ON	OFF	OFF	ON	10	
高↕低	ON	ON	OFF	ON	9	
	ON	ON	OFF	OFF	8	正常
	ON	ON	ON	OFF	7	
	ON	ON	ON	ON	6	
	OFF	ON	ON	ON	5	
	OFF	ON	ON	OFF	4	低
	OFF	ON	OFF	OFF	3	
	OFF	ON	OFF	ON	2	
	OFF	OFF	OFF	ON	1	过低
	OFF	OFF	OFF	OFF	0	

在 ECAS 中，因为减振器在行车过程中总是振动的，很难判定当时车身所处的区域，所以 ECU 每隔数 10ms 就检测一次车身高度传感器输出的信号，并对一定时间内各信号所占区域的百分比进行计算，以此来判断车身实际所处的区域。车身高度传感器信号输入 ECU，ECU 根据该信号控制压缩机及排气阀，以增加或减少悬架主气室内的空气量，从而保持车身高度为一定值。

6. 转矩传感器

光电式转矩传感器是利用光电转换原理制成的，它具有很高的精确度和可靠性。图 7-24 所示为其工作原理示意图。光线从光源 S 沿平行轴线方向射出，通过横置于当中的一对挡片槽缝，到达光电转换器 D。由此可见，光电转换器 D 所接收到的光线强度是由槽缝重叠的程度所决定的。两槽缝挡片之间弹性连接，当施以扭力时，挡片与槽缝重叠，转矩越大，重叠越多，从槽缝通过的光线越少，而光电转换器输出的电压越低。当电压输入到 ECU 后，就可实现对转矩的自动控制。

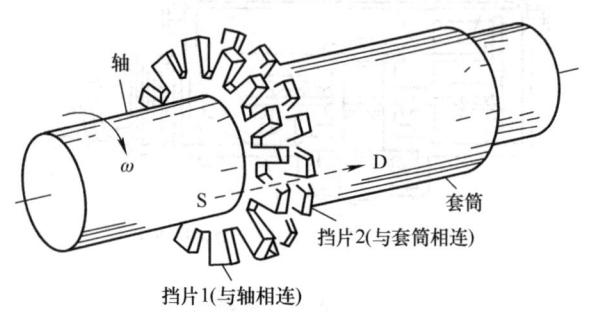

图 7-24　光电式转矩传感器的工作原理

7. 发动机转速传感器

光电式发动机转速传感器可以检测曲轴位置，一般安装在曲轴前端或分电器内，由信号发生器和带光孔的信号盘组成，如图 7-25 所示。

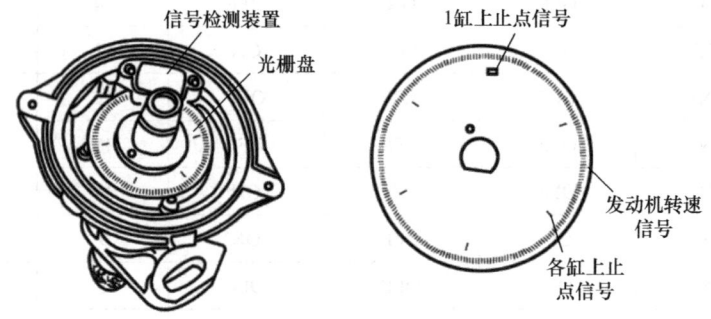

图 7-25　光电式发动机转速传感器的结构

信号盘与曲轴一起转动，信号盘外圈有 360 条光刻缝隙，传感器装在分电器内时产生曲轴转角 1° 的信号。稍靠内有间隔 60° 均布的 6 个光孔，产生曲轴转角 120° 的信号，其中一个光孔稍宽，用以产生相对于 1 缸上止点的信号。

信号发生器由两只发光二极管、两只光电二极管和电路组成，如图 7-26 所示。两只发光二极管正对着两只光电二极管，信号盘位于发光二极管和光电二极管之间，信号盘上有光孔，产生透光和遮光交替变化现象，使信号发生器输出脉冲信号。当发光二极管

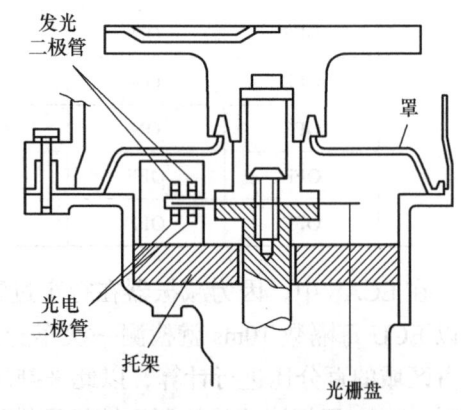

图 7-26　光电式转速传感器和曲轴位置传感器

的光束照到光电二极管时，光电二极管产生电压；当发光二极管光束被挡住时，光电二极管电压为0V。这些电压信号经电路部分整形放大后输送给ECU，ECU根据这些信号计算发动机转速和曲轴位置。

8. 车速传感器

光电式车速传感器用于数字式速度表上，由发光二极管和光电晶体管以及装在速度表驱动轴上的遮光板构成。其结构如图7-27所示。

光电式车速传感器的工作原理如图7-28a所示。当发光二极管的光源不被遮光板遮断光束时，发光二极管的光照射到光电晶体管上，在光电晶体管的集电极中有电流通过，这时光电晶体管

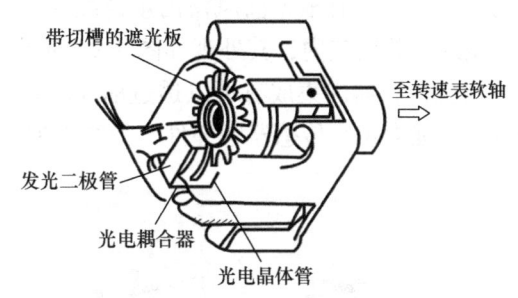

图7-27 光电式车速传感器的结构

导通，在Si端子产生5V电压输出。当发光二极管的光源被遮光板遮断光束时，发光二极管的光不能够照射到光电晶体管上，在光电晶体管的集电极中无电流通过，这时光电晶体管截止，在S端子产生低电平输出。

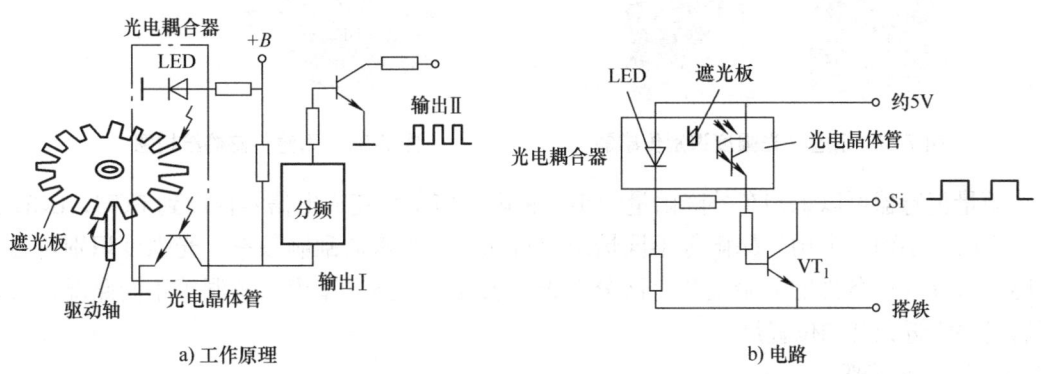

图7-28 光电式车速传感器的工作原理

脉冲频率取决于车速n和遮光板中的窄缝数目，见式（7-1）。

9. 雨量/光强度传感器

随着汽车智能化的发展，现代汽车上普遍采用智能刮水系统，在雨天行车时，可以免除驾驶员手动操作刮水器的麻烦，有效提高行车安全。当刮水器组合开关打到自动控制档位时，智能刮水系统则根据雨量大小，自动开启刮水系统，图7-29所示为一种刮水器组合开关结构示意图。

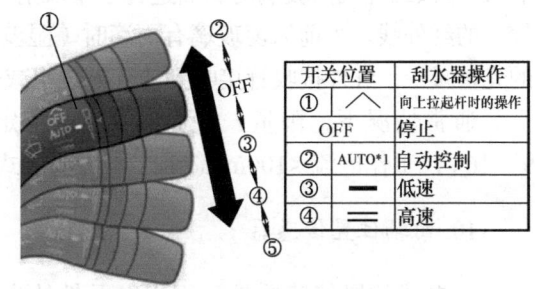

图7-29 刮水器组合开关结构

雨量传感器采集环境中雨量的大小，将雨量信号传递到ECU，ECU根据雨量信号自动起动刮水功能，实现不同速度工作。有些系统还可以与光照度传感器配合，在雨天会自动打开前照灯。

（1）结构

组合雨量/光强度识别传感器包括一个光辅助控制功能，可免除驾驶员手动接通行车灯的工作，还具有根据前风窗雨量情况控制刮水器的功能，通常安装在前风窗玻璃上车内后视镜的安装底座内，其外观如图7-30所示。

雨量传感器内集成有可以透过前风窗玻璃发射出红外线的环形发光二极管、红外接收管以及光强度识别传感器等部件，如图7-31所示。

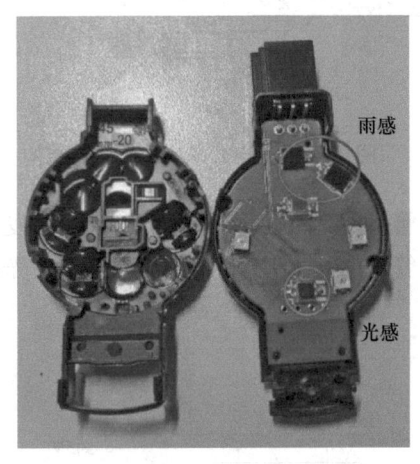

图7-30 雨量/光强度识别传感器

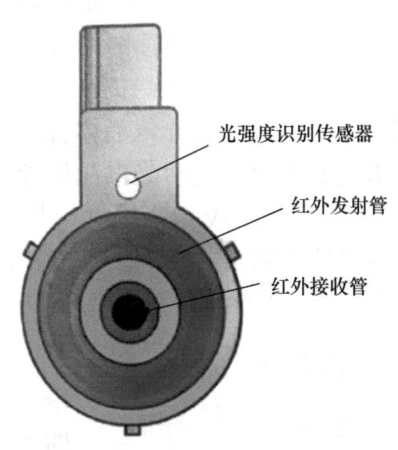

图7-31 雨量传感器结构图

雨量传感器可以识别车外降雨量大小，将雨量信息转变成电信号传递到ECU，ECU根据毛毛雨、小雨、大雨、暴雨等不同情况，自动调节刮水器刮刷频率。光强度识别传感器可感知车外光照条件的明暗变化，区分白天、黑夜、隧道、车库、桥洞等不同路况，自动开启或关闭近光灯和位置灯。

（2）工作原理

光电式雨量传感器是根据光折射的原理来判断前风窗玻璃的湿度情况，传感器内集成的环形发光二极管在乘员舱内透过前风窗玻璃发射出红外线，如果玻璃处于干燥状态（干玻璃），那么红外线由玻璃的表面进行了全反射，则集成在该传感器中央的红外接收管能接收到较多的红外线。当前风窗玻璃有雨滴时（湿玻璃），玻璃表面因水滴的作用会发生散射，反射的光量减少，红外接收管接收到的红外线也减少，最终导致输出电压改变，如图7-32所示。

通常情况下，雨量/光强度传感器额定工作电压为DC 12V，正常工作电压范围为9~16V，工作电流<100mA@12V，传输方式为LIN。

10. 曲轴位置传感器

光电式位置传感器是利用光电元件的光电效应测量位置信号的，主要用于曲轴位置、车身高度、转向盘转角等检测。

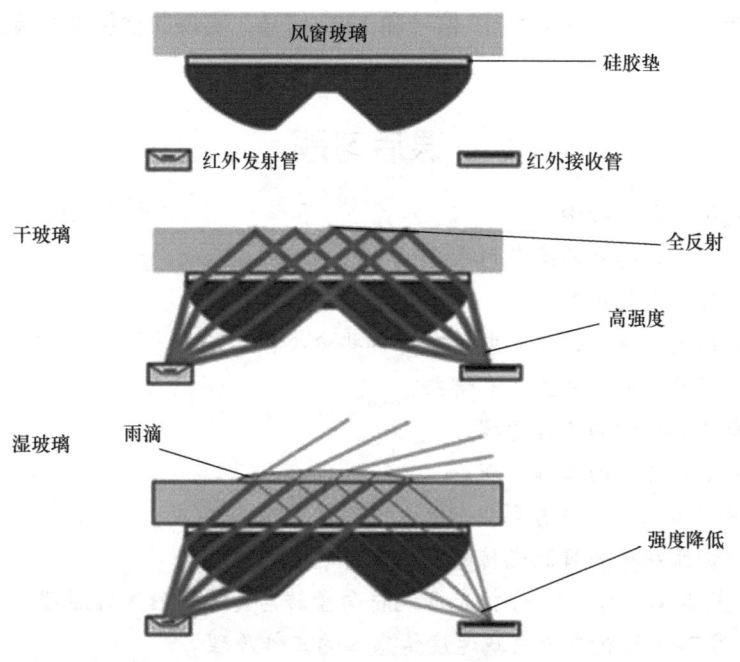

图 7-32 雨量传感器工作原理

光电式曲轴位置传感器一般安装在分电器内,由信号发生器和带缝隙、光孔的信号盘组成。信号盘安装在分电器轴上,随分电器轴一起转动,它的外围均布有 180 或 360 条缝隙,这些缝隙即是光孔,产生 1° 信号,对于六缸发动机,在信号盘外围稍靠内的圆上,间隔 60° 分布 6 个光孔,产生 120° 曲轴转角信号,其中有一个较宽的光孔是产生第一缸上止点对应的 120° 信号缝隙,两组由光电二极管和发光二极管组成的光电耦合器件分别检测圆盘外侧 1° 信号和内侧 120° 曲轴转角信号(判缸信号)(图 7-33)。其结构原理与光电式发动机转速传感器相同。

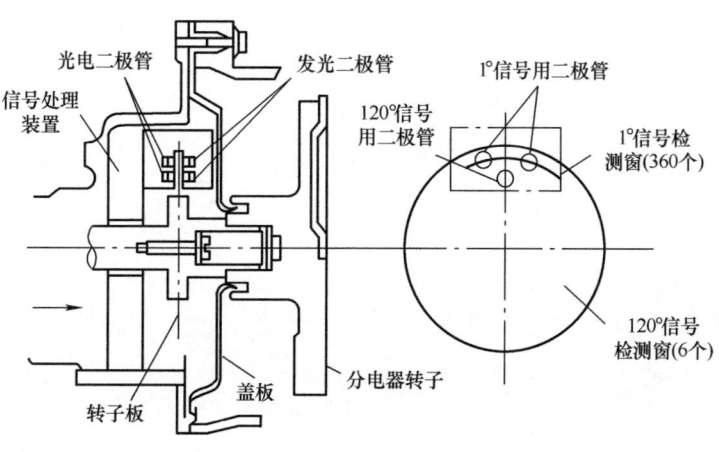

图 7-33 光电式曲轴位置传感器结构

当发光二极管的光束照射到光电二极管上时，光电二极管感光而导通；当发光二极管的光束被遮挡时，光电二极管截止。信号发生器输出的脉冲电压信号送至电子电路放大整形后，即向电控单元输送曲轴转角 1° 信号和 120° 信号，实现曲轴位置的检测。

课后习题

1. 光电式传感器一般由_____、_____和_____三部分组成。
2. 简述光电式传感器的基本形式。
3. 什么是外光电效应？
4. 什么是内光电效应，内光电效应有哪些分类？
5. 目前常用的光电器件主要有哪些？
6. 简述光电二极管的工作原理。
7. 简述光电耦合器的工作原理。
8. 新能源汽车上，主要有哪些光电式传感器的应用？
9. 简述空调系统中的日照光传感器的工作过程。
10. 根据图 7-16、图 7-17 分析光电式转向盘转角传感器的工作原理。
11. 根据图 7-18 分析光电式减速度传感器的工作原理。
12. 根据图 7-23 分析光电式车高传感器的工作原理。
13. 根据图 7-24 分析光电式转矩传感器的工作原理。
14. 根据图 7-28 分析光电式车速传感器的工作原理。

第8章 新能源汽车上的热电式传感器

📖 本章导学

热电式传感器是一种将温度变化转换为电量变化的装置，它利用某些材料或元件的性能随温度变化的特性来进行测量。按照其工作原理可以分为热敏电阻、热电偶、热电阻和热电开关。热电式传感器在新能源汽车上的典型应用是检测动力电池、驱动电机和其他系统的温度，实现温度的自动控制和过热保护等功能。

📖 学习目标

1. 熟练掌握热电效应、热电偶、热电阻、热敏电阻、红外辐射、接触电动势、温差电动势、工作端（热端）、自由端（冷端）等概念。
2. 掌握热敏电阻的测温原理及 NTC、PTC、CTR 的温度特性。
3. 理解热电偶的测温原理、基本定律、热电偶的结构与种类、热电偶的冷端温度补偿、热电偶的测温电路。
4. 掌握热电阻（铂热电阻、铜热电阻）的温度特性、测量电路（两线制、三线制、四线制）。
5. 掌握热电偶、热电阻分度表的使用方法。
6. 了解热电阻测温原理和特点。
7. 熟悉热电式传感器在新能源汽车传感检测中的典型应用。
8. 能够对新能源汽车传感检测中的温度传感器的原理及特点进行分析。

📖 课前小讨论

新能源汽车快速抢占传统燃油车市场份额的同时，不断被曝光的新能源汽车自燃事件，让新能源汽车的普及再次受到了制约。据应急管理部门统计公布的数据显示，仅2023年第一季度，新能源汽车自燃率就上涨了32%，平均每天就有8辆新能源汽车发生火灾（含自燃）。因此，在新能源汽车上，对电池温度的实时监测和管理至关重要，温度传感器是电池热管理系统的重要组成部分，是控制信息的源头，在电池温度管理、充电功率调整、延长电池寿命、提高电池安全性方面发挥着巨大的作用。电池温度传感器的作用原理是什么，又是如何实现的呢？

热电式传感器是一种将温度变化转换为电量变化的装置，它利用敏感元件的电参数随温度变化的特性来实现对温度的测量。热电式传感器主要包括热敏电阻、热电偶、热电阻和热敏开关等，是温度测量的基本传感器。

热电式传感器在新能源汽车上的主要应用有 HV 蓄电池温度传感器、驱动电机温度传感器、蒸发器出口温度传感器、冷却液温度传感器、排气温度传感器、进气温度传感器、燃油温度传感器、EGR 监测温度传感器、液位传感器和散热器的热敏开关等。

8.1 热敏电阻及热电阻

8.1.1 热敏电阻

在新能源汽车上，热敏电阻由于其电阻温度系数大、灵敏度高、体积小（最小直径可达 0.1～0.2mm，可用来测量"点温"）、结构简单坚固（能承受较大的冲击、振动）、热惯性小、热敏响应速度快（适用于快速变化的测量场合）、使用方便、寿命长、易于实现远距离测量（本身阻值一般较大，无需考虑引线电阻对测量结果的影响）等优点，得到了广泛的应用。

热敏电阻是利用半导体的电阻值随温度显著变化这一特性制成的一种热敏元件，其特点是电阻率随温度而显著变化，在温度检测中，被称为"最灵敏的温度传感器"。其外观如图 8-1 所示。

热敏电阻是由某些金属氧化物（如 NiO、MnO_2、CuO、TiO_2 等）采用不同比例配方，经高温烧结而成的，主要由敏感元件、引线和壳体组成。根据使用要求，可制成珠状、片状、杆状、垫圈状等各种形状，其直径或厚度约为 1mm，长度往往不到 3mm。热敏电阻的外观和电路符号如图 8-2 所示。

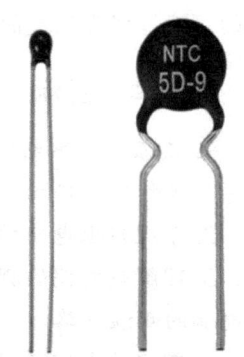

图 8-1 热敏电阻的外观

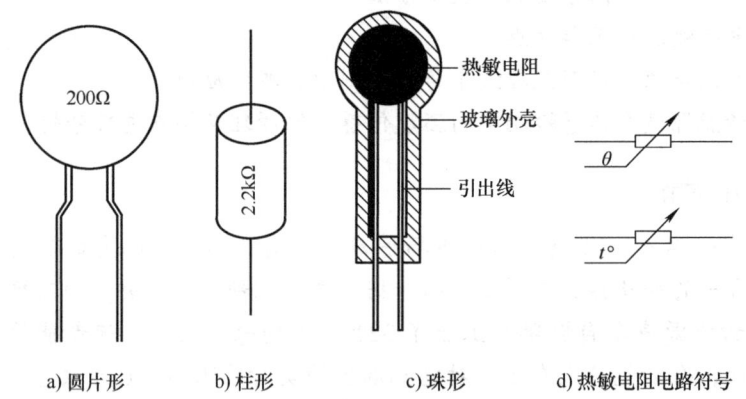

a) 圆片形　　b) 柱形　　c) 珠形　　d) 热敏电阻电路符号

图 8-2 热敏电阻的外观和电路符号

目前热敏电阻主要存在互换性较差，同一型号的产品特性参数有较大差别，稳定性较差，非线性严重，且不能在高温下使用等缺点。但随着技术的发展和工艺的成熟，热敏电阻的缺点将逐渐得到改进。热敏电阻的测温范围一般为 -50～350℃，可用于液体、气体、固体等对温度测量精度要求不高但快速、灵敏的场合。

根据半导体的电阻 - 温度特性，热敏电阻可分为三类，即负温度系数（Negative Temperature Coefficient，NTC）热敏电阻、正温度系数（Positive Temperature Coefficient，PTC）热敏电阻和临界温度系数热敏电阻（Critical Temperature Resistors，CTR）。其中，

NTC 热敏电阻的特点是温度越高,阻值越小,且有明显的非线性和很高的负电阻温度系数,特别适用于 –100 ~ 300℃之间测温,是新能源汽车上最常用的温度检测元件。PTC 热敏电阻的阻值随温度升高而增大,且有斜率最大的区域,当温度超过某一数值时,其电阻值朝正的方向快速变化,在新能源汽车上的主要用途是加热,如空调暖风、玻璃除雾除霜等。CTR 也具有负温度系数,但在某个温度范围内电阻值急剧下降,曲线斜率在此区段特别陡,灵敏度极高,主要用作温度开关。

它们的温度特性曲线如图 8-3 所示。

正温度系数热敏电阻的阻值与温度的关系可表示为

$$R_t = R_0 \exp[A(t-t_0)] \quad (8-1)$$

式中 R_t,R_0——温度 t 和 t_0 时的电阻值(Ω);
  A——热敏电阻的材料常数(K^{-1});
  t_0——0℃时的绝对温度,$t_0 = 273.15K$。

大多数热敏电阻具有负温度系数,其阻值与温度的关系可表示为

$$R_t = R_0 \exp\left[\frac{B}{t} - \frac{B}{t_0}\right] \quad (8-2)$$

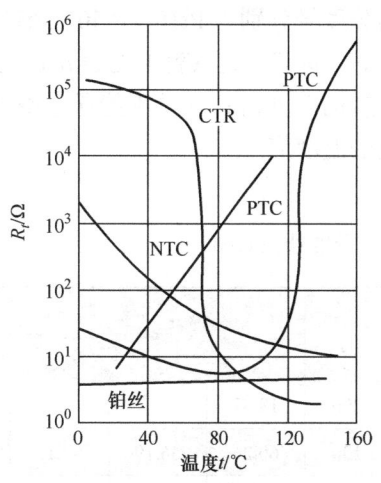

图 8-3 热敏电阻温度特性曲线

式中 B——热敏电阻的材料常数(K),由材料、工艺及结构决定,B 一般在 1500 ~ 6000K 之间。

8.1.2 热电阻

热电阻作为一种感温元件,同热敏电阻一样,也是利用导体的电阻值随温度变化而变化的特性来实现对温度的测量。最常用的材料是铂和铜,主要用来测量中低温区(–200 ~ 500℃)的温度。

热电阻由电阻体、保护套管和接线盒等部件组成。热电阻丝是绕在骨架上的,骨架采用石英、云母、陶瓷或塑料等材料制成,可根据需要将骨架制成不同的外形。为了防止电阻体出现感应电感,热电阻丝通常采用双线并绕法。

1. 铂热电阻

铂热电阻在氧化性介质中,甚至在高温下,其物理、化学性能稳定,电阻率大,精确度高,能耐较高的温度,其缺点是价格高。按 IEC 标准,铂热电阻的使用温度范围为 –200 ~ 850℃。

铂热电阻的特性方程为:
在 –200 ~ 0℃的温度范围内:

$$R_t = R_0[1 + At + Bt^2 + Ct^3(t-100)] \quad (8-3)$$

在 0～850℃ 的温度范围内：

$$R_t = R_0[1 + At + Bt^2] \qquad (8\text{-}4)$$

式中，温度系数 $A = 3.9 \times 10^{-3}/℃$，$B = -5.8 \times 10^{-7}/℃^2$，$C = -4.2 \times 10^{-12}/℃^4$。

从式（8-2）和式（8-3）可以看出，热电阻在温度 t 时的电阻值 R_t 与 R_0（标称电阻）有关。目前，工业用铂热电阻有 $R_0 = 10Ω$、$R_0 = 50Ω$、$R_0 = 100Ω$ 和 $R_0 = 1000Ω$ 四种，它们的分度号分别为 Pt10、Pt50、Pt100 和 Pt1000，分度号为 Pt100 的铂热电阻较为常用，其分度表（即 R-t 关系表）见表 8-1。实际测量中，只要测得热电阻的阻值 R，便可从表中查出对应的温度值；如果不能通过查表直接得出温度值，则可以结合查表和内插法计算得出对应的温度值。

表 8-1　铂热电阻的分度表

分度号：Pt100　　　　　　　　　　　　　　　　　　　　　　　　　　　　　　$R_0 = 100Ω$

温度/℃	0	10	20	30	40	50	60	70	80	90
	电阻/Ω									
−200	18.52									
−100	60.26	56.19	52.11	48.00	43.88	39.72	35.54	31.34	27.10	22.83
−0	100.00	96.09	92.16	88.22	84.27	80.31	76.33	72.33	68.33	64.30
+0	100.00	103.90	107.79	111.67	115.54	119.40	123.24	127.08	130.90	134.71
100	138.51	142.29	146.07	149.83	153.58	157.33	161.05	164.77	168.48	172.17
200	175.86	179.53	183.19	186.84	190.47	194.10	197.71	201.31	204.90	208.48
300	212.05	215.61	219.15	222.68	226.21	229.72	233.21	236.70	240.18	243.64
400	247.09	250.53	253.96	257.38	260.78	264.18	267.56	270.93	274.29	277.64
500	280.98	284.30	287.62	290.92	294.21	297.49	300.75	304.01	307.25	310.49
600	313.71	316.92	320.12	323.30	326.48	329.64	332.79	335.93	339.06	342.18
700	345.28	348.38	351.46	354.53	357.59	360.64	363.67	366.70	369.71	372.71
800	375.70	378.68	381.65	384.60	387.55	390.48				

2. 铜热电阻

铂热电阻虽然优点多，但价格昂贵。在测量精度要求不高且温度较低的场合，铜热电阻得到广泛应用。在 −50～150℃ 的温度范围内，铜热电阻与温度近似呈线性关系，其电阻和温度的变化关系可用式（8-5）表示：

$$R_t = R_0[1 + \alpha t] \qquad (8\text{-}5)$$

式中　α——0℃时铜热电阻温度系数（$\alpha = 4.28 \times 10^{-3}/℃$）。

铜热电阻的电阻温度系数较大，线性好，价格便宜，缺点是电阻率较低，电阻体的体积较大,热惯性较大,稳定性较差,在100℃以上时容易氧化,因此只能用于低温介质中。铜热电阻有两种分度号:Cu50($R_0=50\Omega$)和Cu100($R_0=100\Omega$)。分度号为Cu50热电阻分度表见表8-2。

表8-2 Cu50热电阻分度表

温度/℃	0	10	20	30	40	50	60	70	80	90
	电阻/Ω									
−0	50.00	47.85	45.70	43.55	41.40	39.24				
+0	50.00	52.14	45.28	56.42	58.56	60.70	62.84	64.98	67.12	69.26
100	71.40	73.54	75.68	77.83	79.98	82.13				

8.1.3 新能源汽车上的热敏电阻及热电阻传感器

在新能源汽车上,温度的检测至关重要,在动力电池、驱动电机、空调、发动机以及变速器等系统中,均装有温度传感器,如高压(HV)蓄电池温度传感器、驱动电机温度传感器、车内温度传感器、进气温度传感器等,如图8-4所示,这些温度范围不高的场合,均可以采用热敏电阻和热电阻实现测温。另外,热敏电阻还可以间接用来测量燃油液位以及流量等参数。

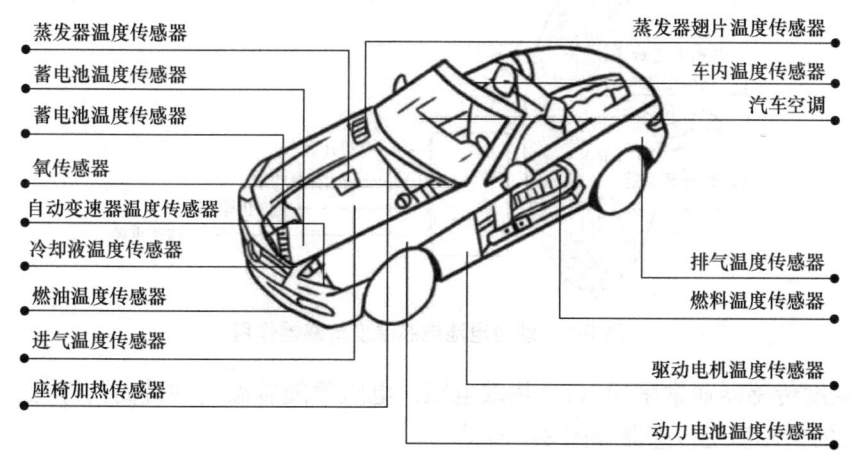

图8-4 汽车上的温度传感器

1. HV蓄电池温度传感器

HV蓄电池温度传感器(图8-5)用于检测HV蓄电池的温度,将温度信号传递到BMS,BMS根据HV蓄电池温度信号控制蓄电池冷却和加热系统,HV蓄电池温度高于预定值时,蓄电池冷却系统工作,HV蓄电池温度低于预定值时,蓄电池加热系统工作,将蓄电池温度控制在一定范围内。按照安装位置不同,电池温度传感器可以分为电芯温度传感器、HV蓄电池进气温度传感器和辅助蓄电池温度传感器。

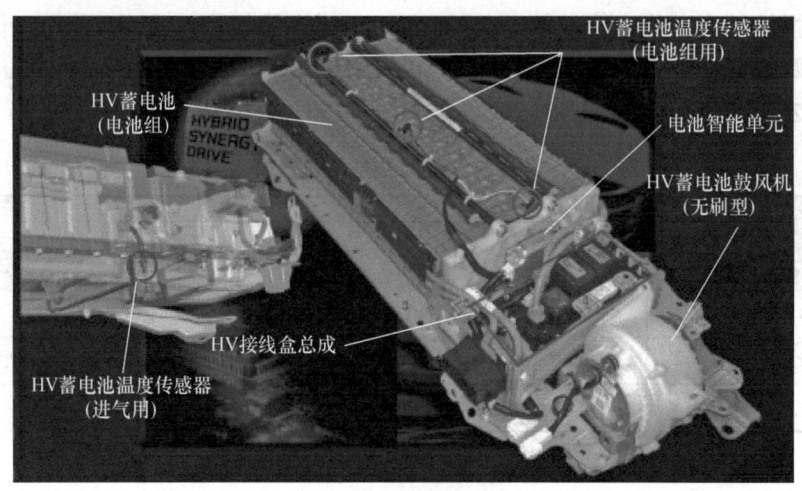

图 8-5 丰田凯美瑞 HV 蓄电池温度传感器

（1）电芯温度传感器

HV 蓄电池温度保护的核心问题是动力电池电芯温度检测。电池电芯温度关系着冷却系统开启的条件、限制功率条件（尤其是快充情况下）、停止输出（零电流输出）、极端热事件前兆检测等方面，如图 8-6 所示，是新能源汽车重要的检测传感器。

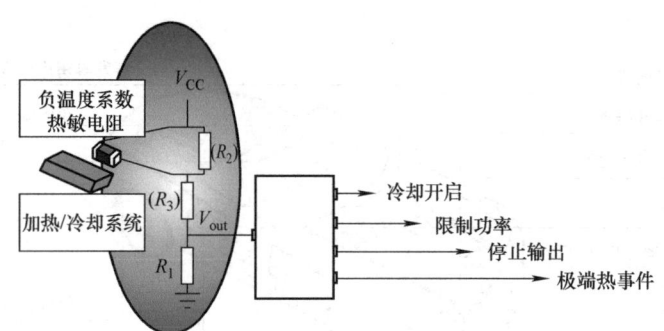

图 8-6 动力电池电芯温度传感器作用

电芯温度传感器通常采用 NTC 热敏电阻，电阻值随着温度的升高而降低。JIEPUTE-TECH 公司的电芯温度传感器如图 8-7 所示。

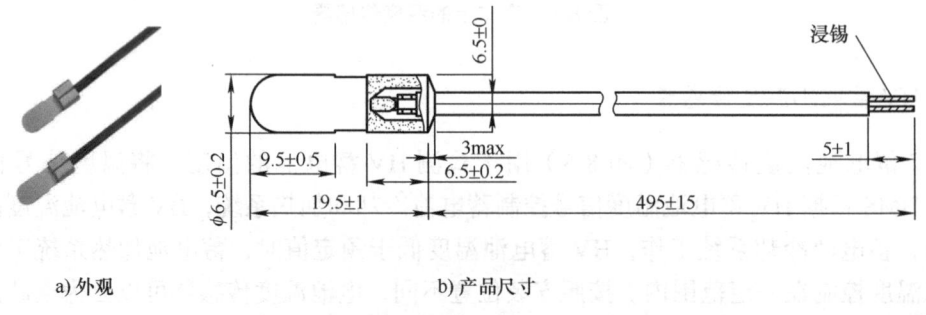

a) 外观　　　　　　　　　　　　　b) 产品尺寸

图 8-7 JIEPUTETECH 电芯温度传感器

该温度传感器阻值范围为 1～500kΩ，测温范围 –40～125℃，精度为 1%。

电池模组由多个电芯组成，通过合理的模组设计，可以通过有限的几个采样点得到整个模组内电芯的温度。温度传感器的布置位置通常有：

1）模组电芯表面：直接采集电芯温度，通常是把 NTC 热敏电阻布置在动力电池模组电芯表面。这种方法可以在电芯特性比较均匀时，通过粘贴方式安装 NTC 热敏电阻。

2）模组的两个端板处：间接采集电芯温度，比较典型的方法是在动力电池模组的两个端板处嵌入 NTC 热敏电阻，这样能够准确地感知头尾两片动力电池电芯的温度，并根据这些数据推算出整个动力电池模组电芯的温度。

3）电芯的内部互联板内：将 NTC 热敏电阻嵌入到电芯的内部互联板内，这样可以准确地感知动力电池电芯的最高温度。

4）动力电池模组母线上：在动力电池模组母线上设有凹槽，温度传感器固定于凹槽中，凹槽内设有用于固定温度传感器的固定胶。

5）动力电池模组盖板表面：将 NTC 热敏电阻直接粘贴在动力电池模组盖板上。

在安装 NTC 热敏电阻时，需要避免在固定过程中造成断线、短路或引线涂层断裂。这些安装位置的选择有助于确保电芯温度的准确测量，从而为电池管理系统提供可靠的数据，以保护电池并优化其性能。

正常工作的时候，电芯的温度是均匀的，而在电池出现异常的情况下，电芯会出现较大的温差，需要对其进行调整。

（2）HV 蓄电池进气温度传感器

HV 蓄电池进气温度传感器用于检测进入 HV 蓄电池系统的空气温度，通过监测进气温度，系统可以调整冷却策略，确保 HV 蓄电池在最佳温度下工作，防止过热或过冷，从而提高电池效率和寿命，这对于控制和优化电池的热管理系统至关重要。HV 蓄电池进气温度传感器通过监测进气温度并将其转换为电压信号，为电池管理系统提供关键数据，以确保电池在最佳状态下运行。HV 蓄电池进气温度传感器通常是一个 NTC 热敏电阻，电阻值随温度的升高而降低，随着电阻值的变化，电路中的电压也会相应变化，产生不同的电压信号，并通过串行通信信号的形式发送至电动汽车 BMS，以实现对 HV 蓄电池组的监测和状态诊断。

HV 蓄电池进气温度传感器安装在 HV 蓄电池上，如图 8-8 所示。

（3）辅助蓄电池温度传感器

辅助蓄电池温度传感器的主要作用是检测辅助蓄电池的温度。混合动力汽车电子控制单元（HV ECU）会根据辅助蓄电池的温度信号来调节 DC-DC 变换器的输出电压，以确保辅助蓄电池在适宜的温度下工作，从而保护电池并延长其使用寿命。

辅助蓄电池温度传感器通常安装在辅助蓄电池的附近，以便更准确地测量电池的温度，如图 8-9 所示。

辅助蓄电池温度传感器运用 NTC 热敏电阻制成。内置于传感器的热敏电阻的电阻值会随着辅助蓄电池温度的变化而改变。具体来说，当辅助蓄电池温度较低时，热敏电阻的电阻值较大；反之，当温度较高时，电阻值较小。这种特性使得传感器能够根据电阻值的变化来检测温度变化。

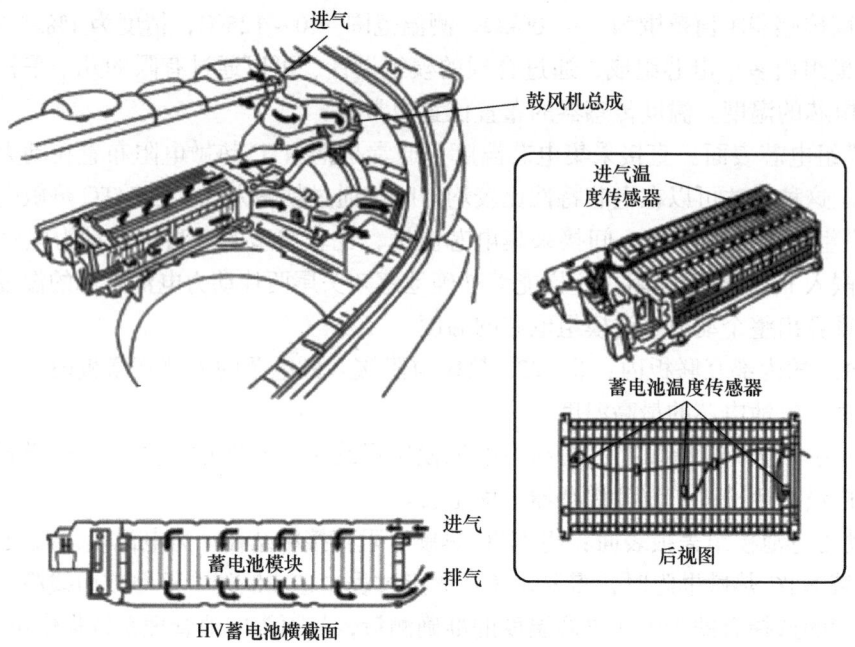

图 8-8　高压（HV）蓄电池进气温度传感器安装位置

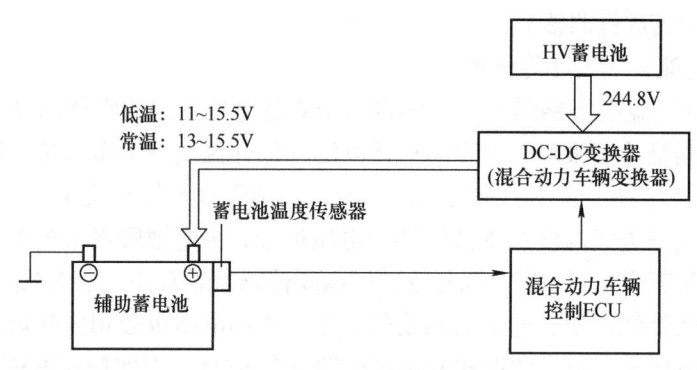

图 8-9　辅助蓄电池温度传感器安装位置

辅助蓄电池温度传感器采用 +5V 的电压供电，ECU 通过内部电阻器向传感器施加 5V 电压，电阻器与传感器串联。其输入 ECU 的电压和电阻值会随着辅助蓄电池温度的变化而变化。当辅助蓄电池温度较高时，ECU 会根据这个信号减小充电电流以保护辅助蓄电池。

对于辅助蓄电池温度传感器的故障检测，可以关闭点火开关，断开传感器的插接器，使用万用表或检测仪测量传感器两个端子间的电阻。在不同温度下，电阻值应该符合规定的标准值。如果测量结果与标准值不符，则需要更换辅助蓄电池温度传感器。

2. 驱动电机温度传感器

驱动电机温度传感器是用于测量电机温度的传感器，可以帮助电动汽车控制系统调节电池组和电机的工作状态，保证其在安全的温度范围内工作，以延长其使用寿命，同时提

第8章 新能源汽车上的热电式传感器

高电动汽车的性能和续驶里程。电机温度传感器作用主要表现在以下几个方面。

1）电机保护：电机在长时间高负载工作下容易产生过热，而过高的温度会损坏电机绝缘、润滑油脂甚至导致电机烧毁。电机温度传感器可以实时监测电机的温度变化，将温度数据反馈给电机控制器。电机控制器根据温度传感器提供的数据，及时调整电机的工作状态，如调整电机功率输出、降低工作负载等，以防止电机过热，保护电机的安全运行。

2）温度监测：电机温度传感器除了监测电机本身的温度外，还可以监测电机周围的环境温度变化，如冷却液温度、外界环境温度等。通过实时监测温度数据，汽车热管理系统可以调节冷却液循环、起停系统、空调系统等，以实现对汽车温度的精确控制，保证汽车各部件在适宜的温度范围内工作，提高汽车的性能和可靠性。

3）在一些高性能电动汽车中，电机温度传感器还可以用于热管理系统的优化。通过实时监测电机的温度变化，热管理系统可以根据温度传感器提供的数据，调节电机冷却系统的工作状态，如调节风扇转速、起动辅助冷却装置等，以实现对电机温度的精确控制和热能的合理利用，提高汽车的性能和能源利用效率。

驱动电机温度传感器根据其工作原理和测量方法的不同，可以分为接触式和非接触式两种类型。接触式电机温度传感器通常通过直接接触电机表面或内部来测量电机的温度，主要采用热敏电阻式传感器。非接触式电机温度传感器则通过无线或光学的方式来测量电机的温度，包括红外线测温式传感器、红外线热像仪等。红外线测温式传感器利用红外线辐射与物体温度之间的关系，通过测量红外线的反射或吸收来确定电机的温度；而红外线热像仪则利用红外线热辐射图像来测量物体的表面温度分布，可以实现对电机表面温度的全方位监测。

驱动电机温度传感器的安装位置对于确保电机温度的准确监测至关重要。以下是一些常见的安装位置。

1）电机外壳上：温度传感器可以安装在电机的外壳上，通过接触电机表面来测量外壳的温度。这种安装方式相对简单，但可能不如直接测量内部温度准确。

2）电机绕组内部：为了更准确地测量电机内部的温度，传感器可以安装在电机绕组内部。这样可以更直接地测量绕组的温度，从而提前预警电机过热的风险。

3）电机轴承附近：在某些情况下，温度传感器也可能安装在电机轴承附近，以监测轴承的温度。这对于预防轴承损坏和过热同样重要。

4）定子绕组内部：驱动电机温度传感器通常被放置在定子绕组内部，数量可能为两三个，分别对应U相、V相和W相温度传感器。这种安装方式可以提供关于电机不同相位的温度信息，有助于更全面地监控电机的温度状态。

在安装电机温度传感器时，需要考虑电机的具体型号和应用场景，因为不同型号和规格的电机可能在设计上有所不同，最佳安装位置也可能因此而异。图8-10所示为宝马750Li混动版汽车电机温度传感器安装图，该传感器安装在电机绕组内部。

大众e-up电动汽车驱动电机温度传感器安装位置如图8-11所示。电机温度传感器G712核心是一个NTC热敏电阻，用来监测定子内的线圈温度，并与功率控制装置JX1直接连接。当核心温度超过150℃时，系统将限制功率输出。

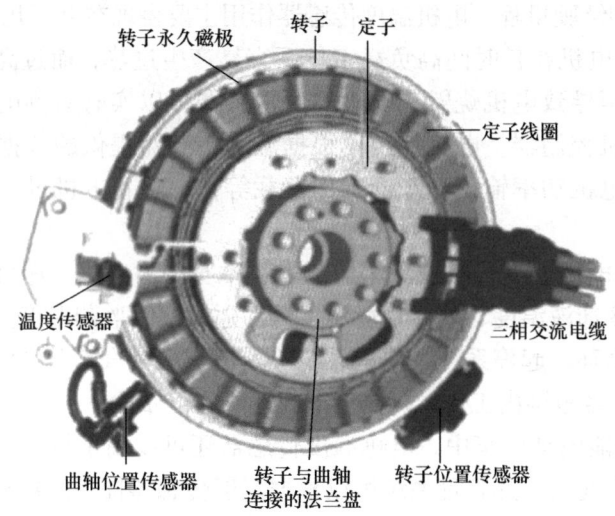

图 8-10 宝马 750Li 混动版汽车的电机温度传感器

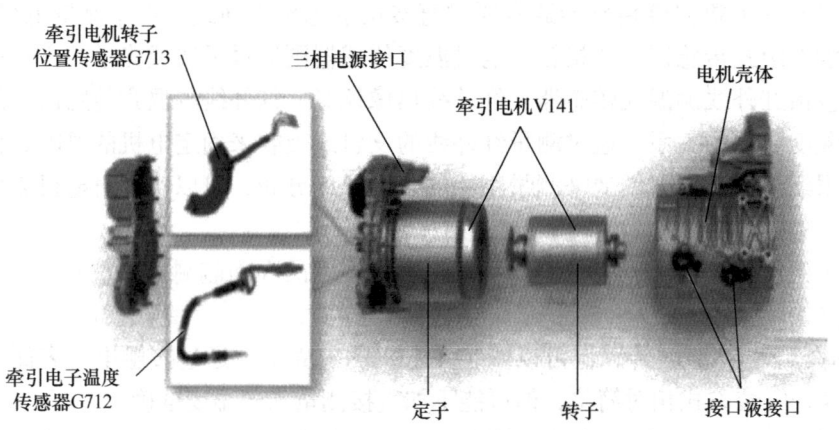

图 8-11 大众 e-up 电动汽车驱动电机温度传感器

3. 空调温度传感器

汽车空调系统根据车内温度、车外温度及日照量的信息,通过调整出风口出风量、压缩机通断等必要的控制量,形成舒适的车内环境。为了实现所需要的出风温度,利用冷风侧温度及暖风侧温度来控制空气混合的比例。其中,车内温度、车外温度、日照量、冷风侧温度、暖风侧温度分别由车内温度传感器、车外温度传感器、光照度传感器、蒸发器出口温度传感器及加热器冷却液温度传感器实现实时检测。各个传感器的安装位置如图 8-12 所示,这几种传感器除光照度传感器采用光电二极管外,其余均采用热敏电阻。

(1) 车内、外温度传感器

车内、外温度传感器都使用 NTC 热敏电阻作为感温部件,将车内外空气温度转换为电信号输入到空调控制系统的 ECU 中。

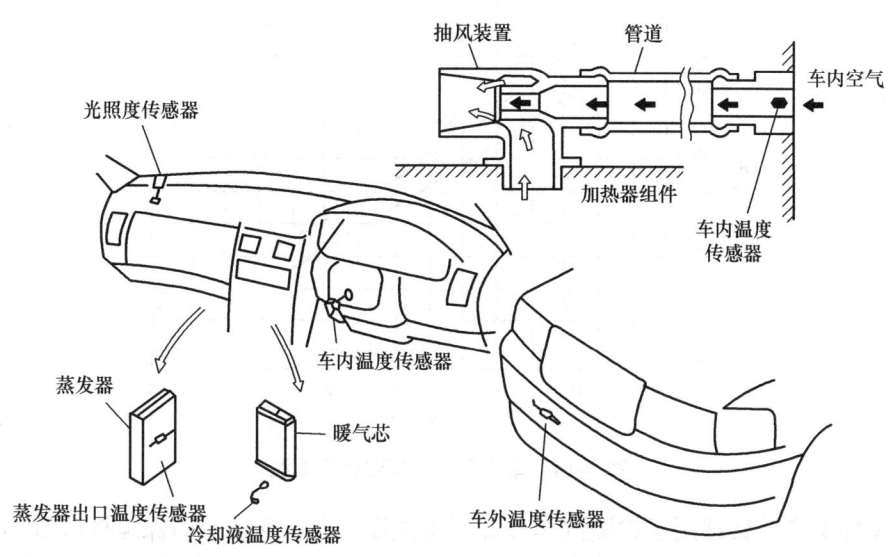

图 8-12　空调温度传感器安装位置

1）车内温度传感器安装在不受空调出风及近处热量影响的部位，如汽车车厢内的风道中，一般有一两个。车内温度传感器将热敏电阻安装在塑料壳内，利用空调系统的抽风装置将车内空气从吸气孔处吸入塑料壳内实现车内温度检测。车内温度传感器可分为吸气型和电机型，吸气型结构如图 8-13a 所示，电机型结构如图 8-13b 所示。

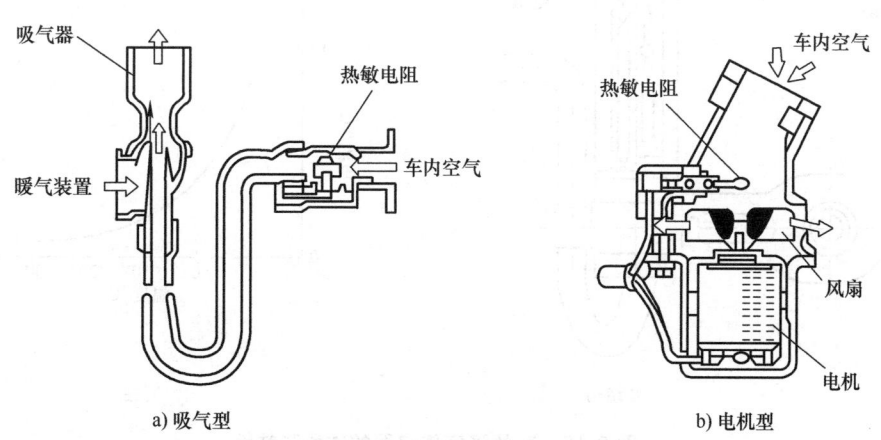

图 8-13　车内温度传感器的结构

车内温度传感器的特性曲线如图 8-14 所示。

当车内温度传感器发生故障时，可以通过以下方法实现检测。

关闭点火开关，拔下传感器的接线插头，用万用表连接传感器的两端子，并用吹风机吹热风，检查传感器电阻值的变化情况。车内温度传感器电阻值随温度的变化规律应符合特性曲线变化规律,否则应更换传感器。

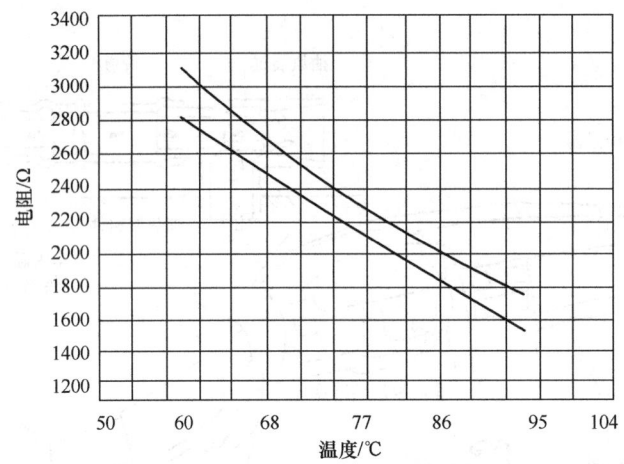

图 8-14 车内温度传感器特性曲线

2)车外温度传感器用于检测汽车外部环境温度,通常安装于前保险杠或散热器之前,空调 ECU 以此信号控制出风口温度、鼓风机转速、气流方式、进气模式等。车外温度传感器同样是将热敏电阻安装于塑料壳内,且应安装在不易受车舱内热气影响的位置上。车外温度传感器的结构与特性如图 8-15 所示。

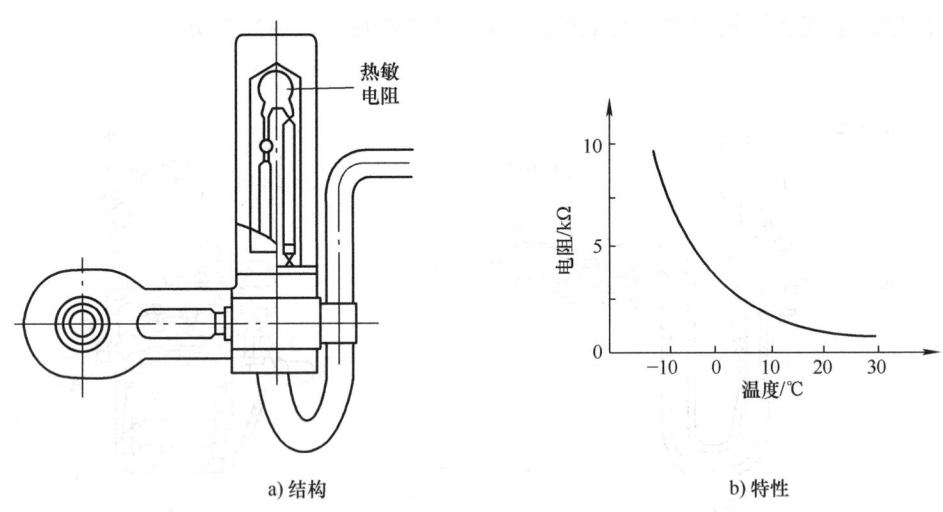

a) 结构　　　　　　　　　　　　　　b) 特性

图 8-15 车外温度传感器的结构和特性

车外温度传感器的特性曲线如图 8-16 所示。

当车外温度传感器发生故障时,可以通过以下方法实现检测。

拆下汽车散热器护栅,拔下传感器插接器,拆下传感器,放在热水中加热并用万用表的电阻档测量两接线端子之间的电阻值,当温度升高时,其电阻值应明显下降。检测的电阻值应符合特性曲线变化规律,否则应更换传感器。

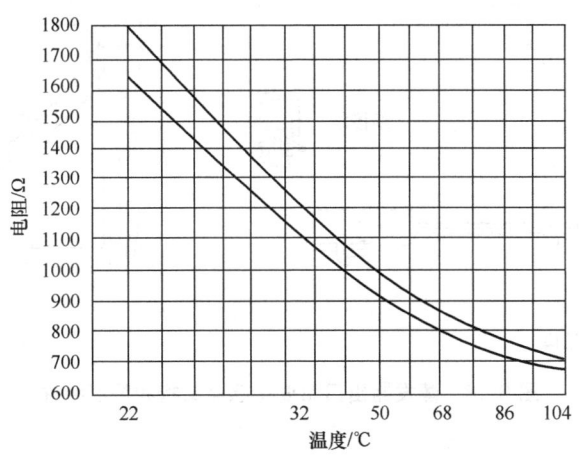

图 8-16 车外温度传感器特性曲线

（2）空调蒸发器出口温度传感器

空调蒸发器出口温度传感器用于检测蒸发器出口温度信号，并与空调设定的调节信号比较，从而控制空调压缩机电磁离合器的通断。检测蒸发器出口温度可以防止蒸发器出现结冰现象。其电路图如图 8-17 所示。

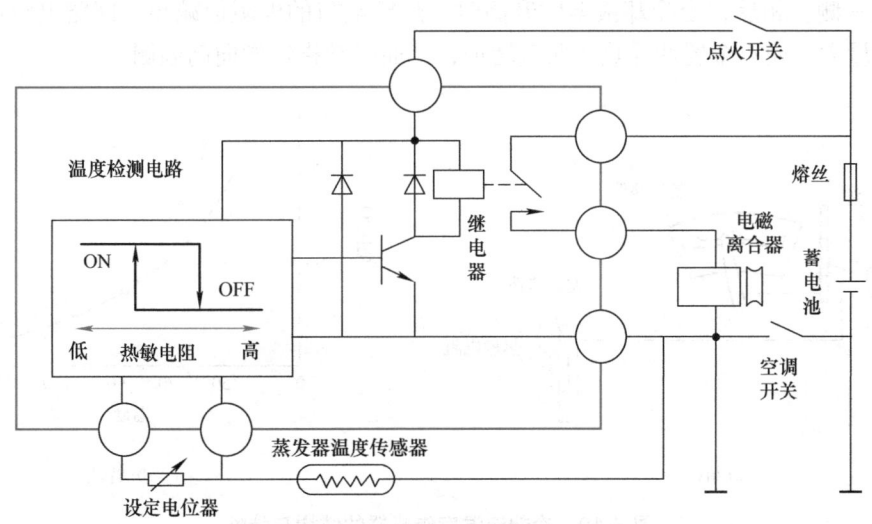

图 8-17 蒸发器出口温度传感器电路图

蒸发器出口温度传感器安装在空调蒸发器片上，采用 NTC 热敏电阻，其结构和温度特性曲线如图 8-18 所示。空调放大器将 5V 电压施加到蒸发器出口温度传感器上，并且在传感器阻值变化的时候读取它的电压变化值。当蒸发器出口温度传感器连接电路出现断、短路故障时，将不能检测蒸发器出口温度。此时，空调放大器就判定蒸发器出口即高压管路上出现结冰现象，判定空调系统发生了故障，自动切断压缩机电磁阀的工作电路，停止运行压缩机来保护空调系统。

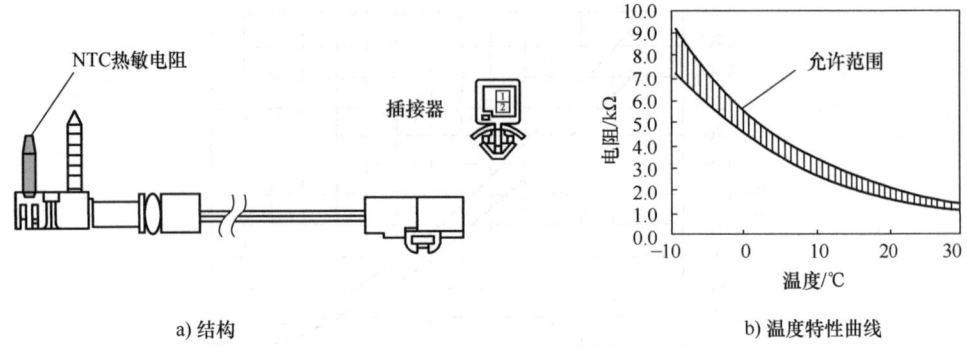

图 8-18 蒸发器出口温度传感器结构和温度特性

4. 冷却液温度传感器

在汽车运行过程中，有许多诸如动力电池的热管理系统、驱动电机温度控制等场合需要进行冷却控制，此时需要检测冷却液温度或润滑油温度，并通过仪表显示，从而起到警示驾驶员的作用。冷却液温度传感器采用的是 NTC 热敏电阻，其结构与特性如图 8-19 所示。热敏电阻与接收部件的电热丝串联作为信号的发送部件。当冷却液温度较低时，由于热敏电阻的电阻值较高，电路中的电流小，电热丝的发热量小，双金属片弯曲并带动指针指向低温一侧。相反，当冷却液温度升高时，热敏电阻的电阻值减小，回路电流增大，电热丝发热量大，使双金属片受热弯曲量增加，从而带动指针指向高温侧。

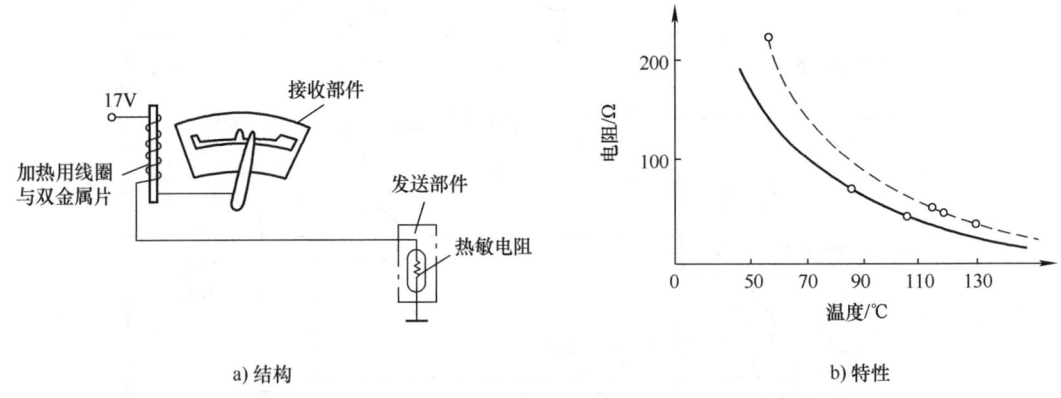

图 8-19 冷却液温度传感器的结构与特性

5. 热膜式空气流量传感器

燃料电池空气供应系统中，空气流量传感器用来测量进入空气管道的空气流量。这种传感器的工作原理是利用外部热源对传感器探头加热，气体流动时会带走一部分热量，使得探头温度改变，通过测量因气体流动而造成的温度变化即可得出气体的质量流量。空气流量传感器中，温度元件和加热区域位于待测的气流中，测量管内的部分气流通过插入式传感器壳体上的一个测量通道流经传感器元件，通过校准调整管内的气流总质量。

热膜式空气流量传感器的结构和外观分别如图8-20、图8-21所示。

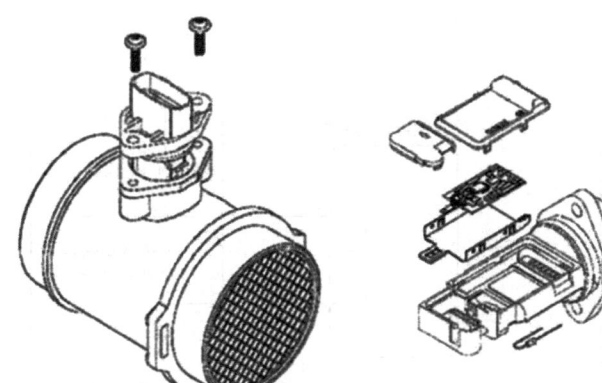

图8-20 热膜式空气流量传感器结构图　　图8-21 热膜式空气流量传感器外观图

6. 发动机上的温度传感器

（1）发动机冷却液温度传感器

在电子控制燃油喷射系统中，发动机冷却液温度传感器以热敏电阻为检测元件，如图8-22所示。

该传感器采用NTC热敏电阻，当冷却液温度较低时，电阻值较大；冷却液温度升高，电阻值减小，如图8-23所示。

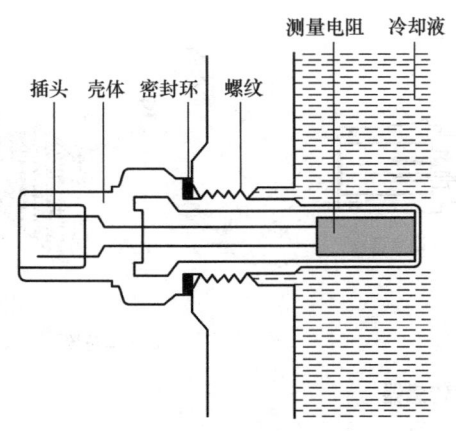
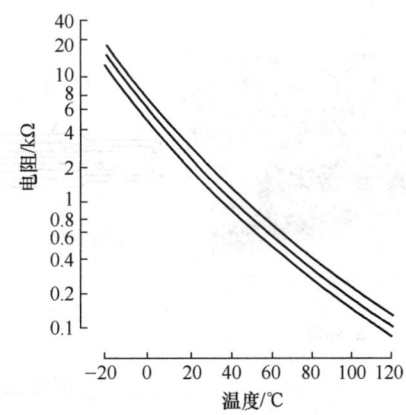

图8-22 发动机冷却液温度传感器的结构　　图8-23 冷却液温度传感器的电阻与温度的关系

发动机冷却液温度传感器将发动机冷却液温度的变化转换为电信号输送到ECU，ECU根据输入的温度信号对发动机喷油量进行修正，以调整空燃比，使进入发动机的可燃混合气燃烧稳定，冷机时供给较浓的可燃混合气；热机时供给较稀的混合气。如果传感器损坏，当发动机处于冷机状态时，致使混合气过稀，发动机就不易起动且运转不平稳；暖机时，又致使混合气过浓，发动机也不能正常工作。图 8-24 所示为常见的电喷发动机冷却液温度传感器与 ECU 的连接电路。

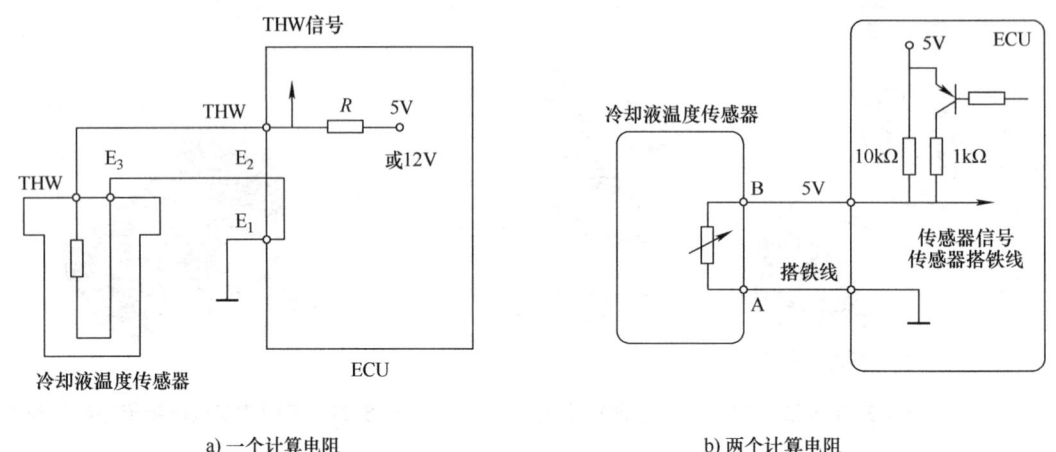

a) 一个计算电阻　　　　　　　　　　　b) 两个计算电阻

图 8-24　冷却液温度传感器与 ECU 的连接电路

（2）发动机进气温度传感器

发动机进气温度传感器（Intake Air Temperature Sensor，IAT）是现代汽车发动机控制系统的关键组成部分，在发动机温度控制、燃油喷射调节、进气质量修正、点火提前角修正、冷起动控制等方面扮演着重要的角色。

进气温度传感器一般采用 NTC 热敏电阻式，热敏电阻安装在进气温度传感器内。进气温度传感器的外观如图 8-25a 所示，其结构和安装位置分别如图 8-25b、图 8-25c 所示。

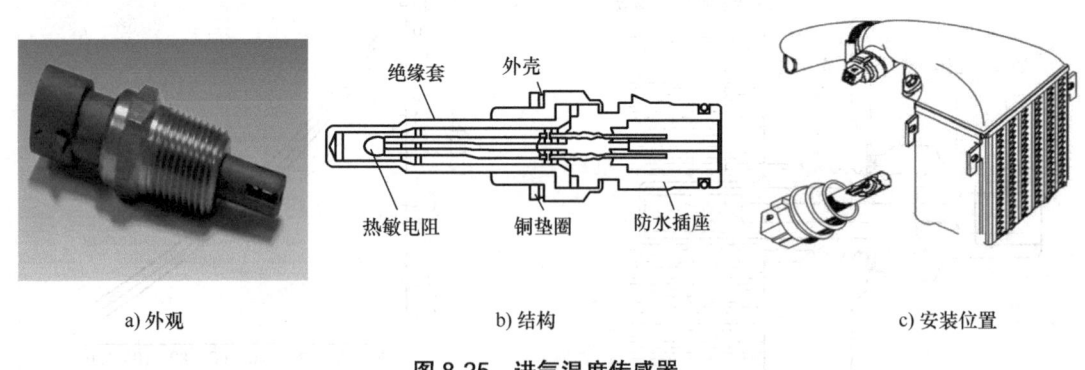

a) 外观　　　　　　　　　b) 结构　　　　　　　　　c) 安装位置

图 8-25　进气温度传感器

当进气温度上升时，传感器内热敏电阻的阻值减小，分压值降低；当进气温度降低时，传感器内热敏电阻的阻值增大，分压值升高。该分压值传递到发动机 ECU，ECU 根据接收到的温度信号，便可计算求得对应的进气温度，从而实时控制燃油喷射量、进气量、点火提前角等。

进气温度传感器的输出电压信号和阻值与进气温度之间的关系如图 8-26 所示。

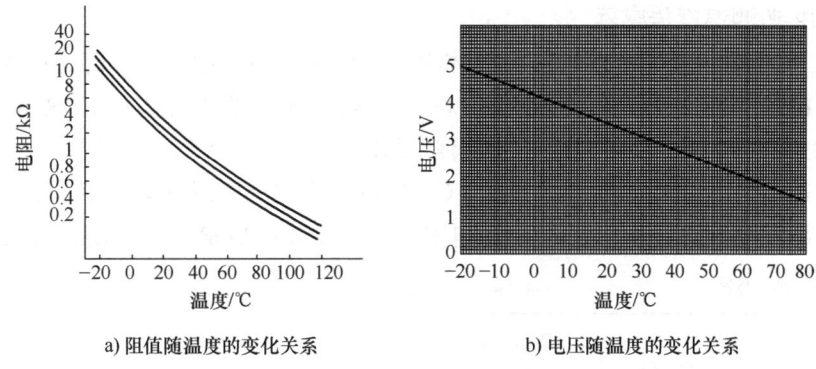

a) 阻值随温度的变化关系　　　　　　b) 电压随温度的变化关系

图 8-26　进气温度传感器不同温度对应的电阻和电压信号

（3）燃油温度传感器

燃油温度传感器采用 NTC 热敏电阻，当燃油温度升高时，传感器电阻值下降。燃油温度传感器采用 +5V 电压供电，其电路图如图 8-27 所示。

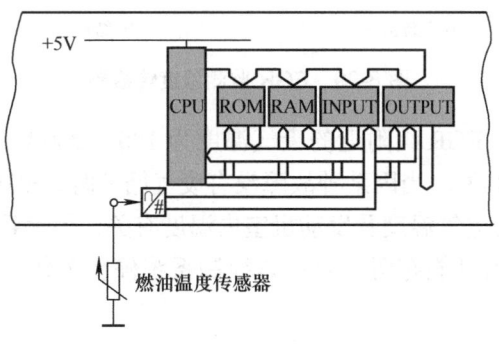

图 8-27　燃油温度传感器的电路图

燃油温度传感器的特性曲线如图 8-28 所示。

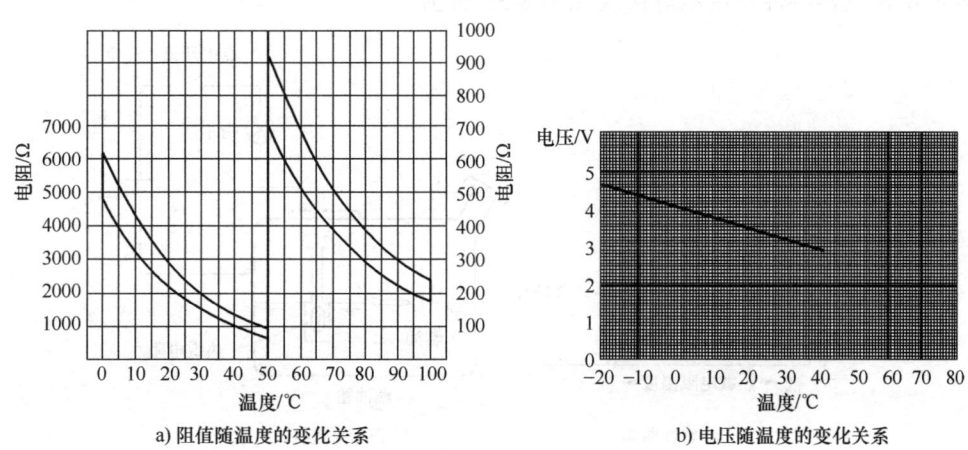

a) 阻值随温度的变化关系　　　　　　b) 电压随温度的变化关系

图 8-28　燃油温度传感器的特性曲线

(4) EGR 监测温度传感器

在 EGR 系统中，排气歧管的部分气体再循环到进气歧管中，这一部分就由 EGR 阀控制。要保证 EGR 系统工作正常，必须由 EGR 监测温度传感器时刻检测 EGR 阀下游的再循环气体的温度变化情况，以便判断 EGR 阀是否处于正常工作状态。在排放法规中，已强制要求安装 EGR 监测温度传感器，以监测 EGR 阀的工作状况，减少尾气中 NO_x 的含量。

EGR 监测温度传感器采用 NTC 热敏电阻制成，安装在 EGR 阀的下游，如图 8-29 所示。

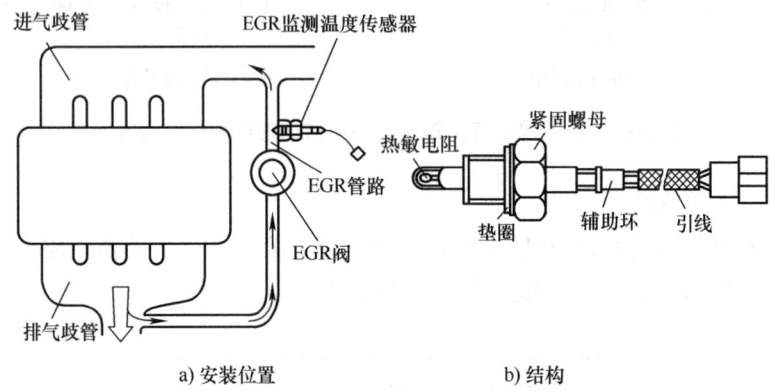

图 8-29 EGR 监测温度传感器

在正常行车条件下，EGR 阀附近的废气温度为 100~200℃，在高速、重负荷的条件下，温度升高到 300~400℃。当因某种故障没有废气循环时，EGR 阀附近的废气温度立刻下降，下降程度与当时的进气温度及发动机室内温度有关，但大致是降到 50℃以下。

没有废气循环的原因可能有两个：一是控制系统停止工作，二是 EGR 管路中的沉淀物堵塞了通路。

7. 液位传感器

由于热敏电阻对液位敏感，所以可利用热敏电阻间接实现汽油、柴油的油位检测。热敏电阻液位传感器特性及指示灯接线如图 8-30 所示。

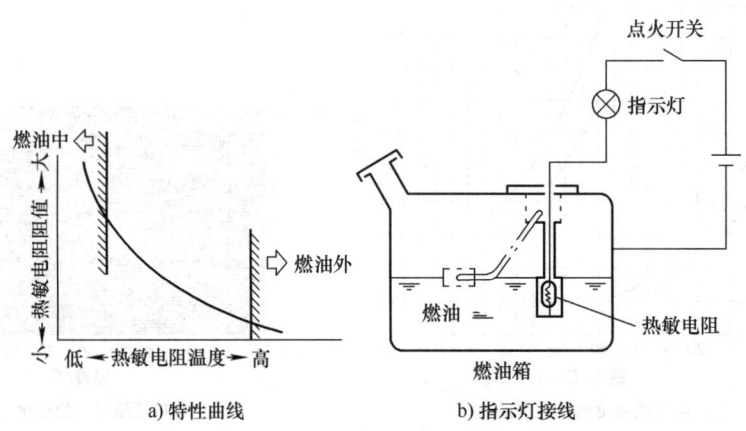

图 8-30 热敏电阻液位传感器

这种液位检测方式的原理是：当热敏电阻上加有电压时，就有微小的电流通过，在电流的作用下，热敏电阻自身会发热。当热敏电阻置于液体中时，因为其上的热量容易散出，所以热敏电阻的温度不会升高而使其阻值减小；反之，当油量减少，热敏电阻暴露在空气中时，因为其上的热量难以散出，所以热敏电阻的阻值降低。用热敏电阻与指示灯等组成电路，通过指示灯的亮、灭就可以判断燃油量的多少。

8.2 热电偶传感器

8.2.1 热电偶

热电偶是基于热电效应原理实现的一种有源温度传感器，主要用于在混合动力汽车上检测温度较高的场合，如发动机燃烧室温度、排气温度等。

1. 热电效应

1821 年，德国科学家托马斯·约翰·塞贝克（Thomas Johann Seebeck）发现铜、铁两种金属构成的闭合回路中，对两个接头中的一个加热即可产生电流，因此提出了热电效应。热电效应是指将两种不同的导体或半导体两端相接组成闭合回路（图 8-31），当两接点温度不同时，则在该回路中产生电动势，并形成回路电流的现象。这种由两种不同的金属构成的、能产生热电势的装置称为热电偶，由热电偶产生的电动势称为热电动势，或热电势。温度高的一端称为热电偶的热端，又称工作端；温度低的一端称为热电偶的冷端，又称参考端。

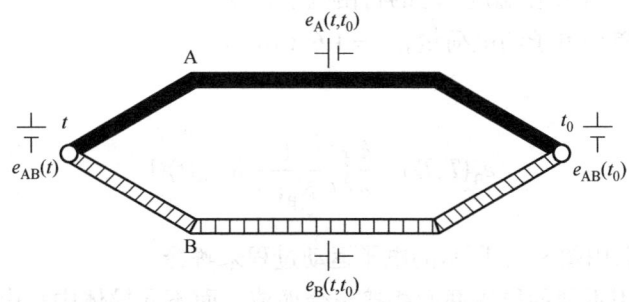

图 8-31　热电偶结构示意图

通过实验，当组成热电偶的材料 A、B 为均质材料时，回路电动势只与材料本身的性质和两接点的温度差有关，而与热电偶的长短和粗细无关。这样就可以将热电偶做成温度传感器，也可以做成测量与之有关的其他物理量的传感器。

2. 热电势

热电偶产生的热电势主要由温差电动势和接触电动势两部分组成。其中，由于冷、热两个端（接头）存在温差而产生的电势差就是温差电动势，由于两种不同导体的自由电子密度不同而在接触处形成的电动势就是接触电动势。

温差电动势可以用图8-32所示的电子运动过程来解释。

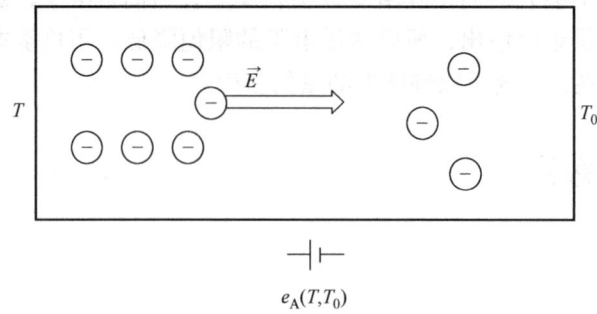

图8-32　温差电动势示意图

设导体两端处于不同的温度 T 和 T_0 且 $T > T_0$，由于导体两端的温度不同，则温度高的一端自由电子的浓度较大，向低温端扩散，高温（T）端失去电子带正电，低温（T_0）端得到多余的电子带负电，因此在导体内形成一稳定的与温差和材料特性有关的电动势。此电动势为

$$e_A(T, T_0) = \frac{k}{e} \int_{T_0}^{T} \frac{1}{N_A(t)} d[N_A(t)t] \tag{8-6}$$

式中　$e_A(T, T_0)$——A在两端温度是 T、T_0 时的温差电动势（V）；

　　　k——波尔兹曼常数（$k = 1.38 \times 10^{-23}$ J/K）；

　　　T 和 T_0——两接触处的绝对温度（K）；

　　　$N_A(t)$——材料A在温度 t 时的自由电子密度；

　　　e——单个电子的电荷量，$e = 1.6 \times 10^{-19}$ C。

导体B上：

$$e_B(T, T_0) = \frac{k}{e} \int_{T_0}^{T} \frac{1}{N_B(t)} d[N_B(t)t] \tag{8-7}$$

接触电动势可以用图8-33所示的电子运动过程来解释。

由于热电偶采用不同的导体两两相接组合而成，而不同导体中自由电子密度不同，因此，当两种不同的导体A、B连接在一起，在A、B的接触处就会发生电子的扩散，且电子在两个方向上扩散的速率不相同。

设导体A的自由电子密度大于导体B的自由电子密度，那么在单位时间内，由导体A扩散到导体B的电子数要比导体B扩散到导体A的电子数多，这时导体A因失去电子而带正电，导体B因得到电子而带负电，在接触处形成了电位差，即

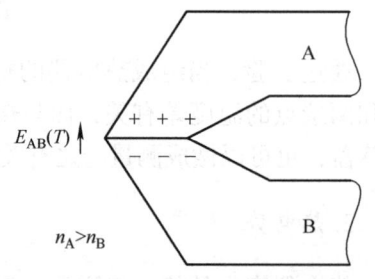

图8-33　接触电动势示意图

接触电动势。这个电动势的方向与扩散进行的方向相反，它将引起反方向的电子转移，阻碍电子由导体 A 向导体 B 的进一步扩散。当电子的扩散作用和上述电场的阻碍扩散作用相等时，即在电场作用下自导体 A 扩散到导体 B 的自由电子数与自导体 B 扩散到导体 A 的自由电子数相等，接触处的自由电子扩散便达到动态平衡。

接触电动势的大小与导体的材料、接点的温度有关，而与导体的直径、长度、几何形状等无关。假设两接点的接触电动势分别用符号 $E_{AB}(T)$ 和 $E_{AB}(T_0)$ 表示，则

$$E_{AB}(T) = \frac{kT}{e} \ln \frac{N_A(T)}{N_B(T)} \tag{8-8}$$

$$E_{AB}(T_0) = \frac{kT_0}{e} \ln \frac{N_A(T_0)}{N_B(T_0)} \tag{8-9}$$

式中　　　$E_{AB}(T)$ 和 $E_{AB}(T_0)$——A、B 两种材料在温度 T、T_0 时的接触电动势（V）；

k——波尔兹曼常数（$k = 1.38 \times 10^{-23}$ J/K）；

T 和 T_0——两接触处的绝对温度（K）；

$N_A(T)$、$N_B(T)$、$N_A(T_0)$、$N_B(T_0)$——材料 A、B 分别在温度 T、T_0 下的自由电子密度；

e——单个电子的电荷量，$e = 1.6 \times 10^{-19}$ C。

根据前面的分析可知，热电偶回路总共存在四个电动势：两个接触电动势和两个温差电动势。事实上，热电偶回路中所产生的热电动势主要是由接触电动势引起的，温差电动势所占比例极小，可以忽略不计。另外，因为 $E_{AB}(T)$ 和 $E_{AB}(T_0)$ 的极性相反，假设导体 A 的电子密度大于导体 B 的电子密度，且 A 为正极、B 为负极，因此回路的总电动势为

$$\begin{aligned} E_{AB}(T,T_0) &= E_{AB}(T) - E_A(T,T_0) + E_B(T,T_0) - E_{AB}(T_0) \approx \\ E_{AB}(T) &- E_{AB}(T_0) = \frac{kT}{e} \ln \frac{N_A(T)}{N_B(T)} - \frac{kT_0}{e} \ln \frac{N_A(T_0)}{N_B(T_0)} \end{aligned} \tag{8-10}$$

可见：

热电动势影响因素取决于材料和接点温度 T，与形状、尺寸等无关。

两热电极相同时，总电动势为 0V。

两接点温度相同时，总电动势为 0V。

对于已选定的热电偶，当参考端温度 T_0 恒定时，$E_{AB}(T_0)$ 为常数，则总的热电动势就只与温度 T 成单值函数关系，即

$$E_{AB}(T,T_0) = f(T) - f(T_0) = f(T) - C = \phi(T) \tag{8-11}$$

可见，只要测出 $E_{AB}(T,T_0)$ 的大小，就能得到被测温度 T，这就是热电偶测温的原理。

3. 热电偶的结构和种类

（1）热电偶的结构

为了适应不同生产对象的测温要求和条件，热电偶的结构形式有普通型热电偶、铠装

型热电偶、薄膜热电偶等，在新能源汽车上的应用主要是薄膜热电偶。

普通型热电偶由热电极、绝缘管、保护管和接线盒等几个主要部分组成。铠装型热电偶也称缆式热电偶。它是由热电极、绝缘材料和金属保护套管一起拉制加工而成的坚实缆状组合体，可以做得很细很长，使用中可随需要任意弯曲，其优点是测温端热容量小、动态响应快、机械强度高、挠性好，可安装在结构复杂的装置上。普通型热电偶、铠装型热电偶主要应用在化工、冶金等工业领域。

薄膜热电偶是一种利用真空镀膜技术将两种不同金属电极材料蒸镀在绝缘基底上的温度传感器，它的热接点非常薄，器件整体厚度不超过20μm，对测温环境干扰小，热惯性极小，反应速度极快，反应时间仅为毫秒级，适合测量动态温度变化。目前，这种热电偶主要应用于汽车发动机、航空燃气涡轮发动机、机械加工钻头、钻井设备的部件上。薄膜热电偶的结构形式如图8-34所示。

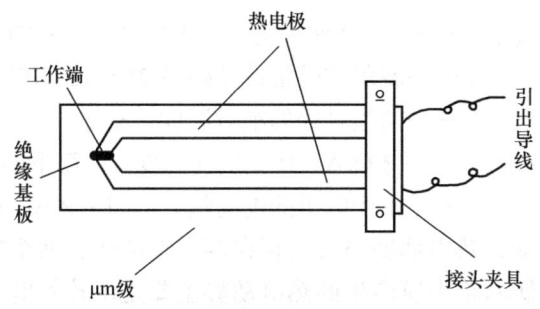

图8-34 薄膜热电偶结构形式

（2）热电偶的种类

热电偶电极材料的选择应满足热电势变化大，与温度关系尽量接近线性，物理、化学性能稳定，易加工等特点，一般用热电偶分度号定义热电偶的热电极材料组合类型。分度号不仅标识了热电偶的型号，还反映了热电偶的性能特点和应用范围。目前，国际电工委员会（IEC）向世界各国推荐8种标准化热电偶，其分度号、测温范围及偏差见表8-3。

表8-3 标准化热电偶的主要性能

热电偶名称	分度号	测温范围/℃		等级	对分度表允许偏差	
		长期	短期		使用温度/℃	允差/℃
铂铑10-铂 铂铑13-铂	S R	0~1300	1600	Ⅰ	≤1100	±1
					>1100	±[1±(t−1100)×0.3%]
				Ⅱ	≤600	±1.5
					>600	±0.25%t
铂铑30-铂铑6	B	0~1600	1800	Ⅱ	600~1700	±0.25%t
				Ⅲ	600~800	±4
					>1100	±0.5%t
镍铬–镍硅	K	0~1200	1300	Ⅰ	−40~1100	±1.5 或 ±0.4%t
				Ⅱ	−40~1300	±2.5 或 ±0.75%t
				Ⅲ	−200~40	±2.5 或 ±1.5%t

(续)

热电偶名称	分度号	测温范围 /℃		对分度表允许偏差		
		长期	短期	等级	使用温度 /℃	允差 /℃
镍铬硅–镍硅	N	−200 ~ 1200	1300	I	−40 ~ 1100	±1.5 或 ±0.4%t
				II	−40 ~ 1300	±2.5 或 ±0.75%t
				III	−200 ~ 40	±2.5 或 ±1.5%t
镍铬–铜镍	E	−200 ~ 760	850	I	−40 ~ 800	±1.5 或 ±0.4%t
				II	−40 ~ 900	±2.5 或 ±0.75%t
				III	−200 ~ 40	±2.5 或 ±1.5%t
铁–铜镍	J	−40 ~ 600	750	I	−40 ~ 750	±1.5 或 ±0.4%t
				II	−40 ~ 750	±2.5 或 ±0.75%t
铜–康铜	T	−200 ~ 350	400	I	−40 ~ 350	±0.5 或 ±0.4%t
				II	−40 ~ 350	±1 或 ±0.75%t
				III	−200 ~ 40	±1 或 ±1.5%t

(3) 分度表

不同金属组成的热电偶，温度与热电动势之间有不同的函数关系，一般通过实验的方法来确定，将不同温度下测得的结果列成表格，编制出热电动势与温度的对照表，即分度表。

表 8-4 为镍铬–镍硅（镍铬–镍铝）热电偶分度表。

表 8-4 镍铬–镍硅（镍铬–镍铝）热电偶分度表（分度号：K）

分度号：K （参考端温度为 0℃）

测量端温度 /℃	0	10	20	30	40	50	60	70	80	90
	热电动势 /mV									
0	0	0.397	0.798	1.203	1.611	2.022	2.436	2.85	3.266	3.681
100	4.059	4.508	4.919	5.327	5.733	6.137	6.539	6.939	7.388	7.737
200	8.137	8.537	8.938	9.341	9.745	10.151	10.56	10.969	11.381	11.739
300	12.207	12.623	13.039	13.456	13.874	14.292	14.712	15.132	15.552	15.974
400	16.395	16.828	17.241	17.664	18.088	18.513	18.938	19.363	19.788	20.244
500	20.64	21.066	21.493	21.919	22.346	22.772	23.198	23.624	24.05	24.476
600	24.902	25.327	25.751	26.176	26.599	27.022	27.445	27.867	28.288	29.709
700	29.128	29.547	29.965	30.383	30.799	31.214	31.629	32.042	32.455	32.866
800	33.277	33.686	34.095	34.502	34.909	35.314	35.718	36.121	36.524	36.925
900	37.325	37.724	38.122	38.519	38.915	39.31	39.703	40.096	40.488	40.789
1000	41.269	41.657	42.045	42.432	42.817	43.202	43.585	43.968	44.349	44.729
1100	45.108	45.486	45.863	46.238	46.612	46.985	47.356	47.726	48.095	48.462
1200	48.828	49.192	49.555	49.916	50.276	50.633	50.99	51.344	51.697	52.049
1300	52.398	52.747	53.093	53.439	53.782	54.466	54.466	54.807		

表 8-5 为镍铬 – 铜镍热电偶分度表。

表 8-5　镍铬 – 铜镍热电偶分度表（分度号：E）

分度号：E　　　　　　　　　　　　　　　　　　　　　　　　　　　　（参考端温度为 0℃）

测量端温度 /℃	0	10	20	30	40	50	60	70	80	90
	热电动势 /mV									
−0	−0.000	−0.581	−1.151	−1.709	−2.254	−2.787	−3.306	−3.811	−4.301	−4.777
+0	0.000	0.591	1.192	1.801	2.419	3.047	3.683	4.329	4.983	5.646
100	6.317	6.996	7.633	8.377	9.078	9.787	10.501	11.222	11.949	12.681
200	13.419	14.161	14.909	15.661	16.417	17.178	17.942	18.710	19.481	20.256
300	21.033	21.814	22.597	23.383	24.171	24.961	25.754	26.549	27.345	28.143
400	28.943	29.744	30.546	31.350	32.155	32.960	33.767	34.574	35.382	36.190
500	36.999	37.808	38.617	39.426	40.236	41.045	41.853	42.662	43.470	44.278
600	45.085	45.891	46.697	47.502	48.306	49.109	49.911	50.713	51.513	52.312
700	53.110	53.907	54.703	55.498	56.291	57.083	57.873	58.663	59.451	60.237
800	61.022									

4. 热电偶基本定律

（1）均质导体定律

均质导体定律的内容是：由同一种均质材料组成的热电偶回路，不管温度分布如何，其回路电动势均为零。

此定律表明，热电偶必须由两种不同的材料组成。

此定律也可以用来检验材料的均质性：将用作热电偶的材料构成一回路并放入温度梯度场中，若回路中有电动势则表明材料不是均质的，若回路中没有电动势，则表明材料是均质的。

（2）中间导体定律

中间导体定律的内容是：在热电偶测温回路内，接入第三种导体时，只要第三种导体的两端温度相同，则对回路的总热电势没有影响，如图 8-35 所示。其中，图 8-35a 为在两个导体接点处接入第三种导体，图 8-35b 为在其中的任意导体中间接入第三种导体。

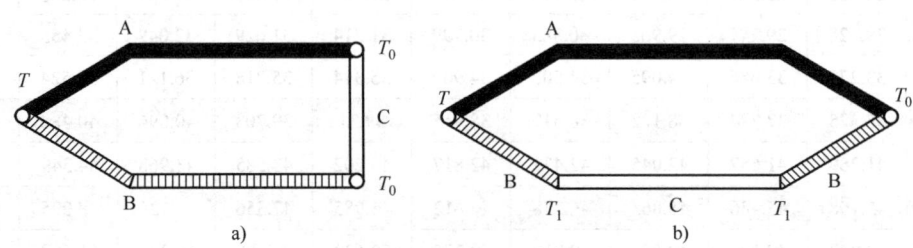

图 8-35　中间导体定律

此时,接入第三种导体的回路总热电势为

$$E_{ABC}(T,T_0) = E_{AB}(T,T_0) \tag{8-12}$$

根据中间导体定律,当利用热电偶进行测温,在回路中引入连接导线和仪表时,接入导线和仪表后不会影响回路中的热电势。

(3)中间温度定律

在热电偶测温回路中,T_C 为热电极上某一点的温度,热电偶 AB 在接点温度为 T、T_0 时的热电势 $E_{AB}(T,T_0)$ 等于热电偶 AB 在接点温度 T、T_C 和 T_C、T_0 时的热电势 $E_{AB}(T,T_C)$ 和 $E_{AB}(T_C,T_0)$ 的代数和,如图 8-36 所示。

$$E_{AB}(T,T_0) = E_{AB}(T,T_C) + E_{AB}(T_C,T_0) \tag{8-13}$$

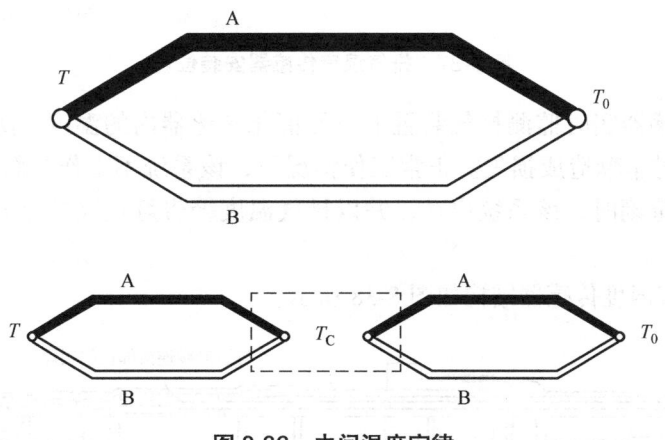

图 8-36 中间温度定律

根据中间温度定律,可以连接与热电偶热电特性相近的导体 A′ 和 B′,将热电偶冷端延伸到温度恒定的地方,这就为热电偶回路中应用补偿导线提供了理论依据。

该定律是参考端温度计算修正法的理论依据。在实际热电偶测温回路中,利用热电偶这一性质,可对参考端温度不为 0℃ 的热电势进行修正。

8.2.2 新能源汽车上的热电偶传感器

鉴于热电偶测温范围宽,可以实现高温测量的特点,目前在新能源汽车上,主要用于制动盘的温度检测和混合动力汽车的发动机燃烧室温度、排气温度等温度较高的场合。

1. 排气温度传感器

在缸内直喷(GDI)汽油发动机排气系统中,均安装有排气温度传感器,排气温度传感器属于高温型温度传感器,安装在汽车排气装置三元催化转化器上,用以检测转化器内排放气体的温度,如图 8-37 所示。

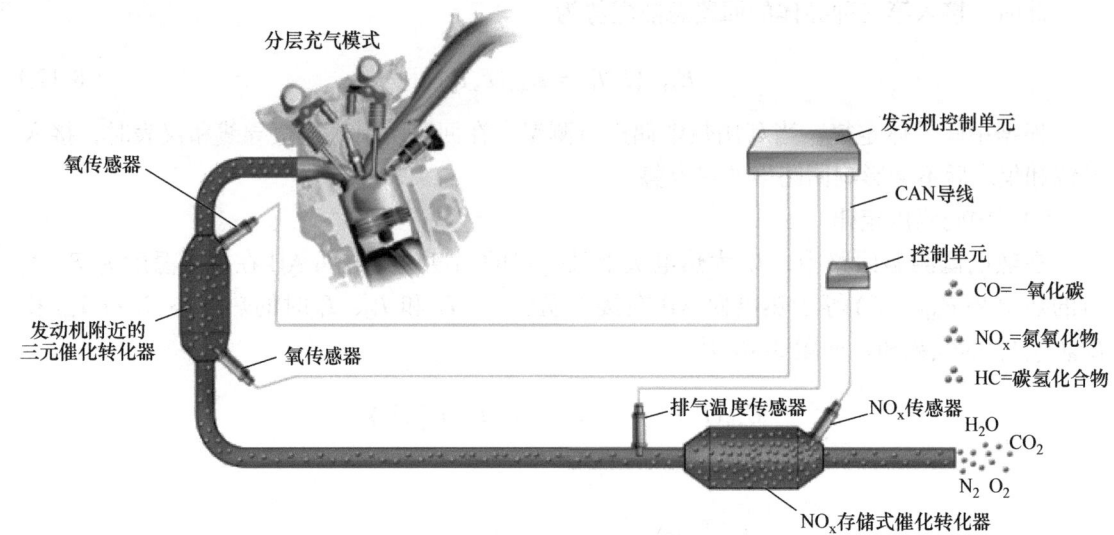

图 8-37 排气温度传感器安装位置

排气温度传感器实时监测排气装置上三元催化转化器内的温度,防止因过热而使催化剂性能下降,对车辆造成损失。正常工作情况下,该系统不工作,而发生失火等故障,或工作条件极为苛刻时,该系统启动,并以排气温度警告灯点亮的方式,向驾驶员发出警告。

热电偶式排气温度传感器结构如图 8-38 所示。

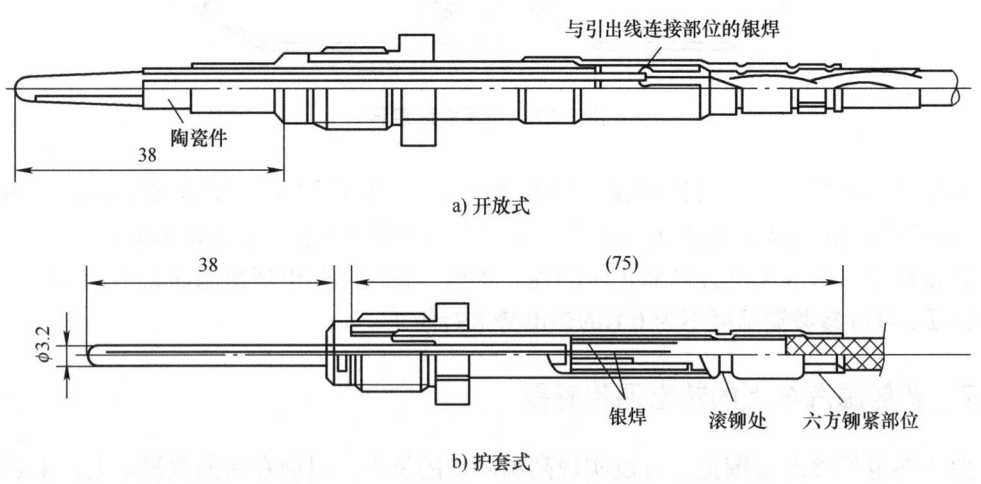

图 8-38 热电偶式排气温度传感器的结构

开放式热电偶型传感器如图 8-38a 所示,是最早使用的排气温度传感器,为了保证其耐热性能及响应性,其焊接部位直接外露。

护套式热电偶型传感器如图 8-38b 所示,为了解决开放式热电偶型温度传感器的检测部分直接处于排放废气环境中的缺陷,将检测部位用外径为 3.2mm 的不锈钢套保护起来,套内再充填绝缘粉末。

热电偶排气温度传感器的输出电压一般为 34.5～35.8mV。

2. 燃烧温度传感器

燃烧温度传感器装于火花塞，因为火花塞是安装在燃烧室的唯一装拆方便的部件。燃烧温度传感器采用薄膜热电偶。其作用并不是直接测量燃烧气体的温度，而是用来测量燃烧时所引起的温度变化，采用的薄膜热电偶结构如图 8-39 所示。其中，薄膜导体为铜、银类传热系数高的材料，厚度为 7～10mm，热电偶材料 2 处及绝缘层要做得很薄。

图 8-40 所示为中心电极顶端设有薄膜热电偶的火花塞，A 材料为中心电极，B 材料为 ϕ0.1mm 的康铜丝，金属薄膜用镀铜法形成，膜厚 10μm。

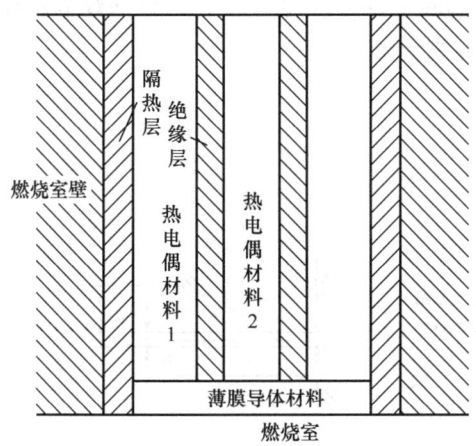

图 8-39　薄膜热电偶的结构示意图

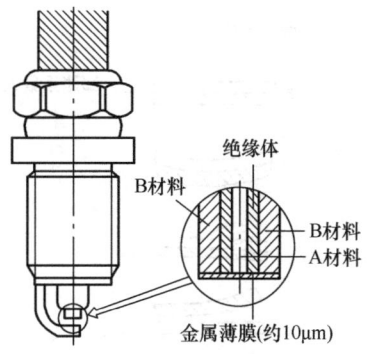

图 8-40　燃烧温度传感器安装位置

当测得温度信号和缸内压力信号后，可得到图 8-41 所示的结果，从图中可以看出，中心电极表面温度与燃烧压力的峰值位置非常一致。压缩行程温度不上升，推测这是由于中心电极的温度高于混合气温度所致。

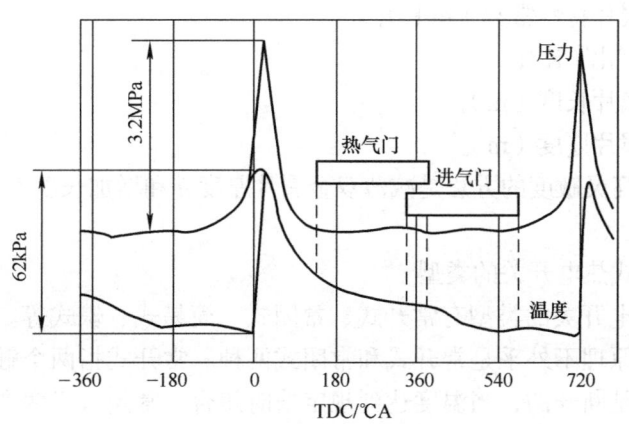

图 8-41　燃烧压力与中心电极表面温度的变化情况

8.3 热电开关

热电开关又称为温控开关，常用有双金属片式和热敏铁氧体式两种，是采用两种不同特性的材料构成的热敏传感器。

1. 双金属片式热电开关

（1）构成及弯曲特性

双金属片式热电开关由两种膨胀系数不同的，金属片轧制或锻压在一起，在常温时双金属片是平直的，受热后，热膨胀系数大的金属片伸长较多，膨胀系数小的金属片伸长较少，导致双金属片向膨胀系数小的一面弯曲变形，如图8-42所示。温度越高，弯曲越大，当温度下降时，双金属片又逐渐回弹，直至常温时又恢复原平直状态。根据双金属片的这一温度特性，可将其制成各种电器常用的温度控制装置。

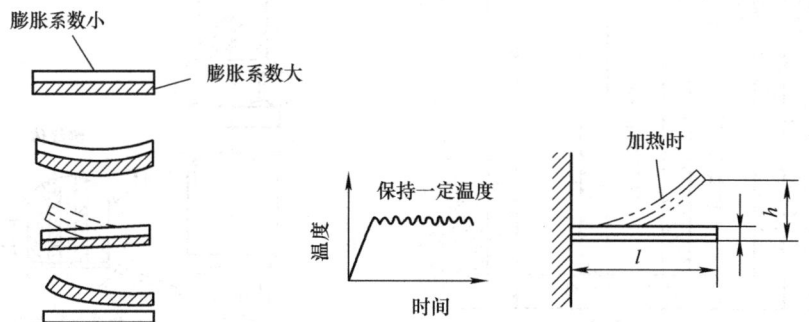

图 8-42 双金属片的构成及其弯曲特性

双金属片的弯曲程度（偏位的大小），可参照式（8-14）算出。

$$D = K(T_2 - T_1)l/h \tag{8-14}$$

式中　D——偏位的大小（m）；
　　　K——双金属片特性常数（m/K）；
　(T_2-T_1)——温度变化（K）；
　　　l——双金属片长度（m）；
　　　h——双金属片厚度（m）。

由此可知，提高灵敏度的方法是减薄双金属片厚度 h 和增加长度 l，双金属片通常灵敏度为 0.01～0.03mm/℃。

（2）双金属片式热电开关的类型

双金属片式热电开关的类型有常开式、常闭式、简易式、蝶式等。其结构类型虽有多种形式，但其工作原理不外乎是常开式和常闭式两种。常开式指两个触头的接点在没有达到规定的温度点时是断开的，当温度达到规定值时闭合。常闭式指两个触头的接点在没有达到规定的温度点时是闭合的，当温度达到规定值时断开。

2. 热敏铁氧体式热电开关

热敏铁氧体式热电开关是基于强磁性金属氧化物铁氧体具有当超过某一温度时,其磁性急速转变,由强变弱的性质制成的。这种磁性急速转变时的温度被称为居里温度。在加工时,居里温度可以根据烧结体的成分和热处理的温度自由选择。即,当居里温度为60℃、80℃时则在不同的温度区间形成不同的磁场,使传感器在65℃以下、100℃以上时处于接通,而中间位置则断开,利用这一性质,即可实现温度的检测和控制。

热敏铁氧体在低于规定温度时,变为强磁性体,磁力线吸合舌簧开关的触点,触点闭合,开关接通,如图8-43a所示;当高于规定温度时,热敏铁氧体不被磁化,磁力线平行通过舌簧开关的触点,产生排斥力,触点张开,如图8-43b所示。热敏铁氧体的规定温度在0~130℃之间。

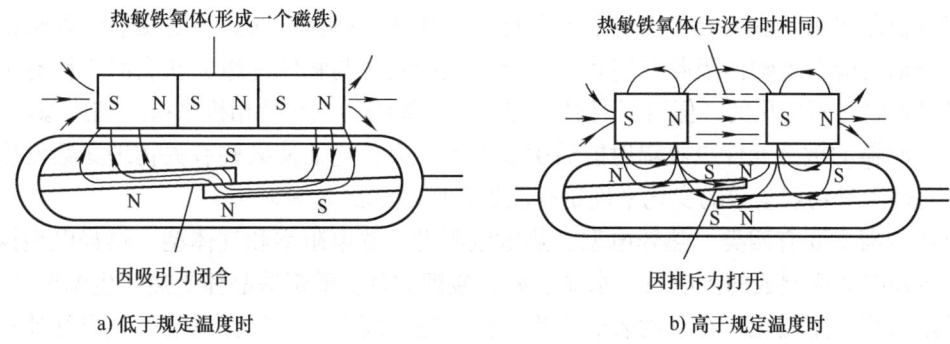

图8-43 常闭型热敏铁氧体的工作原理

同双金属片式热电开关一样,热敏铁氧体也有常开式和常闭式等类型。

3. 新能源汽车上的热电开关

新能源汽车上采用的热电开关主要有散热器的温度控制。采用热敏开关控制散热器风扇的工作原理如图8-44所示。

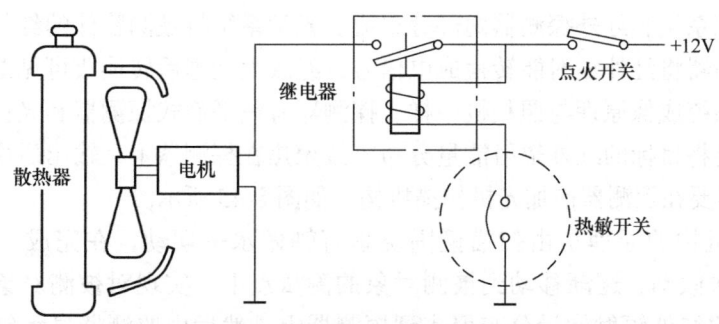

图8-44 采用热敏开关的散热器冷却系统

热敏铁氧体式热电开关也可用于控制散热器冷却风扇。当检测出冷却液温度较低时,则使舌簧开关闭合,冷却风扇继电器断开,冷却风扇不旋转。

8.4 红外辐射传感器

1. 检测原理

红外传感器一般由光学系统、探测器、信号调理电路及显示单元等组成，其核心是红外探测器。红外探测器利用红外辐射与物质相互作用所呈现的物理效应来工作。红外探测器按探测机理的不同，可分为热探测器和光子探测器两大类。新能源汽车主要使用热探测器。

热探测器的工作机理是利用红外辐射的热效应，红外辐射的热效应是指物体吸收红外辐射后，辐射能量转化为热能的现象。

红外辐射（Infrared Radiation）是电磁辐射的一种形式，位于电磁谱中可见光和微波之间，其波长范围大约在 $0.75 \sim 1000 \mu m$ 之间。所有物体都会根据其温度发射红外辐射，同时，红外辐射能够被物体吸收并转化为热能，这种吸收与物体的组成和表面特性有关。红外辐射对人眼是不可见的，但可以通过特殊的红外探测器或红外相机来检测和成像。

热探测器的敏感元件吸收辐射能后引起温度升高，进而使某些有关物理参数发生相应变化，通过测量物理参数的变化来确定探测器所吸收的红外辐射。

热探测器主要有四类：热释电型、热敏电阻型、热电阻型和气体型。热释电型探测器是根据热释电效应制成的。电石、水晶、酒石酸钾钠及钛酸钡等晶体受热产生温度变化时，其原子排列将发生变化，在其两表面产生电荷。这一现象称为热释电效应。当红外辐射照射到已经极化的铁电体薄片表面上时引起薄片温度升高，使其极化强度降低，表面电荷减少，这相当于释放了一部分电荷，所以叫作热释电型传感器。如将负载电阻与铁电体薄片相连，则负载电阻上便产生一个电信号输出。输出信号的强弱取决于薄片温度变化的快慢，从而反映出入射红外辐射的强弱。热释电型红外传感器的电压响应率正比于入射光辐射率变化的速率。

红外热像仪是利用物体的热辐射，通过热图像技术，给出热辐射体的温度和温度分布并能将其转换成可见图像的仪器。红外热像仪按工作波段可分为短波热像仪和长波热像仪，主要由光学成像系统和红外探测器两部分组成。光学系统将被测物体的红外辐射能聚焦在探测器上，探测器将红外辐射能转换成电信号，经放大处理后转换成可见图像（即热图）。热像仪的光学系统成像原理与照相机一样。探测器有焦平面式探测器和光机扫描探测器两种。焦平面式能将目标的红外辐射能量分布直接聚焦在探测器上，输出后由显示器显示热图，而扫描式需要在探测器前加光机扫描机构，如图 8-45 所示。

光机扫描机构的原理是由扫描镜围绕垂直轴做水平摆动，在完成一行扫描后，围绕水平轴做一次倾动，逐渐移动到被测对象的测量点上，实现对被测对象的面扫描，最后将被测目标的红外辐射能量分布聚焦到探测器上，然后由监测器显示红外热像图，如图 8-46 所示。

2. 制动系统中的红外辐射传感器

高性能的制动能力出自完美的制动系统，汽车制动系统一般由制动踏板、液压回路、卡钳、制动片和制动盘组成。当驾驶员踩下踏板时，液压回路将力量施加于装有制动片的卡钳，卡钳合拢抱住车轮中的制动盘，实现减速。温度是影响制动片性能的一个重要的环境变量。一方面，温度制约着制动片的制动性、耐磨性等各方面的性能。另一方面，它又体现了制动的制动性和耐磨性等性能。所以，温度采集在制动片材料的研究中是至关重要的。

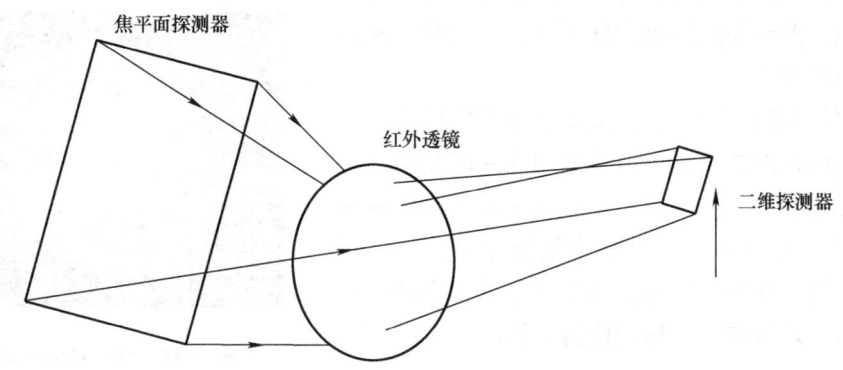

图 8-45　焦平面式探测器成像原理图

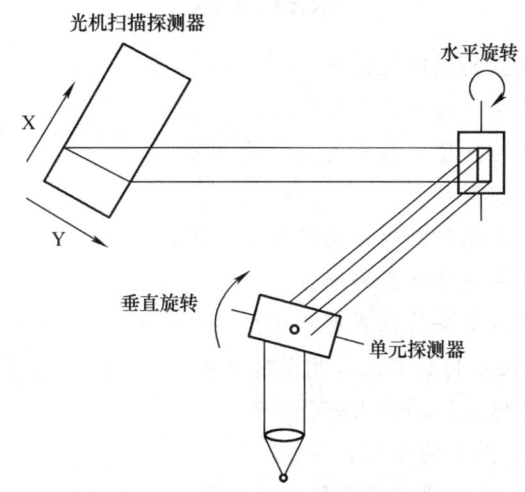

图 8-46　光机扫描式探测器成像原理图

新能源汽车制动系统的温度范围可以根据不同的使用条件和性能要求有所不同，包含自动驾驶功能的汽车要求制动片在不同的温度、车速和减速度下提供稳定的摩擦系数。据统计，在连续紧急制动的情况下，制动盘和制动片的温度上升较快，以下是不同工况下的制动盘温度范围：

1）城市驾驶：100～200℃。
2）高速公路驾驶：150～250℃。
3）激烈驾驶或赛道使用：250～600℃。

制动盘温度过高会降低制动系统间的摩擦力，进而影响汽车的制动性能。因为制动片和制动盘通过相互摩擦产生制动效果,而摩擦会生热,因此,制动盘过热是一种正常现象,尤其是在频繁踩制动踏板的情况下,制动盘的发热量会相应增加。目前,对制动盘的温度检测方法主要有以下三种:

1)接触式热电偶:接触式热电偶反应速度较慢,而且无法显示整个制动片的整体温度分布情况,同时操作过于复杂,工程师的效率难以提高。

2)红外点温仪:红外点温仪反应速度快,又是非接触测温,但红外点温仪同样不具备显示整个制动片温度分布的功能。

3)红外热像仪:红外热像仪弥补了接触式热电偶和红外点温仪的缺点,可以监测制动片以及制动系统的温度变化趋势,从而分析出制动片制动状况及耐磨性,如图 8-47 所示。红外热像仪操作简便,反应速度快,采用非接触式测温,还能够显示整个制动片的温度分布,是目前最理想的检测工具。

图 8-47 红外热像仪成像图

课后习题

1. 简述热敏电阻测温的原理及特点。
2. 简述热敏电阻的温度特性分类及特点。
3. 在热敏电阻温度传感器中最常使用的是 PTC。(   )
4. 写出常用的热电阻型号。
5. 简述新能源汽车上热敏电阻传感器的应用场合。
6. 简述 HV 蓄电池温度传感器的分类。
7. 电芯温度传感器主要安装位置有哪些?
8. HV 蓄电池进气温度传感器的作用是什么?
9. 辅助蓄电池温度传感器的作用是什么?
10. 驱动电机温度传感器的作用有哪些?
11. 简述驱动电机温度传感器的主要安装位置。
12. 空调系统中的温度传感器有哪些?
13. 根据图 8-20 简述燃料电池系统中热膜式空气流量传感器的工作原理。
14. 发动机上的温度传感器有哪些?
15. 什么是热电效应?
16. 什么是热电偶中的热电势,在热电偶中,主要有哪些热电势?
17. 什么是中间导体定律?
18. 根据图 8-42 分析双金属片式热电开关的工作原理。
19. 红外传感器的主要组成有哪些?

第 9 章　其他类型传感器

📖 本章导学

在新能源汽车上，还存在雷达测距、测速传感器，音叉式横摆角速度传感器，氢气浓度传感器等类型的传感器，本章重点讲解上述传感器的工作原理及特性。

📖 学习目标

1. 掌握雷达测距、测速传感器的工作原理和特点。
2. 掌握音叉式横摆角速度传感器的工作原理和主要构成。
3. 掌握氢气浓度传感器的工作原理和特点。
4. 了解燃料电池汽车上氢气浓度传感器的检测方法。

📖 课前小讨论

在 ESP 系统中，横摆角速度传感器扮演着至关重要的角色。该传感器检测汽车沿垂直轴的偏转，与侧向加速度传感器一起识别车辆实际运动方向。当横摆角速度传感器检测到的偏转角速度达到一个阈值时，说明汽车可能发生侧滑或者甩尾的危险工况，这时 ESP ECU 会触发控制措施，判断是过度转向还是不足转向，进而决定哪一侧的轮胎需要加压以纠正。横摆角速度传感器的工作原理是什么呢？

在新能源汽车上，还存在雷达式、音叉式、化学式等类型的传感器，如雷达测距、测速传感器，音叉式横摆角速度传感器，氢气浓度传感器等。雷达式是利用雷达波的发射和接收时间进行距离和速度的检测，音叉式是利用音叉的共振特点实现测量。在燃料电池系统中，氢气浓度传感器按照工作原理主要有催化燃烧式、热导式和光干涉式等，本章重点讲解催化燃烧式。

9.1　雷达传感器

9.1.1　雷达测距传感器

在安装主动巡航控制系统的车辆上，采用汽车前部安装的雷达测距传感器来收集交通情况，如图 9-1 所示。雷达测距传感器可识别最远大约 130m 的前方路况。当检测到道路上没有阻挡物时，主动巡航控制系统控制车辆保持本车按照存储的期望车速行驶。如果距前方行驶的汽车过近，主动巡航控制系统便会降低车速，以保持足够的安全距离。当采集到前方行驶的汽车加速时，主动巡航控制系统在最高不超过驾驶员设定的期望车速的条件下自动加速。

与自动驾驶技术相关的传感器有激光雷达、毫米波雷达和摄像机等,如图9-2所示。

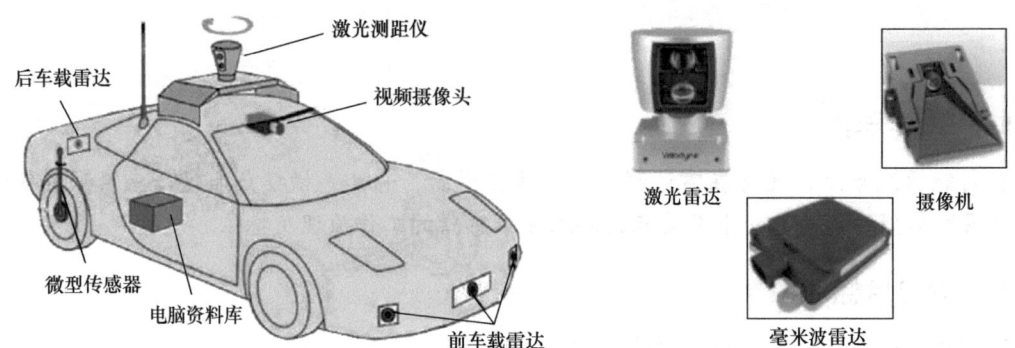

图9-1 雷达测距传感器安装位置　　图9-2 自动驾驶技术相关的传感器

雷达测距传感器主要包括发生器、天线及检测器三个主要组成部分。原理是基于电磁波的传播特性,特别是无线电波(雷达波)的发射、反射和接收。其基本过程如下:

1)发射无线电波:雷达系统发射机产生一个高频的无线电波(雷达波),这个波以光速传播。

2)波的反射:当无线电波遇到目标物体(如车辆、路障)时,会被反射回来。

3)接收反射波:雷达系统的接收器捕捉到这些反射回来的无线电波。

4)时间测量:雷达系统测量无线电波发射出去到接收回来的时间间隔(通常以 μs 或 ns 计)。由于光速是已知的,这个时长可以用来计算距离:

$$S = \frac{v \times t}{2} \tag{9-1}$$

式中　S——车辆到该物体的距离(m);

　　　v——雷达波的传播速度(m/s);

　　　t——雷达波发射到接收的时长(s)。

雷达测距传感器具有可以在雨、雾和夜间等各种天气条件下工作,探测距离远,可同时跟踪多个目标等优点。

9.1.2 雷达测速传感器

利用多普勒效应可以探测运动物体的速度方向与方位。雷达测速是利用雷达将微波发射到被测对象,并接收返回的反射波实现的。

为测量汽车相对地面的行驶速度,在专用的、有较大传动转差率的车辆上,如拖拉机,常使用简单、低成本、短距离的多普勒雷达系统,如图9-3所示,雷达的发射频率为 24~35GHz。

图9-3中,S/R 表示发射器/接收器,v_F 表示车辆行驶速度,f_0 表示发射信号的频率,f_1 表示到达地面的信号频率,f_2 表示到达接收器的信号频率,α 表示测量方向角。

安装在车辆两侧面的发射－接收头（器）在行驶方向向地面发射倾角为 α 的雷达微波。如果接收器在地面，由于多普勒效应，接收器接收的频率为 f_1，而不是原来发射器发射的频率 f_0（这是因为发射器跟随汽车一起运动）。接收信号的频率为

$$f_1 = f_0 \frac{c}{c - v_F \cos\alpha} \tag{9-2}$$

式中　c——声速，在空气中，$c = 343\text{m/s}$。

地面又将信号反射到发射－接收头（器）。接收器收到的信号频率已不是 f_1，而是频率 f_2，这是因为接收器也跟随车辆一起运动。接收信号的频率为

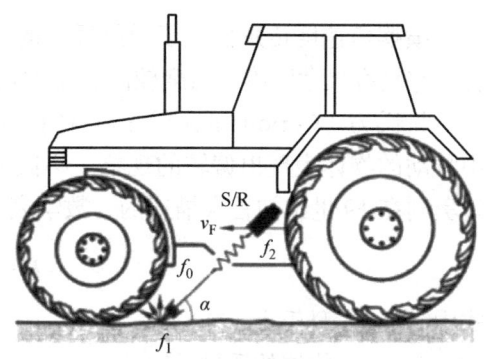

图 9-3　用多普勒雷达测量车辆行驶速度

$$f_2 = f_1 \frac{c + v_F \cos\alpha}{c} = f_0 \frac{c + v_F \cos\alpha}{c - v_F \cos\alpha} \tag{9-3}$$

这样，总的信号频率移动（频率差）为

$$\Delta f = f_2 - f_0 = f_0 \frac{2 v_F \cos\alpha}{c - v_F \cos\alpha} \tag{9-4}$$

由式（9-4）可得车辆行驶速度为

$$v_F = \frac{c}{\cos\alpha} \frac{f_2 - f_0}{f_2 + f_0} \approx \frac{1}{2} \frac{c}{\cos\alpha} \frac{\Delta f}{f_0} \tag{9-5}$$

式（9-5）表明，车辆行驶速度与信号在传输过程中的频率移动 Δf 成正比。由于汽车在俯仰运动时，测量方向角 α 很容易改变，所以采用与车体刚性连接的发射－接收器，和采用了同时发射向前、向后微波的雷达系统。这就是著名的 Janus 原理（图9-4）。

图 9-4 中，S/R 表示发射器/接收器，S_r、R_r 表示后面的发射器、接收器，S_v、R_v 表示前面的发射器、接收器，v_F 表示车辆行驶速度，α 表示测量方向角，δ 表示汽车对地的倾角。

在水平位置车辆两侧的测速雷达系统测定的速度值相等。当车辆俯仰时两系统的测定值各自向原来测定值的相反方向偏离。因为一侧的发射－接收角的增大，等于另一侧发射－接收角的减小，所以取两个值的平均值就可消除车辆俯仰误差。由于需要相对较长时间（约1s）的测量，所以该系统不能测量瞬时速度。装在车辆两侧面的测速雷达系统测定的速度差值还可判定车辆行驶的方向角。

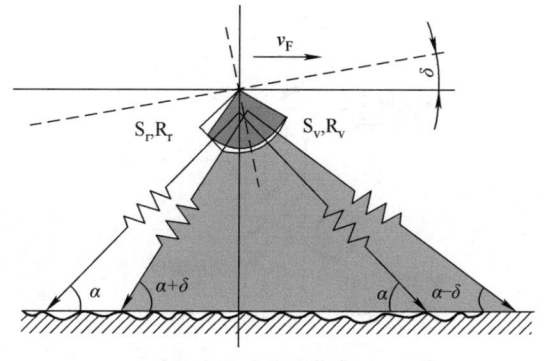

图 9-4　Janus 原理

9.2 音叉式横摆角速度传感器

横摆角速度传感器位于导航系统的壳体中，用于记录车辆在行进方向上的左右方向变化。它具有尺寸紧凑、精度较高、无须校准以及抗磁场干扰等优点。

科氏力（Coriolis force）是一种在旋转参考系中观察到的惯性力，它使在旋转参考系中移动的物体表现出偏转的现象。科氏力是由法国物理学家加斯帕尔·古斯塔夫·德·科里奥利在19世纪初首次描述的，数学表达式为

$$F = -2m(\mathit{\Omega} \times v) \tag{9-6}$$

式中　F——科氏力（N）;

　　　m——物体的质量（kg）;

　　　$\mathit{\Omega}$——旋转参考系的角速度向量（rad/s）;

　　　v——物体相对于旋转参考系的速度向量（m/s）。

音叉式横摆角速度传感器的外形和构造如图9-5所示。

它的基本部件是一个微型机械系统，带有一个单硅晶体做成的双调音叉，单硅晶体被放置在传感器薄板的电子构件里。双调音叉的"尾部"和其余的硅晶体相连。

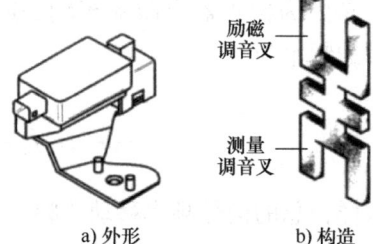

图9-5　音叉式横摆角速度传感器

当在硅晶体调音叉上施加交流电压时，由于逆压电效应，励磁调音叉在11kHz时产生共振，测量调音叉在11.33kHz时共振。如果在双调音叉上施加频率为11kHz的交流电压，则励磁调音叉产生共振，而测量调音叉不产生共振，如图9-6所示。

当车辆改变方向时，与车辆转动方向相反的科氏力作用在传感器的振动叉上。音叉的上部侧向摆动弯曲变形，音叉的变形传递到上部压电元件，从而在压电元件上产生了一个与科氏力呈对应关系的电压，导航控制单元根据这个电压大小计算行进的方向变化，如图9-7所示。

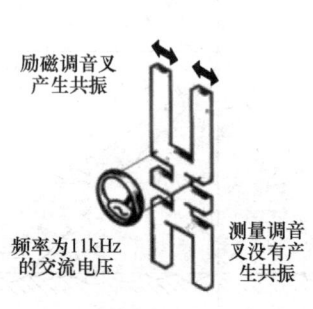

图9-6　励磁调音叉产生共振

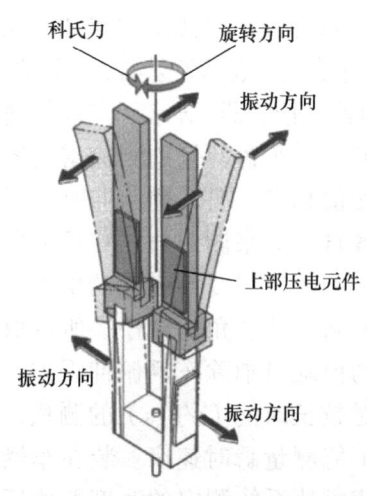

图9-7　音叉转角传感器的工作原理

9.3 氢气浓度传感器

氢气在空气中体积分数达到 4% 时,电火花或者高温就会导致氢气爆炸。对氢气浓度的检测是氢燃料电池汽车安全的重要环节。丰田 Mirai 燃料电池汽车搭载了 128kW 的燃料电池堆,为了防止氢气泄漏,确保 Mirai 燃料电池汽车的使用安全性,需要在车身安装氢气浓度传感器,以实时监测车内氢气浓度值。

一般来说,燃料电池汽车总共要求安装 4 个氢气浓度传感器,而所有传感器信号需直接传送到仪表板的醒目位置。目前在氢燃料电池汽车上最常见的是催化燃烧型,其优点是计量准确,快速响应,超长寿命。

氢气浓度传感器可以实现 1s 内快速响应和长久工作,并且可在车辆起动前监测和预报氢气浓度值,其检测原理有电化学式、催化燃烧式、热导式、光干涉式等类型。

电化学式氢气浓度传感器主要由电解质、电极和隔离膜组成,利用电化学反应来检测氢气。当氢气与电极接触时,会发生氧化还原反应,产生微电流信号。该信号的大小与氢气浓度成正比。

催化燃烧式氢气浓度传感器主要由加热器和催化剂组成,利用催化燃烧原理来检测氢气。当氢气与催化剂接触时,会发生催化燃烧反应,产生热量,传感器的温度升高。温升的程度与氢气浓度成正比。

热导式氢气浓度传感器利用热导原理来检测氢气。它主要由加热器和热敏电阻组成。当氢气与热敏电阻接触时,会使热敏电阻的阻值发生变化,从而改变电流大小和温度分布。通过测量温度变化可以推算出氢气浓度。

光干涉式氢气浓度传感器利用光学干涉原理来检测氢气。它主要由光源、光路和探测器组成。当氢气与光路中的空气分界面接触时,会产生折射率变化,导致光干涉现象发生。通过测量干涉条纹的变化可以推算出氢气浓度。

图 9-8 所示为催化燃烧式氢气浓度传感器外观。

图 9-8 催化燃烧式氢气浓度传感器外观

催化燃烧式传感器基于催化燃烧的热效应原理。在一定温度条件下,可燃气体在检测元件载体表面及催化剂的作用下发生无焰燃烧,燃烧使铂电阻温度升高,电阻变化,变化

值是可燃性气体浓度的反映。这种传感器包含一对很小的被称为"珠"的元件，其中一颗是检测元件，由一个电加热的铂线圈制成，外面覆盖着催化剂。当可燃气体分子在探测器上氧化时，将产生一个温度的增量，它的电阻也随之改变。阻值的改变经惠斯通电桥精确测量。

催化燃烧式氢气浓度传感器的优点是使用寿命长、稳定性高、对低浓度氢气有较好的检测能力。但同时，它也存在着对高温环境适应性较差、易受干扰的缺点。

课后习题

1. 简述雷达测距传感器的基本原理和特点。
2. 什么是科氏力？
3. 简述音叉式横摆角速度传感器的基本原理。
4. 燃料电池汽车上氢气浓度传感器都有哪些类型？
5. 简述催化燃烧式氢气浓度传感器的检测原理。